足 迹

——西北老一辈金融工作者的回忆之三

中国人民银行西安分行　编

白鹤祥　主编

陕西新华出版传媒集团

三秦出版社

图书在版编目（CIP）数据

足迹：西北老一辈金融工作者的回忆之三 / 白鹤祥主编；中国人民银行西安分行编. —西安：三秦出版社，2016.10（2024.5重印）

ISBN 978-7-5518-1378-5

Ⅰ.足… Ⅱ.①白…②中… Ⅲ.①回忆录—中国—当代 Ⅳ.①I251

中国版本图书馆CIP数据核字（2016）第248102号

足　迹
——西北老一辈金融工作者的回忆之三

中国人民银行西安分行　编

白鹤祥　主编

责任编辑	高　峰　王　翰
出版发行	陕西新华出版传媒集团　三秦出版社
社　　址	西安市北大街147号
电　　话	（029）87205121
邮政编码	710003
印　　刷	三河市嵩川印刷有限公司
开　　本	787mm×1092mm　1/16
印　　张	19.75
字　　数	308千字
印　　次	2016年10月第1版 2024年5月第2次印刷
标准书号	ISBN 978-7-5518-1378-5
定　　价	68.00元
网　　址	http://www.sqcbs.cn

《足迹——西北老一辈金融工作者的回忆之三》

顾　问：郭新明
主　编：白鹤祥
策　划：张　军
编　辑：徐毅红
　　　　马凯利
　　　　汪蕴慧
　　　　鱼飞霞

序 言

为《足迹》作序之际,恰逢刚从巴渝文化的发祥地重庆来到世界四大文明古都的西安工作之时,西北地区历史悠久、地域广大,它孕育的文化在质朴中藏着博大;西南地区民族众多,山川林秀,它的文化显得细腻抒情。粗犷西北和巴山渝水不一样的文化带给我同样的感动。

地处西北的西安分行,作为人民银行九个大区分行之中辖区面积最大的一个,既有大唐遗风、敦煌飞天,也有雪域高原、大漠孤烟、塞北风情。这里有八百里秦川,荡海滔,临幽崖。往事越千年,"我周公,作《周礼》,著六官,存治体",周人于此制礼作乐,祭祀宴请,铸典章于金石,余泽绵绵而久远;中国古代三大思想之一的道家祖庭也在周至楼观台,相传老子在此著《道德经》。秦人于此挥戈东进,横扫六合,创中央集权政治,垂百代而不变;至于汉唐时代,这里是丝绸之路的起点,其璀璨光华,令举世瞩目赞叹。近代的陕西是中国革命的摇篮,中国共产党和毛泽东主席在陕北领导中国革命13个春秋,运筹帷幄,决胜千里,领导和指挥了中国的抗日战争和解放战争,培育了永放光芒的"延安精神",谱写了可歌可泣的伟大篇章。

这里幅员辽阔,气候环境多样,民族众多,经济发展水平比较落后,民情社情较为复杂。但是,艰苦的生存环境铸就了西北人勤劳朴实、不畏艰辛的品质和不甘落后、渴望发展的精神,成为西北央行人高效履职的内在动力和精神支撑。

"求木之长,必固其根;欲流之远,必浚其源"。西安分行广大干部职工薪火相传,继承和发扬的是革命先辈的优良传统和优秀品质。可以说《足迹》一书中展现的西北老一辈金融工作者在当年艰苦的工作环境中，坚定信仰、忠于党的革命和建设事业，体现出的无私奉献、艰苦创业的高尚品格和道德修养，成为西安分行先进文化的源头。

　　为了更好地弘扬老一辈金融工作者的光荣传统和崇高精神，西安分行连续三年编辑出版了西北老一辈金融工作者系列回忆录。《足迹》作为西安分行老一辈金融工作者回忆录之三，以个人亲身经历，讲述人民银行发展历程中的相关人物和事件，原汁原味地展现各个历史时期金融工作者的生活工作和精神风貌。这本书的主角们都是我们身边的前辈和同事，他们没有轰轰烈烈的的举动，也没有华丽动人的辞藻，作者和被采访者们人物平凡，态度平和，言辞平实，无论是重大事件还是历史细节，叙述中保持着宠辱不惊的平淡。既简约清晰、娓娓道来，又事实确凿、逻辑清晰，事无巨细的向读者展示了党领导金融工作走过的艰辛历程。书中人物生动形象，细节感人。不仅讲述了工作时的热火朝天、一丝不苟，也展示了广大金融工作者以苦为乐、积极向上的生活态度和互相帮助、团结友爱的同事之情。同时，也为总行编辑《中国共产党金融史》提供了大量鲜活的素材。在此，我代表西安分行全体干部职工对本回忆录的各位作者表示崇高敬意！

　　本书在编写过程中，得到了总行党委宣传部部长刘慧兰、巡视员马林、人民银行西安分行前党委书记、行长郭新明等同志的指导和帮助，在此深表谢意。

白鹏祥

2016 年 8 月

目 录

战争时期货币发行与调运工作 ……………………………………（ 1 ）
股海印记 ……………………………………………………………（ 13 ）
1994 年汇改的难忘记忆 ……………………………………………（ 18 ）
追忆难忘的岁月 ……………………………………………………（ 22 ）
人民银行青海省分行 1998 年机构调整改革工作回顾 ……………（ 26 ）
一笔世行贷款妥善兑付 ……………………………………………（ 30 ）
陕西省证券机构发展的往事 ………………………………………（ 34 ）
参与省决策咨询研究　力推陕西金融改革发展 …………………（ 39 ）
送款路上历险记 ……………………………………………………（ 42 ）
无法磨灭的记忆 ……………………………………………………（ 46 ）
那山，那路，那人 …………………………………………………（ 50 ）
基层金融工作者的梦想 ……………………………………………（ 55 ）
再回首我心依旧 ……………………………………………………（ 61 ）
重温激情点滴　感念央行岁月 ……………………………………（ 69 ）
忆往昔峥嵘岁月稠 …………………………………………………（ 75 ）
在激情岁月中风雨共济 ……………………………………………（ 82 ）
"银鹰"的变迁 ………………………………………………………（ 86 ）
那些年，那些事 ……………………………………………………（ 90 ）
教育者，非为已往，非为现在，而专为将来 ……………………（ 96 ）
履职央行二三事 ……………………………………………………（ 99 ）
父亲的银行梦 ………………………………………………………（103）
真情回首忆当年 ……………………………………………………（107）
我的货币流通调研情怀 ……………………………………………（115）
寻找当年的缤纷记忆 ………………………………………………（121）

1

想念母亲在世的点点滴滴 …………………………………………（126）
往日的回忆 ……………………………………………………………（131）
一件勇斗歹徒的往事 …………………………………………………（136）
马背上送钞 ……………………………………………………………（139）
一个老农金员的故事 …………………………………………………（142）
支援西北建设 …………………………………………………………（148）
第二个最可爱的人 ……………………………………………………（154）
咬定青山不放松 ………………………………………………………（159）
当年发生在甘南草原的那些事 ………………………………………（165）
小陈入职记 ……………………………………………………………（169）
说说发生在电厂分理处的那些事 ……………………………………（172）
惜别调统 ………………………………………………………………（178）
从"单机"到"网络"看人民银行业务系统的变迁 …………………（182）
我从支行来 ……………………………………………………………（187）
承载造币硕果　镌刻历史辉煌 ………………………………………（192）
我的会计人生 …………………………………………………………（196）
与延安有关的日子 ……………………………………………………（201）
难忘的金融工作岁月 …………………………………………………（206）
唤醒"沉睡"的国债收款单 …………………………………………（213）
我的调统工作情缘 ……………………………………………………（217）
用汗水串起数字人生 …………………………………………………（228）
扎根基层四十载　伉俪情深央行缘 …………………………………（235）
琐忆当年事　往日趣乐多 ……………………………………………（240）
依勒山下的金融岁月 …………………………………………………（245）
习勤劳以尽职 …………………………………………………………（250）
我这辈子的金融生涯很值 ……………………………………………（256）
那些年和那些事 ………………………………………………………（262）
我在金融战线奋斗的四十年 …………………………………………（268）
难忘的国库情怀 ………………………………………………………（273）
沿着"西北金融工作队"的足迹　踏上新疆金融事业的征程 ………（278）

我在人行 40 年 ………………………………………（284）
地窝子里的人民银行 ……………………………（290）
在激情岁月中燃烧青春 …………………………（294）
忆激情岁月　踏央行足迹 ………………………（301）

战争时期货币发行与调运工作

——原人民银行陕西省分行发行处处长 张慕明

人民银行西安分行 汪蕴慧采编

1948年12月1日，以华北银行为基础，合并北海银行、西北农民银行，在河北省石家庄市组建了中国人民银行。中国人民银行的成立标志着全国统一的金融体系基本形成。成立当天，由华北人民政府发出布告，规定由中国人民银行发行的人民币在华北、华东、西北三区统一流通，所有公私款项收付及一切交易均以人民币为本位币，这为解放战

上世纪70年代张慕明在原陕西省分行二楼办公室留影

争的最后胜利，为即将建立的新中国的经济稳定，起到了非常重要的历史作用。作为光华印刷厂的工作者，我也亲身经历了这段历史。

说起与人民银行的结缘，还要从中国人民银行西北区行说起，1948年1月，晋绥解放区与陕甘宁边区合并统一称为西北解放区。晋西北农民银行也与陕甘宁边区银行合并，改称为西北农民银行。1949年2月21日，

中国人民银行总行与陕甘宁边区政府商定将西北农民银行总行改组为中国人民银行西北区行，其下属机构也相应改为中国人民银行分行或支行，并任命黄亚光同志为西北区行经理，王磊、张定繁两位同志为副经理（1950年初，改称行长、副行长），同年4月15日，中国人民银行西北区行正式宣告成立。

接管金库　清理查封伪钞　整理库房　接纳人民币

1949年5月20日，陕西省会西安解放。5月23日，中国人民银行西北区行总部从延安迁至西安。我和另外3名光华印刷厂职工被分配到西北区行发行库工作。西北区行发行库设在西木头市伪中央信托局二层楼院里，库主任是李文，长征老干部，四川人。

新中国成立前的1948年，西安市人口共59万，失业者约为17万人，当时伪币贬值、物价疯涨，人们更愿意以实物交换，街头一片萧条，仅有的两条公交线路偶尔吸引外地人的眼球，但车况实在太差。老百姓戏谑地说："一去二三里，抛锚四五回，修理六七次，八九十人推。"刚解放的西安，情况并没有太大的改变，商业不繁荣，很多商店不营业，市场交易时所用的货币也是多种多样，有银元、铜元、麻钱，还有以物易物的，急需进行货币统一。"马路不平，电灯不明，特务横行"是当时西安城内的真实写照，我们常去的东西大街的路都是石子铺的，很不平坦。1949年底总行用苏制长斯汽车给区行调运来一车银元，我们4人到火车站接车，返回东大街时，在离钟楼不远处有一个大坑，由于司机对路况不熟悉，车陷入坑内，一闪，把一箱银元甩出车，箱子被跌破，白花花的银元散落满地，店铺的商人和路人都惊奇的大叫"啊呀！这么多的白洋！"在人们的围观中，我们下车收拾了散落的银元。清点无误后入库。

虽然接管工作有序进行，但背地里暗流涌动。反动派潜伏下来的特务不时地进行武装抢劫、暗杀破坏，并四处散播谣言，制造恐怖气氛，西安并不太平。因此，白天的西安对我们这些人来说是"一派大城市的景象"，街上文艺单位和秧歌队上街演出宣传党的政策，热闹非凡。晚上的西安，时不时还能听到枪声，组织规定晚上是不准外出的。

发行库李文主任对我们的到来表示了热烈欢迎，并且当天就为我们分配了任务：登记西安各银行金库数量和使用状况；清理封查伪钞，严禁出库，准备销毁；整理好库房，接纳人民币；做好发行工作并指定由我负责。

当时西安有三座库房，分别是粉巷营业部金库、解放路原国民党中国银行金库和伪中国农民银行西安分行库房，其中中国银行解放路金库质量最好，据说是30年代初德国工程队建造的，库顶上是三层钢筋水泥结构的楼房，是西安当时最洋气的建筑，而且非常坚固，1937年日本飞机轰炸西安时，向该楼顶上投一枚炸弹，据说只炸了一个角。而伪中国农民银行西安分行库房较差，加固修补后才能使用。各库房还有大量库存伪钞，有金圆券、法币，伪钞是美钞印制公司代印，质量很好，能切下豆腐块，相比边区银行币，纸质有天壤之别。我们把这些伪钞一一查清，贴上封条，准备销毁。

成立转运站　转运人民币发行基金

在解放战争期间，党中央对人民币的要求是："一切为了战争的胜利，人民解放军将红旗插到哪里，人民币就发行到那里！"1949年，随着解放战争的胜利发展和解放区的日益扩大，人民币的需求急剧增加，但是由于刚解放的西安

1992年，张慕明在北戴河留影

货币流通混乱。军管会、市政府多次指示要人民银行增加人民币的发行。由于敌人溃退时，破坏了陇海铁路线，铁路运输不通，人民币的发行运输只能通过公路。为了保障人民币的顺利运达，经与人总行与总后勤部协商，在华北设立了榆次、灵石、河津禹门口三个转运站。其中，榆次、灵石转运站属华北后勤部管理。山西河津禹门口站属西北军区后勤部潼关后勤处管理，这些情况都是通过西北区行人事科长李向农同志开会时向大家

3

传达的。为了保障调运工作顺利开展，组织上派我和康富民、李桂林、徐景明等4人去充实河津禹门口转运站，具体工作由我负责。

由于时间紧迫，第二天，我们背了背包，扛着枪步行出发，到咸阳泾阳一带，发现全是部队驻扎。后来我们才知道是18兵团和19兵团，准备打"扶眉战役"。经过6天的行军从禹门口过河到达山西河津站。河津站设在农村山沟一个没有神像的破旧庙里，离禹门口约两公里远，渡河方便。当时转运站只有3人，转运站站长姓孙，长征干部，南方人。我们7人被分成三个组，会计由孙站长兼任、保管由赵福负责，而我负责押运工作。这个破庙既是库房又是办公室和宿舍，没有运出去的约200多麻袋的发行基金就堆放在庙里。吃饭打水和办事都需翻越山头到另一沟里的后勤站驻地办理。我们都换上了解放军的服装，戴上了徽章，在完成银行工作外，其他时间统一由后勤站分配工作，我们也全是部队编制待遇。

第一批发行基金转运西北区行

1986年，张慕明在延安宝塔山前留影

1949年7月10日至14日，彭德怀指挥中国人民解放军第一野战军，与从西安败退的17万国民党军进行了著名的"扶眉战役"。"兵马未动，粮草先行"，扶眉战役开始前，很多工作必须要提前做好准备，这其中也包含了最为重要的资金保障工作。其实在我们刚一到达转运站，孙站长为了解决西安市场急需人民币的现状，想通过雇佣马车进行发行基金的运输，但是区行发行库考虑到不安全而没有批准实施。7月初，总行决定运送10汽车的人民币发行基金到西安，具体路线是从东北经河北、华北到达榆次转运站，由我们接站并转运西安。这10辆车有1辆美制大卡车和9辆苏联卡斯车组成。孙站长让我带领另外3人押运其中4辆车，其余6车仍由原押运人员押运。

押运至达禹门渡口时，恰逢华北兵团入陕渡河。部队需运送大量的重武器、骡马和各种物资，渡船数量有限，运钞车根本无法及时渡河。我正急得团团转的时候，发现在距我不到10米处，一个穿着灰军装的高个子军人站在河岸高处的一块大石头上，腰间还挂着一把小手枪，正在指挥着部队渡河。两人一照面，我认出来了，主动上前行军礼说："谢政委你好！"他惊讶地叫声："小鬼，果然是你，真没想到会在这儿见面，我们转移时你才十多岁，还为我们厂部送过信。"我说："你们转移后，1948年初我参加了革命分配到延安农总行工作，后又到人民银行西北区行工作，现在西北军区后勤部银行转运站工作。"原来，这个大个子姓谢，是贺龙师长一二〇师炮兵工厂的政委。1940年，炮兵工厂设在了我的家乡佳县牸牛沟村，我当时是儿童团团长，给工厂送过信，我俩经常见面，他亲切地喊我小鬼。1947年，胡宗南全面进攻陕北时，工厂于1946年被转移到山西临县，我们也失去了联系。没想到能在这里见面，谢政委在兵团后勤部，主要负责物资和部队过河。寒暄完毕，我向他提出运送10辆汽车过河的事，他满口答应，说："你们这批物资很重要，是前线急需的。马上就安排你们的车过河，车先上船，有空余地方，再上部队，车由你们自己负责，行吗。"我高兴地说："按政委指示办！"这样我们顺利又迅速地过了河，大家都夸我有办法。

过河后，我把10辆车编好队形，我押着美制大卡车，在前领头开路。由于路是简易公路，简直像羊肠小路，部队还在行军，所以是汽车走中间，部队走两边，因此走得很慢，到达韩城时，已经很晚了。穿过韩城街道，在西门外一块空地宿营。为了安全，当晚我们轮流值班，大家都没吃饭，休息也是在车上，而我基本上是一夜没合眼，还下着小雨。

第二天天刚亮，我们就动身，从韩城驶向合阳方向。沿途都是文艺宣传队，锣鼓喧天，设有饮水站，贴标语欢迎参加解放大西北的南下部队和干部。这其中还有一段小插曲，行车途中，有一条很长的上坡路，汽车正在慢慢爬坡时，突然，行军的两个军人跳上了汽车两翼的踏板上，当时把我吓了一跳，定神才发现他们只是搭便车，而后面的每车都一样。我问："同志，你们是哪部分的？"他说："我们是华北兵团的，来支援解放大西北。"我说："咱们的目标是一样的，我们的物资也是支援前线的。"他向行军的战士喊："同志们靠两边行走，给汽车让路。"爬上坡到达平坦处，他们都自觉地跳下车并招手表示感谢。

下午，我们到达三原，我去县政府联系停车和安保事宜，政府办公室的同志很热情，立马安排我们在一个场地停好车，宿营休息，并介绍说，这里是新解放区，晚上要提高警惕，执勤时对路人要喊口令"干啥的"并拉枪栓，但要小心不能走火。如果回答"老百姓看戏的，回家"就放行。我值第一班岗哨，到12点后果真有很多人过往，一喊口令，说是看戏的我就放心了。

第二天从咸阳摆渡过河，经西安西门直达粉巷营业部库房，李文主任见到我们高兴地说："终于运回来了，把我们等得急死了！"卸车入库时，李文主任对我说："区行和后勤部联系协商好了，你押运的大卡车是银元，不入库，直接交后勤部，送前线急用。"不一会儿来了一辆军用吉普车，下来一个处级军官，带了介绍信，他说："扶眉战役结束，部队进军兰州、西宁和银川，急需银元，你们真是解了燃眉之急。"核对数字签完字后，这车银元被直接运回后勤部，我们这次的任务就圆满完成了。

我们住在竹笆市交通银行招待所。7月的西安热得要命，女服务员主动帮我们打开了房顶的吊扇。其实我早就看到了吊扇，但不知道是干什么的，也不会用，这是我第一次懂得用电扇。招待所的伙食特别好，馒头面条都是"洋面"做的，白得真可爱，这是出娘肚皮头回吃到这么好的面，我一生难忘。住了3天，李文主任通知我们，后勤部有一辆车去韩城县办事，可以把我们顺便捎上。结果，行至蒲城时，车坏了，师傅派助手骑自行车到西安买配件。我们就住在县银行，第二天早晨上街看到一个提篮子卖蒸馍的，馍扎在筷子上，显得又白又高，很是稀奇。两天后，车修好了，我们到了韩城县银行，他们的伙食也很好，每天早晨白面馍、小米稀饭、咸菜。想起我在家一年吃不上几个馍，觉得关中地区真是个好地方啊。

两天后，我们步行到达禹门口渡河回到了河津转运站。在进行总结时，孙站长专门对我们进行了表扬。会上还通报了从后勤部传来的消息："扶眉战役胜利结束，18兵团、19兵团和华北兵团兵力达12个军，34万人于7月10日发起总攻，经两昼夜的激烈战斗，歼敌4个军共43000多人,结束了胡宗南在西北12年多的反动统治。现向兰州、西宁、银川进军解放大西北,你们送来的一卡车硬货派上了用途。"我们高兴地相互拥抱,跳了起来。

撤销河津转运站　转运第二三批发行基金

1949年7月底陇海铁路基本通车,河津转运站也完成使命,被并入潼关后勤处。原有的200多麻袋发行基金也要运送西安,经研究,我们决定走水路到潼关,由潼关转运西安。我们雇了3艘大木船并进行了加固,载着200多袋发行基金顺黄河而下,两天后到达潼关。这时,区行又派来洪涛印刷厂张高升等6名同志和发行库的3人也到达潼关。银行转运站力量大大加强。潼关后勤处处长姓张,据说曾是贺龙将军的警卫员,贺龙从山西去西南路过潼关都是他亲自接待并送到西安。后勤处为我们腾出一间大房子,我们还是库房、办公室和住宿三合一。

随着战争形势明朗,发行基金的需求不像前期那样紧张,但是战争发展迅速,用量大,现在除了银元,其他都是限量兑换。因此,我们及时与潼关后勤处申请了一个车皮,将发行基金运送西安,我和孙站长押车。到灞桥站,铁轨没有铺好,无法直达西安。区行发行库李主任来接站,并雇马车将发行基金运送入库。

不久,总行又发来两个车皮的发行基金。孙站长派我和康富民等4人押送西安,到灞桥站,铁路仍不通,经发行库与后勤部协商,用后勤部汽车运回西安入库。大街上的景象,比6月初市场活跃多了,交易都用人民币,东西也便宜,我在小摊上买了一件半袖黄军衣(可能是处理的),只花了3万元。

3天后,当我们乘货运列车返回潼关时,后勤处正在搬家至西关。西关是一条商业街,距火车站近,工作方便。当时的西关很繁华,商品多,饮食比较丰富,还有戏园子和说相声的。来往的商人大多戴着礼帽、穿长袍短褂。后勤处征用了一个有四排平房的妓院中的两排,隔墙开了两个门,后勤部门口有警卫队武装站岗。后来妓院老板提出由于我们武装驻防,影响他们业务。后勤处决定搬出了妓院,在妓院后面的空场地上建两间大营房,警卫队住一间,其他工作人员住一间,后来,还建了医务、财会、团长室。

动员干部南下　支援解放大西南

"干部南下",是解放战争时期中共执行的一项意义重大的战略决策,随着解放战争的胜利,新中国的建设迫在眉睫。南方许多城市、农村急需大批干部参与建设管理。早在1948年9月在河北省平山县西柏坡召开的政治局会议,即"九月会议"上,中央就分析了全国解放战争的形势,高瞻远瞩地指出:"夺取全国政权的任务,要求我党迅速地有计划地训练大批能够管理军事、政治、经济、党务、文化教育等项工作的干部",缺乏这项准备就势必不能适应形势发展的需要,而使党的工作处于被动地位。

上世纪80年代初,张慕明在临潼招待所前留影

10月28日,中共中央根据"九月会议"确定的基本方针,作出了《关于准备夺取全国政权所需要的全部干部的决议》,《决议》估计"在战争第三、第四两年内(1948年7月至1950年6月),人民解放军可能夺取的国民党统治区域,大约将包含有1.6亿左右的人口,500个左右的县及许多中等城市和大的城市,并在这些新的区域建立政权"。《决议》认为,共需中央局、区党委、地委、县委、区委等五级及大城市的各项干部5.3万人左右,并将抽调干部任务做了分配:华北1.7万人,华东1.5万人,东北1.5万人,西北3000人,中原3000人。

在这种历史背景下,9月下旬,随着兰州、西宁、银川相继解放,上级动员广大干部职工南下支援,并规定报名批准走的,官升一级。大家积极性很高,都报名了。被批准南下的一共有10多位同志,其中有银行中转

站孙站长等6人，稍后传来消息区行发行库李文主任等3名同志也南下了。

调往山西风陵渡 调运前线军用物资

1949年9月底，陇海线全线通车，银行转运站相继撤销，华北榆次、灵石转运站的工作人员已返回区行。10月初，我们银行转运站6人，奉命调往山西风陵渡后勤转运站，负责转运军用物资到西北前线。到达渡口后，堆积如山的棉服麻包、炮弹箱、重机枪、手榴弹箱等各种军用物资都堆放在黄河滩上。站长姓何，四川人，是一个爱说笑话、对人和气的50多岁的长征老干部。他住在塬上离渡口有5里多路的赵村，见到我们，他高兴地说："终于把你们盼来了，我就像热锅上的蚂蚁，急的不得了，上级下了死命令，说前线的战士们到现在有的还是单衣服，换不上棉衣服，限11月底前必须把全部棉衣服和物资运到前线去。物资是很多，就是人少，你们来了就好办了，我这个站长心里也踏实了。"

按照何站长的分配，我负责民工船只的搬运调度，张高升负责保管，其余4人负责物资整理和押运船只过河。我根据当时的形势，提出先运送棉衣服和被服等，后运其他物资，得到了何站长的批准后，我们积极工作起来。

当时，有一个排的兵力保护物资的安全，我们6人吃住都在河滩货场，睡觉的地方是一个四周用麻袋垒起来，没有顶的"房子"，吃饭是从赵村站上送来的，一天两顿饭，中午两个馍，民工回家吃饭。不久前，敌机轰炸过这里，炸弹落在河中心，但没造成损失。因此，除运送物资外，我们还要做防空安全工作。当地政府帮我们从附近农村征集了民工100多人，大木船4条，统一由我调度指挥。我用3条船专运物资，1条船渡来往的人，把民工组成班排和大队，我只抓大队长。当天，我召开了民工动员大会，讲了战争进展形势和上级的命令，并宣布班排和大队长名单和上下午轮班工作等事项。大队长高个子，工作积极，思想进步，和我配合得很好，可惜我忘了他的名字和地址。我和大队长检查船只和搬运路线情况，由于河岸面很宽，到处水坑，晚上结冰，白天见太阳化开，扛包行走特别难行，尤其船靠不了岸，搭板够不上，只能下水装船。可是面对刺骨的河水，大家都不敢下水。想到物资运送任务，我急了，第一个脱了鞋袜，挽了裤腿先下了水。冬天冰水像刀子扎似的，过了一会儿也就适应了，大队长喊着:"支援前线,解放全中国,跟着小老总下水装船。"大家都跟着下水了。我说:"大队长以后别叫老总了,那是国民党队伍里的叫法,解放军都称同志。"大队长笑着说"对",就这样装船工作进展比较顺利。我和大队长研究在水下时间长了也不行,就决定分班分批一小时轮换下水一次。白天涉水工作,晚上在离货场远的地方生火烤裤腿和鞋袜。后来何站长知道了这件事,给我们6人每人多发了一条棉裤和一双防水长筒军用皮靴,让我们换着穿。经过40天的奋斗,我们提前全面完成了任务。何站长非常高兴地说:"同志们辛苦了,我向你们敬礼。"3天后,何站长召开全体会议,总结工作,表扬了我们提前完成工作任务,精神可嘉,并表扬我能吃苦,团结民工,带头下水,工作不怕困难,不讲条件,想方设法完成任务。分别给我和张高升奖励了毛巾一条、牙刷一把。

会议结束时,何站长说:"军区后勤部和区行多次来通知,要调你们回银行。后勤处诚恳挽留你们在这里工作。但后勤部和区行领导的意思还是征求本人意见,愿留下的留下,不愿留的回区行。"当时我们都没表态,会后何站长先找我和高升谈话,要求我们留下,并给我们"封官许愿"。当时我和张高升基本同意留下,因为何站长人品好,关心同志。但是我们还是和另外4位年龄大、社会经验丰富的同志商量了一下,他们想回银行,因为银行条件好,待遇高,工作稳定。最后,我们决定回银行,营部还给我们开了欢送会。

1949年底,我们回到区行。到人事科(后为人事处)报到,李向农科长(后为人事处处长)告诉我们,当前任务艰巨,西北区行将负责西北五省的运钞任务,现在需要成立一个押运排,我们作为骨干被安排到西北区发行库工作。当时发行库主任是范耀武,是原光华印刷厂的厂长,分配我们到解放路中国银行库房工作,并指定抗战时期干部石汇河为负责人,梁红文为班长,我为库房管理员兼押运。后任闫海山为排长,他也是原光华印刷厂老工人,后因家庭生活困难,回到农村劳动。后又调西北保卫团李成富为排长,后为股长。

调运东北发行基金　　支援抗美援朝

1950年朝鲜战争爆发,10月中国人民志愿军入朝,抗美援朝战争全面

战争时期货币发行与调运工作

展开。东北作为援朝的大后方,全国各地都积极支援。这时接到总行命令,要西北区行给东北区行的沈阳、锦州、齐齐哈尔(现在为哈尔滨)各运送1个车皮的发行基金。区行决定由出纳科长董文惠带队负总责,西北保卫团派1名排长带6名战士负责安全。我和董文惠科长负责沈阳方向,张高升、胡奇山(老红军)负责齐齐哈尔方向,区行小杨和另一名干部负责锦州方向,每个车上2名战士。出发前,区行人事科李向农和范耀武召集大家开会,说明了这次任务的重要性和支前的意义,要求必须安全运到不能出任何问题。

我们乘坐的虽然是军列,但路上行车很慢,各站都停挂车。走了4天,才到东北入境站——山海关,由于货币尚未完全统一,需要停车兑换东北流通券,董科长排队兑换。由于一天多没有吃东西,准备下车买饭吃,但不到半小时兑换完毕就开车了,大家都没有吃成饭。

第二天到达锦州站,调度要把我们锦州的运钞车皮摘下来,我们问需要多长时间,调度答复说是大约1小时,由于我们两天没吃饭,董科长就宣布每车各留1人守护,其他同志去吃饭,我建议每车留2人。董科长同意了并带领大家去车站桥下边的饭馆吃饭,我、张高升和2名战士留下守车。谁知,才过了半个小时,军列整发完毕,车站执勤人摇铃通知开车。我急得大喊:"不是一小时么?怎么才半小时就开车了。"执勤人说:"军列没规定,好了就走。"我说:"请稍等,我叫吃饭的人回来。"我边跑边喊:"董科长,开车了,不要吃了,越快越好,快!"还没等他们跑到车站,车已经开动了。我急忙跑步返回,已经上不了我的闷罐车了,我急中生智,追着火车往前跑,顺手抓住在我后边的低敞篷车的车把手往上爬时,被后面押车人发现,先是大喊"不能上!我们是军车",我顾不了那么多,继续往上爬,他掏出手枪准备向我开枪,我不怕,还是上去了,我向他喊话说:"同志,我们也是军列,咱们的任务是一致的,下站我就下来。"他的是小手枪,我的是"德国造"的盒子枪,如果他真的向我开枪,我也只好还击。到了下一站,车停下来,我主动向他道歉:"同志对不起,不是我有意爬你的车,当时情况你也看到了,咱们都是支援前线的,不上车,我们任务完成不了啊。"他说:"我们是军火半成品,很危险,一旦出事就是了不得的大问题。"误会消除后,我们各自上车。

按照规定,押运车每车需配备4人,由于董科长他们没能上车,被甩

11

在了锦州，当时两个车厢只有 4 人，每车只有 2 人，这严重违反了押运车所需配备的人员数量。但事已至此，我们也没有办法了。行至一个小站，我们两天没吃饭，我看到有个提篮卖烤红薯的，就用东北流通券买了 10 个，和另一名战士分着吃了。

  第二天上午到了沈阳车站，车皮调到货位，战士守车，我去车站办公室给区行打电话通知接站。沈阳的车站建得宽敞阔气，比西安车站洋气多了。车站同志递给我电话机，我一看傻眼了，不会打，西北用的是手摇式的电话机，这里是转盘拨号机。在车站同志的帮助下，接通了电话，区行很快派来车辆，顺利完成了接站工作。押运的银元入库后，我和那名战士在区行招待所吃的中午饭，是高粱米饭，香甜美味，想起小时候唱歌东北大豆和高粱，果然名不虚传，我吃了两碗。3 天后，区行发行库给我们买了车票，又和锦州董科长联系在车上会面。回到西安的第二天就是国庆节。第三天开会时，董科长总结这次的经验教训时讲到，这次任务虽然完成了，但是存在失误。表扬我人小经验多，那天幸亏我提出 2 人守车，否则问题就大了。会后，他亲自给我送来了 15 万元（可兑换新人民币 15 元），说是区行给你的奖励，我说不用，这是我的工作。他说这是组织上对你的奖励和信任。我用了 10 万元在解放路商店买了一床漂亮的太平洋花床单，铺上特别好看，同志们很羡慕。我又用 5 万元买了一支"金星牌"钢笔，这支笔在 1953 年我回老家时被长兄要走了，因为他是教师，工作需要钢笔。

  这是我有生以来第一次享受奢侈品，不久，我被调到发行会计股当了会计记账员，股长是李俊贤同志，发行库主任是张世恩，他是原光华印刷厂会计科副科长。

股海印记

原人民银行西安分行工会办主任　李宝成

今天，当我们买卖上海和深圳证券交易所的上市股票时，只要有一家银行的储蓄账户，再在证券营业机构开设股票交易账户，再有一台电脑，甚至手机就可以炒股了，而且从了解行情、选好股票、买卖申请，到实现交割、资金清算等多个环节，手指轻轻一点瞬间即可完成。那么，20多年前的股票交易是怎样进行的呢？我们从咸阳证券市场的发展便可窥豹一斑。

上世纪90年代，时任陕西证券公司咸阳营业部经理的李宝成

上世纪90年代初期，我国的证券市场刚刚起步，先后设立了上海和深圳证券交易所。为了推动二级证券市场的快速发展，满足全国股民参与股票交易的需求，当时的政策允许各金融机构经过批准成立证券公司。记得当时陕西省只有人民银行陕西省分行和陕西省国际信托投资公司各成立了一家证券公司（证券营业部），并在西安市设立了几个营业部，省内其他地市还没有营业机构。如果想买卖上海或深圳的上市股票还必须乘火车或汽车到西安的营业机构进行操作。为了满足省内各地市股民的炒股需求和扩大自身的业务，1993年4月，陕西省证券公司有意与人民银行咸阳市分行（即现在的人民银行咸阳中支）合作，在咸阳市设立一家营业机构。当

时听到这个消息以后，我认为股票业务的发展势头方兴未艾，但对内地来讲非常的陌生，因此有一种想学习掌握股票业务知识的强烈欲望，另外也想通过这个平台锻炼一下自己。于是，当即向行领导毛遂自荐，表示希望参与该机构的筹备及运营工作。5月初，行党组任命我为"陕西省证券公司咸阳营业部"经理，并给我配备了一名计算机专业的同志作为助手，并于5月20日正式成立了陕西省内第一家地市证券机构——"陕西省证券公司咸阳营业部"。至此拉开了筹备工作的序幕。

筹备工作千头万绪。一是找场地。我们租用了位于市中心百货大楼三层约500平米的场地作为营业场所，并着手进行交易大厅、营业柜台、设备机房的装修和信号接收、行情显示、通讯线路等设备的安装。二是办执照。因为股票交易业务是一个新事物，工商、税务部门很快给办理了营业执照和税务登记证。三是招员工。我们抓紧招收了一批具有相关专业学历的员工，并及时送到西安西五路营业部进行培训。四是做宣传。我们向咸阳电视台、广播电台、咸阳报等新闻媒体报送了相关信息，他们都及时给予报道。此消息在咸阳一时成为爆炸性新闻，引发了不小的轰动，街谈巷议，前来咨询的人络绎不绝。于是，我们就在各项筹备工作进行的同时，提前代办上海证券交易所的股票交易账户业务（因当时各种条件所限只开办沪市交易业务）。从填表登记、按批次统一送往上海证券交易所制作、再取回发到股民手中，大概需15－20天左右时间。还有许多原本在西安开户交易的股民想把账户转回咸阳，我们也给予办理。听到很多股民都称赞说："你们为咸阳办了一件大好事！"我们感到非常地自豪。至开业时，开户股民达200多户，这在当时已是不小的数量。

在紧张的筹备期间，我抓紧学习股票知识，把指数、吃货、出货、交割、满仓、平仓、割肉、竞价、K线等新鲜词句及内涵铭刻在心，随后我还参加了上海证券交易所的交易人资格培训，取得了资格证书。

8月18日，营业部正式开业，当天人头攒动，热闹非凡。记得当天开盘至收盘指数在600多点上下波动。当天参与交易的股民不到100户，交易金额50多万元。当天午夜12点多当一张张红蓝色的交割单从打印机里流淌出来时，就宣示着股票交易这个金融新产品从此在这个千年古城诞生，我们的辛勤劳动终于结出了硕果，这一天应该是咸阳金融史上值得浓墨重彩书写的一页。

当时买卖股票的方式是这样的：必须先在证券营业机构资金柜台开一个资金账户，存入交易资金；用 5 元钱买一张交易单，填写买卖的股票名称、代码、数量、价格等要素，递入交易柜台；工作人员接单后，送进后台；报话员用固定电话照单通知在上海证券交易所交易大厅内陕西省证券公司交易席位上的"红马甲"（即交易员），红马甲接听后把所听到的信息用席位上的计算机输进交易所的交易系统；待股市收盘后，交易所进行交易清算，并于数小时后将结果发回营业部，营业部接收并打印交割或结算清单；次日上班后，股民到交割柜台领取交割清单，方知前日买卖的股票是否成交。至此，一个交易程序完成。这种交易方式在股市正常情况下比较顺利，如果遇到股市强烈波动，交易旺盛时，便会出现钱存不进去不能买卖股票，单递不进去不能及时买卖股票的现象。特别是电信局通讯交换设备落后，咸阳与上海之间的通话常常"梗阻"，交易信息无法沟通，眼看着股价来回波动就是无法交易。看着显示屏上股价瞬息变化的曲线和股民们的焦急面孔，我真是无语。当时的确想申请一条专线，但证券交易不属于国家配置专线规定的范围，无奈之举，只好花了 16000 元买了一个当时比较流行的"大哥大"手提电话应急之用。虽然通话时间最长 40 分钟，但在当时固定电话出现故障的时候还是解决了一些燃眉之急。真是"巧妇难为无米之炊"。

受当时各种条件的所限，营业部的设备都很简陋，接发上海证券交易所的实时交易行情和清算数据靠得是楼顶安装的"大锅"天线进行，再通过两台 34 英寸的显示器播放。1994 年 5 月才安装了一个 10 平米左右的显示屏，又增加了两台 34 英寸显示器。我们的工作设备只有一套卫星接收装置，两台分别用于接收卫星数据和交易清算的 286 计算机，一台打印机，一部固定电话，资金柜台全部用算盘。交易大厅内安装了一些连座椅供股民休息。上午休市后，没有座的股民就直接坐在水磨石地板上，吃盒饭的、看报纸的、谝闲传的、打瞌睡的，每天下午股市收盘后，交易大厅一片狼藉，其情景很似火车站的候车室。

当时上证指数在 500 点－800 点之间波动，沪市上市股票不足 100 只，股价大部分在 15 元以下，每天的交易量在 10 多亿元，能上 20 多亿便是天量了。"浦东金桥、外高桥、陆家嘴、东方明珠"被称为"四大天王"股票，是沪市的标志性股票，因此，买卖的人也多，股价也比较高。1994 年

5月指数飙至1052点，创历史新高。然后就跌跌不休到8月指数跌至325点，创历史新低。咸阳参与交易的股民以散户居多，社会各阶层的都有，且大多数股民存入账户的资金在5000元至20000元，超过5万元的都很少，买卖股票数量往往是几手。散户炒股总爱打探消息，总以为我们知道一些信息故意不告诉他们，总对我们投以疑虑的目光，经常产生一些误会。所以，我们在每日股市收盘后，举办股市沙龙，内容主要是当日行情分析和明日行情预测以及对某板块的规律特点。主讲人有我们的员工，也有炒股资历老的股民。至于准确与否不得而知。但在当时我所讲的炒股"甘蔗""电梯"两大理论和流行的"一人赢、两人平、七人赔"概率观点很受多数股民欢迎。

其实，证券交易大厅就是一个微缩的社会，集中反映了当时人们急于个人财富增值的心态。股民大部分人是上班族，经常以各种理由溜到营业厅里来炒一把，赶紧回去上班。还有很多人都是夫妻、兄弟、姐妹、父子，还有合伙的；炒股资金的来源五花八门，有多年的积蓄、有借贷的、有集资的、有典当的等等，殊途同归，都想在这个新生事物中展示一下自己搏击财富的能力，但其结果大相径庭。有一天，有一个股民敲我办公室的门，进来后，笑眯眯地对我说："李经理，今天中午请你喝个小酒。"我说："我无功不受禄，有何事请直说。"他说："真没事，就是昨天小赚了一把，高兴！我看你这个人实在，想请你赏个脸。"我看他真没有其他企图，就答应了。我们来到泡馍馆，一人一份羊肉泡馍。席间他显得十分亢奋，给我讲述了他的炒股史：我们弟兄三人凑了4万多元由我操作炒股，结果亏了近2万元，不敢给弟兄说，有段时间都不敢见他们。听了几次你的沙龙讲座，很受启发。照猫画虎地试了几次，还真是那么回事。几次下来，不但赚回了亏损，还赢了4000多元。所以，无论如何都要感谢你。我说："这不是我有多高明，而是客观规律。"有一次，大厅里有一对夫妻因炒股的意见不一致而吵架，劝也劝不了，结果越吵越凶，最后丈夫对妻子大打出手，妻子捂住脸喊着"离婚，离婚"，气汹汹地走了。听说后来他们真离了。这类因炒股夫妻离异、兄弟反目、父子相恨的事在当时还真不少。当时有两三年炒股经历的人就算是老股民了，他们经常发表一些看法，引起不少刚入市股民的羡慕。但也有不服气的，时常与他们争执，因此经常引发交易大厅秩序的乱象。有的新股民对我们的从业人员似乎很崇拜，总爱问我们买卖什么股票好，我们都是回答：我们证券从业人员有职业规定，不允许给股民指导炒股。请你请教一下老股民，自己在实践中学习吧！

　　咸阳营业部以后随着股市的发展而逐渐壮大，1995年8月又开通了深圳证券交易所的股票交易业务。1997年中央要求国家机关所办经济实体一律脱钩。1998年3月，人民银行咸阳市分行正式退出，营业部也更名为"西部证券公司咸阳营业部"。

　　回忆过去的这段经历，至今记忆犹新。新中国证券市场二十多年的发展历程用惊天动地、山呼海啸、跌宕起伏等词语形容都不过分，股民们宛然一笑有之、战战兢兢有之、惊心动魄有之、惨不忍睹有之，真是几多欢笑几多愁，爱你恨你还恋你！但不管怎么讲，证券市场在风风雨雨中发生了翻天覆地的变化，推动了我国市场经济的发展。至于功过是非我难以评说，但对股民来讲至少锻炼了参与市场经济搏击的能力。真可谓：股山有险须谨慎，券海无涯苦作舟。

1994年汇改的难忘记忆

原人民银行西安分行外汇管理处监管员　车东启

车东启（摄于2005年）

我与外汇工作打交道已有三十余载，对外汇管理工作的热爱和执着伴随了我的大半生。我见证了我们国家在改革开放大政方针的指引下，外汇体制改革不断发展的方方面面，其中1994年外汇管理体制的改革在我心中留下了深刻的印象，至今历历在目，难以忘怀。

那次改革的举措，在中国外汇管理历史上是空前的，并且取得了巨大的成功。改革的主要内容包括：汇率并轨，取消外汇留成，实行银行结售汇，建立全国统一的银行间外汇市场，建立以市场供求为基础的、单一的、有管理的浮动汇率制度等，这次改革，奠定了外汇体制由计划经济向市场经济转变的基石，这不但改变了国家金融外汇宏观决策的方向，也改变了外汇管理工作的模式，将外汇管理人员从繁重的外汇审批工作中解放出来，将更多的精力放在事后监管和间接管理上，将外汇的审批权限下放给银行，减轻企业的负担，以外汇许可制度界定外汇管理部门的管理职责，做到有法可依。1994年汇改后，外汇资源紧缺的局面逐步缓解，企业和个人用汇环境大为改善，同时对外汇管理人员而言，其承受的压力也大大减轻。

汇改之前 外汇紧缺 企业想方设法寻找外汇

记得八九十年代，外汇异常紧缺，虽然国家从1980年开始实行外汇留成制度，给创汇企业留有一定的外汇自用权限，但远远不能满足日益扩大的用汇需求。随着对外开放步伐的加快，与国外的交往和因私出境等越来越频繁，对外汇的需求也日趋强烈。记得1993年的某一天，国家外汇管理局外汇调剂中心主任来陕调研外汇调剂工作情况，由于当时省外汇调剂中心主任不在，由我负责接待。有些企业得到了消息，派出人员四处打探总中心主任的行踪，一个大型涉外企业甚至兵分三路在各个地方追踪寻找，希望能攀上总中心主任这棵大树，得到紧缺的外汇。结果事与愿违，他们追踪了好几天却没有结果，甚为失望。事后见到我说："你们把总局的主任藏到哪里去了，害得我们东奔西跑，累死人了。"可见当时外汇是何等的稀缺。1994年汇改后，取消了外汇留成，实行银行结售汇制度，企业及单位用汇随时用人民币在外汇指定银行购买，而且在经常项目下不受数量限制。1996年12月1日以后，我国在经常项目下实现了人民币的可兑换，彻底改变了外汇紧缺的局面，企业、单位不再为得到外汇而投入过多的精力，企业用汇环境得到了极大的改善，同时也减轻了外汇管理部门的工作压力，汇改的积极效应，充分体现出来。

国内替代进口产品收取外汇，缓解了外汇紧张的压力

进口用汇是外汇走出的最大项目，也是外汇最为紧张的领域，为了解决进口用汇缺口，国家实行了国内产品在国内销售经批准可收取一定外汇（额度）的举措，凡经行业界定该产品达到或超过进口商品性能的，允许该产品在国内销售收取外汇额度（由于国内不允许外币流通，不能收取外汇，只能收取外汇额度），销售企业用销售得来的外汇，再进口原材料或零部件扩大再生产及出口，以缓解外汇紧张压力。1988年，西安航空发动机公司当时生产了一种叫剑杆之机纺织机械，当时在国际尚处于先进水平，其工作效率远远大于普通织布机，西航公司由此申请在国内销售收取

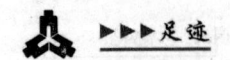

外汇的申请，缓解了企业用汇紧缺的状态，提高了企业生产效率，扩大了再生产。

非法买卖外汇的行为得到了有效遏制

改革开放后，留学、探亲，旅游等因私出境人员不断增加，国家因私出境供汇有限，满足不了日益增加的用汇需求，外汇黑市买卖活动日益猖獗。在八九十年代，外汇管理部门和公安部门联手对外汇黑市买卖行为进行了打击，每年都要采取几次大的行动，在一定程度上有效遏制了外汇黑市活动，非法买卖外汇的活动有所减少。记得在1990年的一次打击外汇黑市活动中，抓获了一对夫妻倒卖美元，审问时，这对夫妻说："下岗了，找不到合适的工作，干这行技术要求不高，来钱快。"最后，由于其倒卖外币数量较少，达不到刑事处罚标准，公安部门罚款并批评教育后予以释放。1994年汇改后，对个人因私供汇逐渐予以放宽，直到限额在每年不超过等值5万美元之内的个人用汇可直接到外汇指定银行购买，即使超过5万美元限额，只要确实需要，向银行提交相关证明后，也可以如数购买外汇。由于个人因私用汇的放开，没有必要再到黑市上买卖外汇，外汇黑市几乎绝迹，极大地改善了金融外汇环境。

一次有关新台币的辩论

2001年，我参加了一次法律知识培训班。有一次关于新台币的法律地位辩论给我留下了深刻印象，也觉得非常有趣。有一位公安部门的参会者讲到他们在抓到一名倒卖台湾新台币的小贩时，公安部门以倒卖外币予以处理。话刚说完，有一位律师发言提出："倒卖新台币按倒卖外币论处的做法不妥，应当按扰乱金融秩序论处比较合适。台湾是中国领土，同属一个中国、一个国家，未经中央政府批准，不能发行两种货币。新台币是台湾当局发行的地方货币，在政治层面我们是不认可的。如果将新台币视作外币，就等于间接承认了两个中国，这会给不怀好意的西方媒体留下把柄。"此言一出，立刻引起了与会代表的极大兴趣，讨论也很热烈。有与会者提出质疑说："如果有人倒卖港币，是否也不能称倒卖外币，港币也是香港当局发行的货币。"这位律师回应道,港币称作外币是香港基本法确立的,在法律地位上不存在问题,新台币与港币不能等同。这时又有人提出,既然新台币不能称作外币,中国银行有时也开展新台币与人民币的兑换业务,这又作何解释?那位律师似乎对金融业务比较熟悉,回答说,这是银行商业行为,与官方立场没有关系,人民银行公布的人民币对外牌价中就没有人民币对新台币的官方汇率,这就像台湾和美国没有外交关系,但台湾的民间经济交流照常进行的道理一样。我刻意查了一下人民银行公布的对22种外币牌价中确实没有新台币的汇价。从这则有趣的人民币对新台币的法律地位关系的辩论中,我感觉到了外汇体制改革的深入离不开法制的引导,建立健全金融外汇法制是深化改革必不可少的保障。

　　1994年外汇管理体制的重大改革虽然过去了20多年,但留给我的记忆是深刻的,这些点滴记忆足以证明外汇体制改革成功的巨大威力。如今的许多外汇管理政策调整,都与1994年外汇体制改革密不可分,展望未来,我相信在不久的将来,人民币在资本项目下可兑换的目标就会实现,到那时人民币就是一种真正意义上的可兑换货币。

▶▶▶足迹

追忆难忘的岁月

原陕西省分行外库管理处副处级干部　王宝奇

回顾自己在银行几十年的工作经历，一个个鲜活的故事、一件件点滴往事、一宗宗无法抹去的记忆一起涌上心头，涌进脑海。现在回想起来，当年的工作虽然艰苦，但能圆满地完成每一项任务，我感到非常自豪。

王宝奇（2016年摄于家中）

在转运站工作

1949年的初夏，西北区行在山西灵石设立转运站，以转运货币、银元支援解放大西北和西南地区，我当时是西北区行发行库的保管员，我清楚地记得那一天我与主任蒋维亮、会计牛俊明3人从延安乘黄亚光行长赴邯郸开会的顺车到灵石县，开始了与解放军西北后勤部灵石办事处在一起同待遇同工作的生活。当时东北、太原等地已经解放，那里的军用物资包括枪支、弹药、急救品、罐头、食品、毛毯、衣被等均通过这里转运。因当时陇海铁路中断，同蒲铁路只通到灵石县东关水头。是由华北和西北各两个野战军汽车团从灵石运往风陵渡口再转运至西安西北等地。在这仅8个月的转运工作中，我们十分繁忙，尤其是刚开始我一人在火车站，白天用炮弹箱、银元箱子当办公桌，晚上当床铺睡觉，顶上周围用篷布盖上。我们昼夜不停地干，负责引路、指地方，装卸火车、汽车，数火车皮、数汽车。人民币当时全国还未统一，有些地区如新疆、青海、西藏等地区仍使用银元。有一次在搬运过程中，工人们问我这是什么物品，为了保密安全，我说是炮弹、药品，可银元箱子不小心被摔到地上，银元滚出一地，工人们惊奇地说这不是白大洋吗？不是炮弹啊。之后不久，为了安全，上级派来一个连的解放军担任安全保卫工作。

缩小人民币面额　发行新人民币

1955年，中央决定缩小原人民币面额，发行新人民币，即将原10000元面额旧币缩小为新币1元。1000元旧币面额缩小为新币1角券，面额100元换1分，此项工作准备时间长，工作量大。

1955年王宝奇（一排右四）与陕西省银行发行分库保管股全体同志春节合影

大约从1950年就开始，人总行让陕西省发行库（实际代管西北五省）代管代号为"公、兮、兑"三种箱子，每个字400箱编为一组堆放，由五四四厂每日交给省行发行库此种代管箱。箱内何物谁也不知，当时我任省行发行库保管股长，此项任务就交由我负责亲自经办。每天我要去五四四厂验收代管箱数目，然后五四四厂派保密员将装有入库箱数目及密码的带锁皮夹包给我送来，我用我保管的钥匙打开签收，加密押后退回。同时当天密电告知总行库，这样天天如此。大约在1953年秋天开始，总行让上海、北京送来代管箱，标有"久、免、象、因、固、圕、圖、圜"8个字的箱子，让我将"公、兮、兑"3个字的箱子向上海、北京运去，同样400箱为一组。约1955年2月，总行召开会议，内容是部署安排缩小旧币面额，发行新人民币。陕西省指定我参加。会期2天，这时我才知道原来每一个字的箱子是代表人民币的面额。即"公、兮、兑、久、免、象、因、固、圕、圖、圜"分别按顺序为"1、2、5分币，1、2、5角币，1、2、3、5、10元币券"。

1957年王宝琦（一排右三）

总行会议后我立即返回省行，向行长王慈做了汇报。行长立即按总行精神召开会议安排部署确定让货币流通科科长宋镇海、副科长杨希天还有我分别向关中三地县（宝鸡、咸阳、渭南）、陕南三地县（汉中、安康、商洛）、陕北三地县（延安、绥德、榆林）地区银行和县支行传达，并由地区行召开会议进行贯彻执行。随后我们就开始大量地发送货币。那时，我们保管股十分繁忙，昼夜不停的在通过火车、飞机向外地发送货币，同

追忆难忘的岁月

时还要接收从上海、北京运来的货币箱子,箱子堆积如山,无地安放,最后我们想办法将其分别存放梁家牌楼、粉巷、解放路等6个地方。

当时,我既要办理出入库与发运、接收的所有清单、手续、签收签发加密押。又要每天电告总行当天出入库数量等有关事项,还要指派本库护卫人员负责押送,警卫队是守库和押运货币,一般押运货币都要用自己的车和人。大量押运的时候,必须租用汽车公司的车,向省警卫团要部队来押护火车、汽车。当时新疆是来了部队两个汽车团,由当时的财政厅长梁国栋负责押运新钞。

王宝奇(2000年于家中)

回忆这段经历,是我一生中最繁忙、最艰苦的一段时光,也是我觉得浑身有使不完的干劲,精神振奋的一段经历。60多年过去了,我仍然怀念那个艰苦奋斗的年代,仍然想念我那些领导和同志们。

人民银行青海省分行1998年机构调整改革工作回顾

原人民银行西安分行巡视员　胡安舜

胡安舜（2000年摄于办公室）

　　1998年10月，国务院发出《关于批转人民银行省级机构改革设施方案的通知》，决定撤销省级分行，在9个中心城市设立跨省派出机构（正局级）；在9大分行以外的省会城市设立中心支行，除继续履行原来市分行承担的职责外，增加承担原省级分行在国库经理、支付清算、现金发行和金融统计等业务的管理工作；另外，设立金融监管办事处。

　　这次改革是党中央、国务院的重大决策，对强化人民银行监管职能，深化金融改革，防范和化解金融风险，逐步建立与社会主义市场经济发展相适应的金融调控监管体系，促进国民经济发展，具有十分重要的意义。

　　改革方案涉及到全国各省、市、自治区分行和省会城市分支机构的撤并和新设，人员的分流与调配，业务的调整及增减，还有人事关系隶属的变化，财务管理的重新划分，以及固定资产的分割等一系列问题。改革方案公布之前，并未广泛征求意见和讨论，一经公布，马上就要贯彻落实，所以干部职工都感到突然，听了方案传达，一下子就像炸了锅似的，大家议论纷纷，品头论足，有人对方案肯定，有人提出质疑，有人盘算自己到

人民银行青海省分行1998年机构调整改革工作回顾

哪里去,有人考虑自己的职务怎么安排,有人谋划调换一个新的工作环境或者岗位,有人激动兴奋,有人顾虑重重,有人稳坐不动,还有人不知何去何从……

任何一次比较重大的改革,从本质上说都是对旧的制度和秩序的破坏和改变,也涉及许多人原来角色的转换和变动,从而也意味着许多利益的重新分配和调整,因此必然产生广泛的影响和反应,这其中既有积极的因素,也有不少矛盾和问题;既有动力,也有阻力。这一次人行省级机构的改革,面临的正是这样一种情况。

归纳当时的各种反映,大体可概括为以下几点,从外部看来,有人认为现行的国家行政管理部门包括各家商业银行、保险公司等,都是按行政区划从上到下,从中央到省、市、县、乡这样一条线贯通下来,并没有人行这种9个中心城市的概念,现在人行大区行这样设立,横里插了一杠子显得很不协调,工作关系不顺,而且在管辖面积和机构、人员、事物等工作量与面都扩大了几倍,显得鞭长莫及。在机构规格上,省级各金融机构都是厅局级,人行现在撤销省分行,设立中心支行,除继续履行原来市分行的职责外,仅增加承担原省分行在经理国库、支付清算、现金发行和金融统计等业务的管理工作,其他职责全部上交大区行和监管办,这样一来,规格上低了半级,在当地人民银行就显得矮人一头;还有省上有关部门和商业银行认为人行省分行撤销了,新设的中心支行职能大大收缩,名称又是西宁中心支行,非省非市,不知如何对待;又比如有些工作应该找西安分行、西宁中心支行、还是监管办?省上有关会议该通知谁参加等等,诸如此类的问题还是不少。当时青海省一位分管金融的常务副省长(全国人大代表)了解到这些情况后,认为有必要向上级反映和解决,曾提出要求人行西宁中心支行以他的名义就此问题向全国人大准备一个代表提案。

从内部看,西宁中支是原青海省分行和西宁市支行合并而成,规格降低半格,原来的干部较多,合理安置困难较多,造成一些干部的怨气牢骚,两大部分干部在思想感情上难免有省行与市行的区别与鸿沟,如不能正确化解,势必带来消极影响;省会中支与地市中支都隶属于大区行管理,许多工作关系不顺,如在财务、业务等工作联系和实际操作层面都存在一些问题;此外原有的工作制度、工作范围、工作秩序、业务流程都已打破和调整，而一整套新的东西都亟待建立健全和完善，关系要尽快理顺，才能使各项工作步入正轨。

为了顺利推进改革工作，全面完成改革任务，当时的青海分行领导班子和后来很快成立的西宁中支党委成员，认真扎实地做了以下工作：

一是班子成员认真学习领会国务院和总行文件，做到吃透精神，明确认识，端正思想，树立信心，克服一切困难，坚定不移地落实改革方案提出的各项任务。二是做好政策宣传和思想教育工作，启发干部职工从全局角度看问题，正确认识和积极适应改革开放的发展形势，妥善处理国家和地方、全局与局部、长远和近期、组织与个人等关系，纠正井底观天、固执己见、妄发议论的行为，全面正确地理解和把握改革精神，坚定自觉地推进改革任务的落实。三是及时敏锐地发现问题，客观辩证地分析问题，积极妥善地解决问题。看问题一分为二，既看到有利一面，又看到不利一面；既看当下，也看长远。有些问题或矛盾在自己的职权范围内一时解决不了，就及时向上级反映，提出建议意见，争取上级的帮助或政策支持。四是勇于担当，求真务实，扎实工作，及时向省政府领导汇报改革方案及相关问题，得到省政府领导大力支持和帮助。加强与政府有关部门和各金融机构的沟通协调，争取在工作中相互协调和配合。与监管办在人员分配、财产分割、办公场所等方面，尽量优先满足对方需要，互谅互让，配合默契。

通过以上大量艰苦细致的工作，使这次改革方案在青海有步骤、有秩序地推进和落实，较快进入新的体制并有条不紊地运行，做到了队伍不乱，监管不断，实现了平稳过渡，取得了比较满意的效果。与政府及有关部门关系融洽，工作衔接顺畅。省政府一如既往视西宁中支为金融工作的牵头部门，凡涉及金融工作的会议必通知中支参加。凡是中支比较重要的会议，如年度工作会、季度经济金融形势分析会，政府领导也到会讲话。与金融监管部门和各商业银行、政策性银行工作上互相尊重、互相配合，过去运行多年、行之有效的一些工作机制继续坚持，如年度金融工作会议、季度金融形势分析会议及金融工作联席会等一些比较重要的会议，都坚持不变；各金融部门的重要会议也邀请人行到会。在西宁中支内部，要求大家必须讲团结，顾大局，齐心协力做工作。不许说"你们省行"或"你们市行"这类不正面的语言。在人事安排和使用上，做到从工作出发，

人民银行青海省分行1998年机构调整改革工作回顾

一碗水端平，不厚此薄彼。要求各处室各部门尽快建立健全或修订完善各项工作制度和岗位职责，并认真抓贯彻落实，使各项工作有序开展，使新机构新体制有效运行。

这次改革是人民银行的一次重要改革。就像任何重大改革一样，它必然带来新的活力和进步，也伴随许多矛盾和问题，这是一个规律，对这一切，不能回避，只能面对，只能积极疏导、正确引导。任何一个改革，尽管它的方向和原则出发点都是好的，

胡安舜（2016年摄于家中）

但也不可能保证每一项具体方案设计都十全十美，因为事物是复杂的，而且还在不断地发展变化之中，方案只能在实践的检验中不断发现问题、解决问题，坚持正确的，改正错误的，使改革不断完善和发展。人民银行的这次改革，所经历的也正是这样一个过程。此后，经过17年的运行，得到了不断完善、巩固和发展。

回顾这次改革，使我们进一步认识到，改革开放是当代中国最鲜明的特色。改革开放近40年，中国取得了举世瞩目的伟大成就。但是实践发展永无止境，解放思想永无止境，改革开放永无止境。我们必须以更大的勇气和智慧，进一步深化金融改革，敢于啃硬骨头，勇于开拓，把金融体制改革一步一步推向前进。

一笔世行贷款妥善兑付

原人民银行陕西省西安分行经常项目处处长　高安翔

高安翔（摄于2008年）

上世纪八九十年代，由于国家外汇紧缺和经济建设的需要，国内仍实行严格的外汇管制制度，国家对境内机关、企业、单位和个人的外汇收支、买卖、结售汇等均有一套严格的管理办法和限制措施。大概是1991年盛夏的一天，商洛地区外汇管理分局卢明星科长到省局汇报工作。他见到我时说："高处长，地区交通局通过省上借到一笔世行贷款，他们想将这笔外汇通过外汇调剂市场卖出，换取相应的人民币资金，用于麻家岭公路隧道建设。我们给他们讲了银行贷款不允许进行调剂的规定，但交通局死活不听，并通过政府向我们施压，还要到省局来。你看咋办呀？"

过了几天，商洛地区交通局彭副局长与卢科长一起来到我办公室，提出了要将其1200万美元世行贷款调剂出去的申请。我请他们入座后，拿出总局有关银行贷款不允许调剂的文件，递给彭副局长。他看完文件对我说：高处长，不瞒你说，这些规定我们已经知道，但外汇调剂市场卖价高，银行卖价低（当时的银行牌价为1美元兑换5.2元人民币，外汇调剂市场价为1美元卖6.2元人民币），商洛是个贫困地区，缺少建设资金，这次好不容易通过财政争取到这笔世行贷款，想在麻家岭修个隧道，改善商县到西安的公路交通条件，这些外汇如果通过银行卖出去，我们就少收入1200万元，你们支持支持。我听了彭局长的这番话后，觉得从他们的角度讲也有一定道理，但总局对此有明确规定，我作为国家外汇管理局派出机构的工作人员，不能违反总局规定批准其通过调剂市场卖出这笔世行贷款（不做违规违法之事，这也是我到外汇管理局工作之初给自己定下的工作原则之一）。便解释道，你说的我能理解，但国家明令禁止银行贷款进入调剂市场，我们也不好办。退一步讲，你现在通过调剂市场将外汇卖出去，将来还贷时也要通过调剂市场买入外汇。目前调剂外汇价格仍呈现继续上扬的趋势，你们现在卖出1美元可收到6.2元人民币，到给世行还贷买美元时，1美元可能就要7.2元甚至更高。这里的汇率风险你们考虑了没有。彭局长听了我的解释后，似乎明白了其中道理，起身说我们回去再商量商量，便告辞离开了。

又过了大约十多天，省分行王厚旺副行长给我打电话询问，商洛世行贷款调剂之事。我随即到分行后楼王副行长办公室详细汇报了此事的具体情况和我们的意见，并给他讲了1986年初的一天晚上，我到西安雁塔路八号院省委周雅光副书记家参加省委有关会议，研究如何就西安某厂违规将300万美元银行贷款以调剂价格卖出一事，给国务院写报告一事的经过。他听后说咱们过几天到商洛去一趟。

临近国庆节的一天，王厚旺副行长要我陪他到商洛现场办公解决问题。下午一上班，我们俩乘车专程前往商洛。那时西安去商洛地区行署所在地商县的公路还未改造，路况很不好，去一趟，汽车至少需要行驶3个小时。到了商县，已经5点了。王厚望副行长是位从商洛地区上来的领导干部，在商洛熟人朋友很多，他们一见面都有说不完的话，待商洛中支的同志帮我们安排好住宿，吃过晚饭，开会时已经是晚上8点多了。我们从西安出发前，就已委托了人民银行商洛中支安排好会议。参加会议的商洛地区经委、计委、财政局、交通局、人民银行等单位的负责人和外汇局商洛分局的工作人员已在商洛军分区招待所会议室等待多时。王副行长与商洛地区某副专员走进会场后，会议即刻开始。首先，王副行长向与会人员说明了我们的来意，然后让我向大家解释调剂外汇的有关规定以及如何解付这笔世行贷款的意见。我遵照王副行长的要求，将我在办公室给商洛地区交通局彭副局长讲的那些话，在这里又讲了一遍。特别强调了在人民币

31

持续贬值的情况下，通过外汇调剂市场卖出，商洛可能会有严重的汇率风险。建议商洛交通局采用人民银行总行试行的外汇抵押人民币贷款的方法，将这笔外汇抵押到银行，同时在银行贷到相应的人民币资金。待世行贷款到期时，交通局可用人民币偿还银行贷款，赎回其抵押在银行的外汇，以归还世行贷款。如此规避汇率风险，可免去可能产生的巨额汇价损失。我说完后，只见交通局的两位局长交头商量了一会儿，彭副局长问我那银行能贷给我们多少？我回答说，你们抵押在银行的外汇总额按公布牌价折算为人民币，就是银行可以借给你们的人民币贷款金额。我的话还未落音，商洛交通局另一位领导就说：那不行，用银行牌价折算我们要少收入1000多万元。此时我才得知那位同志就是商洛交通局的一把手——方局长。在场的商洛地区其他委局的人也纷纷附和方局长的意见，并以工程急需用钱，若不解决影响工程进度谁负责等话给我们施压，我怎么解释他们都听不进去。时间已是晚上10点多，鉴于这种状况，王副行长最后拍板说，先通过调剂外汇渠道兑换200万，其余1000万采取外汇抵押人民币贷款解决。

从商洛返回西安的一个多月后，我突然收到外汇局商洛分局某同志的一封信，告诉我交通局通过外汇调剂中心已经卖出了200多万美元，还要继续卖，商洛当地消化不了，要通过省中心卖出。得知这一消息，我即刻通知省局外汇调剂组不要给商洛办理世行贷款卖出手续。

就在年底的一天下午，时任人民银行陕西省分行副行长的苑羽鸣同志将我叫到他的办公室说：商洛地区行署宁长珊专员向他询问商洛世行贷款调剂之事，他没有答应，但约了宁专员明天上午到分行来谈。苑行长叮嘱我准备一下。

第二天上午，苑行长打电话说宁专员来了，让我马上到他办公室。我到了他办公室后，苑行长对我说：这几位是商洛地区的宁专员和交通局局长，你给他们解释一下国家有关调剂外汇方面的政策规定，为他们的世行贷款兑付人民币问题，想一个合适的办法。于是，我便将在商洛军分区招待所会议室讲的那些话，又说了一遍。特别突出强调了通过外汇调剂市场卖出，存在严重的汇率风险，很有可能给商洛造成几千万元的汇价损失等细节。再次建议他们采用外汇抵押人民币贷款的方法规避汇率风险，以避免可能出现的汇价损失。说到这时，苑行长对宁专员说，高处长长期从事外汇管理工作，外汇业务非常熟悉，他说的方法既符合国家政策规定，又能规避汇率风险，你们可以考虑。

交通局方局长似乎仍不满意，还想说什么。宁专员看了他一眼严肃地说：苑行长、高处长说的很有道理，对商洛有好处，我同意他们的意见。你们没有搞明白，调剂市场汇率风险很大，弄不好我们不但多收不了，还可能造成重大损失，就照外汇局同志说的意见办。

随后，我即与省分行计划处和中国银行西安分行营业部联系，商议该笔外汇抵押人民币贷款的具体办理手续，不久便从总行得到这笔人民币贷款的专项资金，办妥了这笔业务。在人民银行陕西省分行时任副行长苑羽鸣和商洛地区行署专员宁长珊的理解、支持下，那笔世行贷款的余款按照我提出的办法顺利兑付为人民币。此后，国内调剂外汇市场美元价格一路走高，成交价一度上涨到1美元兑换10元人民币左右。

几年后，一次我到省政府开会，偶然又遇到了宁长珊专员，他笑着对我说，高处长你当年可给我们商洛办了件大好事，你的一个建议使商洛避免了二三千万元的汇率损失，我还没有谢谢你呢。我连忙说：那件事多亏你和苑行长的信任与支持，我只是按规定说说话，跑跑腿……

陕西省证券机构发展的往事

原西安证券交易中心总经理　张久仲

1996年作者任西安证券交易中心总经理时在办公室留影

资本市场是现代金融市场的重要组成部分。随着社会主义金融市场的发展，1991年9月24日，中国人民银行陕西省分行党组会议研究决定并下发陕银任〔1991〕6号文，任命我为陕西省金融市场主任兼陕西省证券公司总经理（正处级）。当时我任人行陕西省分行金融行政管理处副处长一职，由金融市场管理工作转变为证券业经营工作，好在这两项工作都归省行领导，我没有后顾之忧。在行党组的正确领导下，我开始了筹建工作。公司开始只有4名员工，由于筹备工作繁忙，上任7个月后，我患了腰椎间盘突出病，住院40天，难以承担证券公司和金融市场的筹备工作，我向上级申诉后，省行党组于1992年4月改任我为省行体改办主任。

我在两年的体改办工作期间，仍围绕证券机构发展进行工作，曾先后赴深圳、上海、武汉等地考察过证券业机构的筹建和运行。1993年3月随省体改委赴美国考察了证券交易所，在这两年的时间里，我国金融体制改革发展迅速，特别是全国各地证券交易中心的建立，发展很快，因此，西

陕西省证券机构发展的往事

安证券交易中心的建立势在必行。

1994年1月6日，省行党组研究，鉴于我身体已恢复健康，又去美国考察过证券交易所，因此，筹建西安证券交易中心的任务又交给了我，同年8月又以陕银复〔1994〕37号文，正式聘任我为西安证券交易中心总经理（法人代表）。当时参加筹备的还有范若愚理事长（退休副行长）和王新良副总、蒋德怡（顾问）及秦宏文、雷君、田健湘、侯群生、杨亚莉、刘宏安等10名同志。西安证券交易中心开始筹备时，没有场地，我们就在西安市东六路军人接待站租赁了5间简陋的房子。不管当时条件如何差，大家都在紧张地工作着，可以说，我们是受陕、甘、青、宁、新五省证券公司的委托，在黄土高原也是整个大西北的土地上，催生出这个证券交易市场的"试管婴儿"。

1994年2月9日，经过筹备与吸纳会员，立足西安，面向西北，辐射全国的西安证券交易中心，在省行后八楼大厅挂牌试营业，后于同年6月搬迁至西安市钟楼邮政局三楼正式营业。可以说它是深、沪证券交易所在大西北的延伸。

1996年10月贾治邦副省长（左三）视察西安证券交易中心，右一为本文作者

到1996年，在短短的3年里，西安证券交易中心以几何级数跳跃式发展，它为陕西省的21家上市企业，为陕西省大型企业实行股份制改造提供了服务，为陕西省筹集长期资金起到了重要作用。

1994年6月，在省、市人民银行的支持撮合下，西安证券交易中心与西安证券登记公司合为一体，机构合并后，对内统一管理，由证券交易中心理事会统一领导，对外保留西安登记公司名称，不打乱原有的业务联系渠道，使原来各自分散经营登记、托管、交易、清算环节合为一体。此后，证券登记业务取得了很好的成效，曾一度在西安市青少年宫一楼西安登记公司门前，登记开户的人群排成5条长龙队，特警支队派了十几名特警维持秩序，这种拥挤热闹的场面引起各报记者和省政府领导的重视，时任副省长的贾治邦还亲自视察我们西安证券交易中心，肯定了我们工作的成绩，并说："你们为陕西省办了一件大好事。"

到1997年底，证券登记开立股东账户88万个，仅这项业务收入就达300多万元。另外，还完成了本省陕民生、陕国投、陕长岭等20多家上市公司的数据录入、开户、登记、托管以及分红派息业务。1997年底共办理托管股票5亿多元，代保管债券两千多万元。

两个机构合并后，交过来的业务人员40人，加上西安证券交易中心发展的20人，总人数已达60人。其中高级职称3人，中级职称8人。西安证券交易中心设理事长1人，总经理1人，副总经理3人，下设六个部门：交易部、电脑部、财务部、登记部、会员部、办公室。机构壮大了，人员增加了，业务发展了，单就股票一项，1995年的交易量为108亿，1996年为290亿，1997年已达500亿。而我们西安证券交易中心数十名员工的开户登记、股票交易服务收入，1995年为105万元，1996年为270万元，1997年已达537万元。西安证券交易中心的股票交易，每日沉淀在清算账面上的资金就有几个亿或十几亿，比起深、沪证券交易所的数额，或许还只是零头，但这笔钱，对陕西这样的穷省来说，无疑是不小的数目。

在外人眼里，我是一个十足的"大款"了，但我心里最明白：这些钱都是国家的、股东的，我的责任是保管好这些钱，使它们再生出钱来。

一部诺基亚手机，一辆奥迪牌轿车，这是单位给我的配备。我几乎是没有星期天的，似乎只有上班时间没有下班时间。

西安市北大街1号是市邮政局大楼，地处繁华地段，我们西安证券交易中心租下了整个三层，1600平米的空间，用简易的铝合金门窗隔出了交易大厅、电脑室和各部门人员的办公室，比起南方证券机构的豪华气派，似乎有点寒酸，但我们不去追求这些，我们只想将业务开展好，我们要开拓出更火红的局面，取得更为辉煌的业绩，当好西北证券市场的"火车头"。

门口悬挂着"西安证券交易中心"的铜方牌和国旗，西安市特警支队的8位战士守卫在门口，显示着它的庄严；交易大厅里尽职尽责的"黄马甲"、"红马甲"眼看荧屏，手按键盘，不停地忙碌着，显示了交易市场人

陕西省证券机构发展的往事

气十足，交易额稳步上升，象征着开放与繁荣；而楼顶上两口接收卫星信号的大锅，把它跟整个信息世界连在了一起。

1994年西安交易中心首届会员大会（前排左三为张久仲）

我们西安证券交易中心几位领导的办公室，从理事长、总经理到副总经理，都是用简易白塑料板和铝合金门隔成的，办公桌、沙发都是一样的，不过总经理的办公室隔得稍大几平米，多一张长沙发待客和几位副总经理开会用，远没有南方证券公司老板的气派，墙上除挂有中国地图、世界地图和西安市金融机构网点分布图之外，再无别的挂饰。房间也是不隔音的，办公桌上放一台电脑，但我除打开看看股市大的行情外，从不用它进行炒股，为什么呢？这是因为中纪委通知规定，不允许处以上干部炒股，因此，我作为一个总经理，绝对遵守这一规定。

我每天上班后，办公桌上的电话铃声不断，手机响声不断，敲门进来请示工作的人不断，记者、律师采访的不断，我曾多次被省、市电台和报社记者采访过，并在电视节目中播放采访的内容和答记者问。有一次，我被省电台《三秦大市场》录制西安证券交易中心从成立到发展问答资料30分钟，全省各地甚至西北五省都进行了播放。

我一天到晚总是忙得不可开交。咸阳、宝鸡有几位朋友打电话约我见

37

面，我都无法安排，一推再推，有一天晚上10点左右，他们打来电话幽默地说："你的面真难见，但我们刚才终于见到了。"我问："你们在哪里见到了？"他们哈哈大笑说："电视证券栏目看到你答记者问的光辉形象了！"我们互相都哈哈大笑一阵子……

每天晚上6点钟左右，我的手机总是会响的，几乎都是老伴问我："你回不回家吃饭，家里给你留了饭。"

我何尝不想回家吃个安生饭，喝碗小米粥，精神上放松放松，也想抱一抱可爱的小孙子。又一个星期天，我一早就陪客人，晚上回来小孙子都不理我了。

总而言之，一个字——忙。但我觉得忙得我心情愉快、生活充实，最主要的是，我在省行党组的领导下，和理事长及几位副总共同经营的西安证券交易中心，忙出了辉煌的成绩，我忙得值。

退休后，我常回忆这段轰轰烈烈的工作情景，回忆西安证券交易中心为西北证券业发展起到了"火车头"作用，为陕西股份制企业筹集建设资金的作用……这些辉煌的成绩和贡献是永远不可磨灭的。

参与省决策咨询研究
力推陕西金融改革发展

原人民银行陕西省分行总经济师　徐元恒

参与省决策咨询研究，主要是为省委、省政府的重大决策提供力所能及的咨询服务，也是我退休后换一个角度继续发挥余热，为推进金融改革发展再尽一臂之力的一个过程。

省决策咨询委员会是省委、省政府为

退休后的徐元恒喜欢读书看报（拍摄于2016年）

推进决策科学化、民主化而成立的一个层次较高的咨询研究机构，它的主要任务是为省委、省政府重大决策提供有质量、有价值的咨询建议，努力发挥参谋和助手作用。2001年，我有幸被聘为省决策咨询委员会委员，并被任命为财金专家组组长（先是"资本运作组"副组长、组长，2006年更名为"财金组"）。这个组的委员（初期有9人，中间有进有出，我离开时已有16人）多数来自省财政、金融、商贸系统退休的老领导和高校在职专家学者。这些老领导熟悉省情业情，了解决策规律，具有丰富的领导经验；专家学者学有专长，业有专攻，具有很高的金融经济专业理论造诣，二者结合一起，互补性很强，通过民主讨论，畅所欲言，激活思维，集思广益，有利于提高咨询研究的质量和水平。

省决咨委对咨询课题研究要求很高很严。从选题、研讨、评审到成果处理、效果反馈，建立了一套比较完整的管理机制。为寻求真知灼见，坚持"四个结合"，即与实地调查相结合，与实际工作部门相结合，与借鉴外省经验相结合，与"通才"、"秀才"、"专才"相结合；为做到咨询建议"管用"，坚持把好"三道关口"，即把好选题关、把好研讨关、把好评审关。完成一个课题研究，一般需要下半年到一年的工夫，因而，确保了课题研究的质量。

我和财金组的委员们通力合作11年，做了大量调研工作，共完成咨询研究课题报告15个，其中金融类课题报告12个，占80%。大部分课题报告虽然是由我任课题组组长或执笔完成，但它是大家共同努力的结果，凝结了集体的智慧。在完成的课题报告中有11个先后被省决咨委评为年度优秀成果，其中，2008年完成的《关于我省应对国际金融经济危机的若干建议》课题报告被评为优秀成果一等奖。另外，全组委员还完成个人咨询建议39份，其中，我个人或与他人合作完成15份。财金组还被评为2012年度先进集体，我也曾先后3次被评为先进个人，这是组织上对我的鼓励，其实，我只做了自己应做的一些事。

从完成的课题报告看，这些成果具有如下一些特点：敢于直面我省金融经济工作中存在的重大突出问题，从理论与实际的结合上做出客观全面的分析；视野开阔，重视学习和借鉴省内外成功的新鲜经验；善于听取和吸纳各方面的新观念和好建议；着力研究和提供具有可操作性的对策建议；成果上报后均受到省委、省政府及有关部门的重视，获得有关方面良好反响。据省决咨委事后了解，有些成果已被部分或全部采用，有些经过主管部门和有关方面的共同努力，已落地开花，取得了实际成效。

比如，2003年完成的《关于打通民间投资渠道的若干建议》课题报告，从投资规模、投资增速、投资领域等方面具体分析了当时我省民间投资的基本态势和存在的主要问题；从优惠政策不到位、体制性限制较多等6个方面毫无遮掩地指出了阻碍民间投资的主要原因；提出了清除体制性障碍、发挥资源优势等5项有针对性的对策。省决咨委于2003年12月上报后，时任代省长陈德铭批示："决策咨询委的建议有较强的针对性和操作性，请小捷同志阅示。"时任省委秘书长励小捷批示："拟以两厅名义转发，请建国同志审视。"经时任省委书记李建国同意后，省委办公厅、省政府办公厅于 2004 年 1 月 22 日以陕办发 6 号文全文转发了这一建议。这一成果在政府部门、学术界和民间的反映也很好。

再如，2004 年完成的《关于成立长安发展银行的建议》课题报告，针对当时我省金融机构不配套，尤其是跨区域的地方法人银行机构还是空白的问题，提出加快对我省城市商业银行整合重组，成立长安发展银行股份有限公司（简称长安发展银行），实行股权多元化，增加投资集团、民企股份，争取跨区域发展等建议，并从组建的必要性，组建的基础条件，组建的指导思想、目标、原则和方法步骤等方面进行了具体地分析论证。省决咨委于 2004 年 11 月上报后，时任省委书记李建国、代省长陈德铭都作了重要批示，认为"这是一个十分积极的建议"，请主管部门"在建议的基础上进一步做操作方案论证，及时研究一次"。人民银行西安分行、省银监局时任领导也都认为"建议很好"，表示"要积极推进"。此后，各有关部门在操作方案论证、合并重组、股权投资等方面做了大量实质性工作。报经国家银监会批准后，一个股份制的地方法人银行——长安银行终于成立，并于 2009 年 7 月正式开业，现已走上跨区域快速健康发展的道路。事实已经证明，长安银行的成立明显加大了对地方经济的信贷支持力度。这是省委、省政府正确决策的结果，是主管部门及有关方面共同努力的结果，我们作为决咨委委员，也只是经过调研，提供了一些建议，尽了自己应尽的义务。

送款路上历险记

原中国人民银行咸阳市中心支行党委书记、行长　韩国一

1973年作者在宜君县人民银行

1974年,我在人民银行宜君县支行工作。3月份的一天,辖区支行棋盘营业所请领现金。行领导对我说:"咱们人手紧,拉不开栓,你一个人去送趟款吧。"我坚定地看着领导,狠狠地点了点头,心想:一定要胜利完成任务,不辜负领导的信任。于是我快步到库房配款,用一个大帆布包将8包现金装好、扎紧,又去领了一把五四式手枪,把子弹装入弹夹,别在腰间,提上款包出发了。

那时候的交通条件很差,县上每天早上向棋盘镇只发一趟班车,下午再返回到县上,班车大多还都是卡车。我怕赶不上汽车,一路小跑来到宜君县汽车站,买票上车,车上已经有一二十人了,还有不少我熟悉的其他单位的干部,他们看见我满头大汗气喘吁吁,便问我着急干嘛去,我就笑了笑,嘴里含混说去找个人、办点事。我挤到车的最前方,紧挨着驾驶棚,再把款包放到脚下,踩紧踏实,双手紧紧抓住车栏杆,没多会,车就开了。

送款路上历险记

　　汽车在柏油路上奔驰，春天的暖风拍打在脸上，轻轻的、柔柔的、凉凉的，不时还夹杂着青草的清香，真让人陶醉。一转眼工夫就到了哭泉镇。这里就是当年孟姜女哭长城的地方，传说她的眼泪化作了一眼泉水，日夜不息，取名"哭泉"。从哭泉镇又上了几个人，继而就转向了农村的土路，车开始摇摇晃晃，颠簸不堪。这土路是一路上坡，可是上坡中间还有几个急转弯。当开到第二个急弯时，由于东出的太阳正照在驾驶室里，司机眼一花，脚下一打滑，瞬间右边的车轮竟

年轻时的作者在宜君县工作、生活

然离开了地面，一下子翻到了旁边的沟里。汽车翻下去后被一块大石头卡住了车帮子，四轮朝天，动弹不得。全车人哭喊着、尖叫着。我顾不得身上的疼痛，用手死死抓住款包，掂了掂没有错。又赶紧摸了摸腰间的手枪，枪还在，这才放下心来。车里面一片漆黑，只有我身边的地方还略有一束微微的亮光。我就顺着亮光使劲扯下罩在车身上的帆布，使出全身解数七扭八歪地钻了出来。腿也蹭烂了，手也磨破了，这时有一个中年汉子，车帮子死死压在他的腰上，他伸着两只手，不停地向我喊："小伙子呀，帮忙把我拉出来吧！"我便使劲用力扯着他往外拽，可是一点用处也没有，他丝毫未动，我知道光靠自己一个人的力量是没用的，车下还有更多的人等待救援，我得赶紧去叫人，就安慰他："坚持一下，马上就把你弄出来。"当时哭叫声、谩骂声、呻吟声响成一片，现场混乱极了。我想当下最重要的就是打电话向县上通报情况，于是我背起款包，向哭泉镇跑去。出事地点离哭泉镇足有七八里路，我途不间歇地一口气跑到了邮电所。打完电话，我又马不停蹄地跑回事发地点。这时现场已经安静许多，周边的村民、过路人和一些轻伤者开始有序地自救。可惜的是，刚刚那个喊我救他的中年汉子却没能等到救援，静静地死了，布盖着尸体，停放在

43

一边，和他并排的还有一具尸体。我默默地看了一眼，伤感极了。伤员很多，都在不停地呻吟。司机斜躺在路边，显然他的腿受伤不轻，他脸色难看，手颤抖着，眼中毫无一丝光泽。有一个妇女抱着一个小孩儿，翻车时不知怎么竟把孩子抛出了车外，她出来后疯一样地在草地里寻找着孩子，我也俯下身子不停地拨拉着草丛，终于在不远处找到了，幸好孩子没受什么伤，此刻正在母亲的怀里安静地睡着。我大声安慰大家："电话已经打通了，急救车马上就到！"大伙一下子都松了口气，情绪也稳定多了。

不一会，县上的急救车、救援人员陆续赶到。银行的人也来了，一名干部还背了一支半自动步枪，专门为护款。行领导急迫地问我："伤着了吗？"我摇摇头："没有，好好的，都是皮外伤。领导你看！"我将款包高高举起，他欣慰地点点头，拍打着我的肩膀："好样的！"行领导让我回单位休息，我却执意要和大家一起去送款，看着我坚定的眼神，行领导没有再拒绝。我们一行4人步行了30里山路，过了两个多小时，下午4点，才赶到棋盘营业所。营业所显然已经得知了我途中的生死经历，有

1965年作者刚参加工作不久

两名干部早早就在镇口路边等着、盼着，等见到我们，分外热情，就像生离死别一样。到了营业所，他们连忙打来洗脸水，也请来了卫生员，对我的伤口进行处理和包扎。大家你一言我一语的："这小伙子可真勇敢！""是啊，受着伤还跑到镇上打救援电话。""款包、枪支都好好的呢！""大难不死，必有后福！"我不好意思地低下头，嘿嘿地笑着，心里好一阵激动。此时此刻，我才真正体会到肩上的责任和家庭的温暖。

半年后的一天，我正在柜台办理业务，门外进来了一个客户，是哭泉镇卫生院的医生。他拄着双拐，一步一挪地走到柜台前。柜台内有人认识他，就指着我问："廖大夫，你还记得我们这位小伙子吗？他就是和你同坐一车，翻车时打救援电话的小伙子呀！"他一下子明白了，说："知道，知道，我知道有一个银行的小伙子跑了七八里路打的电话，叫来了救援人

员，他真是了不起呀！"我用手挠着头憨憨的一笑。临走，他紧紧握住我的手诚挚地说："我当时出血过多，如果没有你及时和县上联系，我真的就没活命了。"如此千恩万谢地走了。看着他的背影，我不禁想起那个没有等到救援的中年汉子，不由得一阵感慨：同是一车，命运两样。逝者已矣，生者自强。

无法磨灭的记忆

原中国人民银行彬县支行副行长　李云涛

咸阳中支彬县支行　燕晓飞采编

1987年时任彬县支行副行长的李云涛主持会议

1988年，我刚参加工作跨入人民银行的大门时，李云涛时任彬县支行副行长。我们在一起工作了10年时间，他是一个值得尊敬的老领导，像父亲一样一点一滴地指导、关心、帮助着我，使我从一个生涩的毛头小子很快成长为单位的业务骨干。1998年，他光荣退休后，由于居所及我个人工作变动的原因，很少就再见到了，但那和蔼、可亲的形象一直留在我的脑海里。这次，接到单位"激情岁月、点滴回忆"采访老干部的任务后，就有了些许激动。采访那天，早早地同老领导约定了时间，到了他居住的小区后，没想到他已经下楼在门口迎我了。再次见面，虽已是77岁高龄，满头白发，但依然脚步矫健，笑声爽朗，精神矍铄。拉着我的手，嘘寒问暖，到家坐定后，水果茶水，热情招待。切入正题后，老人略作沉吟，随即打开了记忆的闸门，娓娓道来……

在咸阳市的北部，有一座依山傍水的美丽小城——旬邑。东接铜川耀州区，北依甘肃正宁，南傍淳化，西临彬县。古称豳，秦封邑，汉置县，公刘曾在此开疆立国，开创了古代农耕文明，这里就是我的故乡。1963年，我调入到了旬邑县人民银行工作，开始了我的金融工作生涯。

旬邑县人民银行座落在县城中心中山街，进了大门，院子中间有3间瓦房，就是当时的营业室，营业室地面用青砖铺就，1米多高的木制柜台将里外隔开，在营业室的后面是一排窑洞，是其他的办公室兼职工宿舍。整个银行的占地面积还算大，但建筑很少，也很简陋。

我刚入行时，被分配干出纳工作。坐在柜台里，柜台上也没有什么隔离设施，在柜台外一伸手，就能够到柜台里面桌子上堆放的成捆的钞票。那时的社会治安状况还比较好，从没有听说过抢银行的，不像现在的银行营业场所修的跟碉堡似的，在防弹玻璃后面数钱，还要时刻提防着歹徒抢劫。储蓄所和营业大厅也不关门，有的银行家属小孩有时也到里面来玩，但从不敢伸手拿一分钱，那时受到的教育都是偷钱是世界上最卑鄙的行为，偷拿一分钱都是要挨枪子的。

银行是一个制度严的单位，当时有句俗话："银行的制度，木匠的尺子"，意思是一分一毫都不容马虎。那时的各项制度虽没有现在的多，但凡是有的都执行得很严格。记得当时曾有这样一个例子，有人贪了200元，就被判处了4年徒刑，严政之下人们的自律意识都很强。那时银行也有严格的保密制度，对外联络只有一部黑色的摇把子电话机，向上级行报库存项目电报、与基层储蓄所调款都靠它。报项电时要以"幺、洞、拐……"来代替具体数字，调款时要说"几个"，一个就代表一捆。

那时的金库都很简陋，木门、木箱、大铁锁，构成了金库的基本元素。由于银行是金融重地，可以配枪守卫，我们那时配得是短枪，银行的男职工和警卫轮流守库。我刚守夜时，精神高度紧张，把灯罩擦得锃明瓦亮，头枕着枪，不敢闭眼。后来不知不觉就睡着了，半夜醒来一看，只有煤油灯的火苗在跳跃，还有单位院墙外小溪里的蛙鸣声。

汽车在那时可是稀罕物，只有地区中心支行调款时才来一辆，一般是一名司机，加两名警卫共3个人。由于旬邑离地区所在地咸阳较远，又都是山路，所以地区中心支行来调一次款来回得两天。而我们要给基层储蓄所送款、调款都是要靠当时的主要交通工具——自行车了，两人一组，装款的布挎包一背，手枪一别，骑着自行车就上路了。饿了、渴了就吃自己

47

背的干粮，喝水壶里或路边小溪里的水。到最远的马栏储蓄所，40多公里的山路，我们一天就能打个来回。

到了1965年，组织上又抽调我去泾阳县搞"社教"运动，基本上就离开了银行，到1966年返回时，"文革"开始了。银行的其他业务基本瘫痪，只有会计储蓄部门还在正常办理日常业务。我回到行里，也没了岗位，整天也只能坐在办公室里打发时光。因为那时外面整天武斗，各路造反派都惦记着银行的枪支，所以看守枪支比看守钞票还要紧张。有时去基层调拨款时，行里就会派对两个造反派阵营都熟悉，都有关系的同志去，以便路上的安全。有一次我们两个同志去土桥储蓄所送款，在半道上就碰到一帮开着卡车到彬县龙高乡参加完武斗返回的造反派，发现两个骑自行车的人后，就开着车追，把我们一名同志都挤到路边的沟渠里了，到了跟前，那个造反派头头一看是银行的工作人员，还有一个人熟悉认识，才招呼一声手下撤走了，也算是有惊无险。

1996年彬县辖区金融系统纪检监察工作会议

1971年，组织上调动我去丈八寺人民公社当文书，我离开了心爱的银行工作岗位，直到1976年又根据工作需要调回到银行。那时的工作调动完全是组织决定，个人就是一块砖，哪里需要就到哪里。不过能再次回到银行，自己心里也是高兴的。到了1979年，县级人民银行与农业银行分设时，我留在了人民银行担任行政股长。1980年，县级人民银行撤销，成立工商银行，代理人民银行业务，原有人员全部到工行，这样，我又变成了一名工行人。1985年，组织调动我到彬县工行任副行长，主持工作。到了1987年，县级人民银行恢复时，我又被分配到了彬县人民银行，一直工作至1998年退休。在这期间，随着市场经济大潮的兴起，银行的社会地位也随之提高，银行也成了一份令人羡慕的工作。会计核算的电子化代替了原始的手工记账，资金往来的活跃程度与效率均不可同日而语；各单位盖起了漂亮的办公大楼，有了坚固、安全的金库和先进的防卫设施，也有了专业的调运守押队伍；银行员工的职业自豪感与精神面貌有了大幅度的提升。而这一切，都有我们每一个银行员工的辛勤付出与汗水。有比较，就有了珍惜，我更加珍惜来之不易的工作条件与工作环境，也唯有加倍地努力工作来回报。

回首自己30多年的工作经历，晃如白驹过隙，真是"日月如梭"啊。我经历了"社教"运动、"文化大革命"，见证了人民银行与农业银行、工商银行的改革变迁。忆往昔，过去的岁月时常在脑海里重演，帷幕起起落落，好像又情景再现，如一幅

2007年彬县支行组织党员干部参观马栏革命纪念馆

长卷历历在目，挥之不去，似乎已尘埃落定。蓦然回首，我发现自己就好像是一块石头，从山上滚落到山涧的小岩被湍急的溪流卷裹着，身不由己地跌跌撞撞地翻滚着随波逐流往前走，在这快乐并痛苦着的行程中，被逐渐磨去身上的棱棱角角，最终成为一块小小的鹅卵石，静静地躺在溪底，让湍急的流水从我身上永无止息地流淌过去，而过去的一切都成为我永远无法磨灭的美好回忆。

那山，那路，那人

——访原人民银行宝鸡县支行退休职工　李志仁

人民银行陈仓支行　李征宇采编

陈仓区位于八百里秦川的西部，原名宝鸡县，2003年撤县设区，更名为宝鸡市陈仓区。陈仓区辖内半山半塬，早期的人行人就在这片土地上，用双脚，一步步走出了陈仓金融艰辛的发展之路。

陈仓区西山主要包括秦岭南部山脉部分地区和陇山部分地区，山势险要，但面积却占陈仓区总面积的35%。这里虽然很早就通上了宝成铁路，但公路却直到70年代，才逐步通上了砂石公路。那时候，人行职工的工作就是靠双脚一步步量出来的。

在一个阳光明媚的仲秋下午，我把李志仁老人请到办公室，给他倒了一杯清茶，说明了意图。老人努力皱起眉头回忆

1991年春，李志仁老人在宝鸡县支行办公楼前留影

着，脸上的皱纹纠结在一起，愈发显得苍老，但眼镜后的双眸却闪烁出一

那山，那路，那人

丝光芒："我1953年参加工作，那时候西山拓石营业所要钱多，因为当时修铁路，铁路工人很多，发工资要的现金也多。我们给拓石营业所送款，到村子去收存款，发放信用社股息，就是背着一个帆布包包，大得很，装上钱，一个村子一个村子走。信用社一股股息5分钱，都是纸币，要一户一户送到社员家里。有时候运气好，还能赶上火车，省点劲。大多数时候，我们都是沿着铁路走，走到铁路隧道遇到火车，人就紧紧地贴着洞壁，那时候的隧道不像现在是水泥箍下的，就是在山上用钢钎子铲下的，凹凸不平。火车带起来的气流和砂石打在脸上疼得很，身上都是火车吹来的煤灰。这都不要紧，关键是两个手要始终把帆布包抓紧，害怕把人家公家钱吹跑了。"看着他消瘦矮小的身材，我能想象得到他在气流中吃力地抓住帆布包的情景。

1958年1月19日，虢镇人民银行欢送第一批下放同志留念

他歇了一口气说："当时催收农贷。我从赤沙到香泉，翻牛头山，几十里路，从下午走到天黑，不过有大路，平平的，我走着还挺高兴。""晚上咋办"我问道。"那就拿个手电，顺着山路走么！""就您一个人？""那你不一个人咋办？那时候人紧张，晚上有时候月亮好，还好一点，要不就

在那黑乎乎地走,手电光照到路上,就月饼那么大个坨坨的光。远处看去就像萤火虫那么大一点光在山上动哩。"说完他笑了,显然,他觉得我问的问题很幼稚。"那您路上吃饭,晚上睡觉呢?""那就走到村子了队上给你派饭,走到路上没有村子了,就带个军用水壶,背点馍馍一吃。"

"一天一斤粮票几毛钱,村上派到谁家,谁家中午就来叫你了。""那人家认识你们吗?""认得,咋不认得哩,都认得。"老人都笑了。"钱和粮票公家给的,不能私自省下粮票和钱,都要给人家管饭人的家里,吃一顿就分开给,要不就是贪污。"他不再笑了,很认真地对我说。

"这还是好的,有一次我和另一个同志去给贾村营业所送款,整整两麻袋,我们背上盒子枪,先雇架子车把钱拉到火车站,坐上行李车,不能坐客车,这是行里的制度。到了十里铺下了车,背着钱走到金陵河边,结果因为下雨河里发水了,群众都下河走过去了,我两个没敢下去,我两个一商量,把咱人叫水吹了都不要紧,钱是人家国家的,叫水吹了咋办呀?我两个又背上钱走到引渭渠边,找了根棍,抬着从引渭渠里走过去,上塬了。"他端起杯子喝了一口水,"引渭渠没水吗?""当时还没修好,没有水。

刚下过雨,路上很滑,我两个走着走着实在走不动了,就到村上找支书,派了两个年轻人帮我们抬到贾村营业所。等去了天都黑了,当时没有表,不知道几点了。"

"在咱城区周围好办吧?都是平路?"我问道:"好一些,但都不通车,再一个那时候通讯不发达,没有电话,还是走哩。有一次我到阳平营业所去送款,没赶上火车,就踩着枕木走,到了阳平火车站,离阳平营业所还有二十几里路,当时营业所在河滩上,周围啥都没有,我就一直走……"

"您一直负责送款吗?"我问道:"不是,我干了30多年发行,送款当时只有两个人,忙不过来,领导让咱去,咱就去么,让干啥干啥。"

"那时候我白天要上班,晚上守库,每天下班把库盘清了,赶紧回家吃饭,回来再守库。""没有假期吗?""没有,一年365天,天天是这样,因为星期天还要营业,还要开库哩。咱不好意思给人家领导说,因为咱是党员,领导才让管库,我是主管,拿密码,主任拿钥匙。我还管着收金银,为这领导还让我培训了两次。"

"婚丧大事都是当天去,连夜晚回来。那年我岳父去世,我去处理后

那山，那路，那人

事，刚走到单位门口就叫车站所的同志挡回来了，人家要取钱，这是公事，我给人家取了钱，借个自行车去，坐个席就赶紧往回走，下午还要开库哩。人家说我是不穿军装的解放军。后来单位上的女同志给领导说，你叫人家李师傅休一天假么。"说到这，老人的脸上露出一丝羞涩，似乎是做了什么错事。

"那您这样干了多少年？""从我1953年参加工作一直到1987年恢复县人行，三十几年。1987年人多了，领导给我说老李你解放了，这才不守库了。"

我无语了，不知道该再怎样谈下去，一年365天这样工作，30多年这样工作，那是什么感觉，什么样的坚持？我不敢想。

老人突然挽起裤腿，我看到他腿上突起的血管，"那时候经常过河，冬天里也过哩，落下这个病。不过这人家医生没有说是因为工作，只说有关系。我给你说这不是赖咱单位，就是那时候比较艰苦，都是这，都是这。"老人又笑了。

1971年10月12日，宝鸡县人民银行虢镇办事处全体同志留念。（前排右一为李志仁）

"人常说知足常乐。我现在很满足，儿子女子人家都有家过得好，娃学习也好，安排工作我都没操过心。我现在住这房子，大得很，我老两口

53

住上宽松得很。我一块工作的好几个人，拿人家公家钱，收下群众金银不入账，最后叫组织上发现了，工作也没有了，图啥哩？我不是表扬我，我干工作就是遵守制度，遵守制度就没问题，我收下的金银从来没有假的。我现在都八十多了，在家没干啥，白拿国家20多年工资。咱没有本事挣大钱，也不羡慕人家挣大钱，现在这工资我两个人够花得很。"说完，老人又笑了，笑得很灿烂，幸福和骄傲都融化在笑容里。其实，还有的他没说，但我知道，1991年，他荣获了全国人行系统先进工作者。

办公室来人找我，老人向我告辞，拖着蹒跚的步履走了，背影矮小、清瘦，还有一些佝偻。但他的笑容还在我脑海中，灿烂、幸福、真诚。

基层金融工作者的梦想

原人民银行白水县支行退休干部　刘连峰

县级人民银行是人民银行四级管理体制的最基层单位，远离总行和大区分行，直接受市级人民银行中心支行的领导和管理。基层金融工作者的梦想就是竭尽全力，尽职尽责干好自己份内的工作，完成好上级安排和支行领导交办的各项工作任务，为

刘连峰在白水支行工作留念

人民群众生产生活提供优质快捷方便的金融服务，这就是基层金融工作的心愿和梦寐以求的梦。

1993年6月，我有幸从中共白水县委宣传部调入中国人民银行白水县支行工作，成为一名基层金融工作者，直到2014年5月退休。在长达21年的基层金融工作经历中，从不熟悉到初步了解，掌握基层人民银行的职责、性质、职能、任务，从不适应到运用自如，全身心投入到金融工作管理和服务中去，7000多个日日夜夜，其中的酸、甜、苦、辣、欣慰、兴奋、快乐、紧张都在其中。说基层人民银行工作平凡，平凡中显出金融工作者奉献全身心的真情，整天围绕文字、数字、计算机写、算和手指敲打；说其繁重，而并不繁杂，冬天不冷、夏天不热，硬件设施齐全，设备配置优良，坐办公室工作居多，单项或多项工作独立完成或合作共事，其

▶▶▶足迹

乐融融，乐在其中。在基层人民银行工作的 21 年里，在办公室担任过综合，编写《白水金融》简报，为支行起草年度工作安排、半年和全年工作总结，为行长起草讲话稿，一年后担任支行工会主任，两年后担任监察室主任，纪监组长，直到担任支行党组成员，副行长职务。分管过安全保卫，货币发行，金融信贷业务。每一项工作，每年的经历，每一件往事，回忆起来，仍然历历在目，记忆犹新。

2001 年刘连峰（左二）与共青团白水县委联合举办青年文明号授牌留念

记得 1993 年 6 月底到中国人民银行白水县支行报到，7 月初刚上班第一天，时任支行党组书记、行长景锁财同志找我谈话，问我是否会写材料，我说会，他说你先写一份金融简报，我随即写成后让他审阅，他看后高兴地说："你还行。"我说在 70 年代人民公社，80 年代粮食系统，90 年代乡镇，担任过农业技术员，粮食征管组长，是粮食局的文书，人秘股长，到陕西省财贸管理干部学院上过三年在职大学学习，毕业后给县委书记当过秘书，到陕西省白水县最大的乡镇尧禾镇担任过党委副书记，后又到中共白水县委宣传部担任县委中心通讯社组长，写过的各种会议材料、文件、通讯报道并不见其少。行长叮嘱我好好学习金融知识和业务，我内

基层金融工作者的梦想

心十分感激。就这样一个名副其实的"副科级"领导为支行正科级行长当秘书，一个在白水小有名气的"笔杆子"当上了普通的办事员，一个在老百姓心目中的乡镇"父母官"干上了爬格子写材料的差事。有人说我不该到人民银行来，在地方政府升官发财机会多，办事方便，发展潜力大，但我从不后悔，因为人世间从来就没有卖后悔药的。既然进了人民银行门，就是金融人，就要奉献自己的青春，贡献自己的毕生精力，充分发挥自己的聪明才智，实现自己人生的价值和梦想。

2002年刘连峰（右一）被西安分行借调赴甘肃酒泉市检查廉政建设工作时在月牙泉留念

在以后漫长的学习和工作中，在学习中提高，在实践中总结，在苦与累中磨练，在奉献中充实完善自我。随着时间的推移，时光岁月的流失，自己的金融业务水平也有了一定的提高和长进。2001年我被中国人民银行西安分行纪委抽调，跟随时任纪检监察一处处长金鸣同志到中国农业银行甘肃省分行、中国建设银行青海省分行、中国人民银行青海省海西州中心支行、中国人民银行甘肃省酒泉市中心支行检查党风廉政建设和案件查处工作；2004年和2005年又被中国人民银行西安分行纪委抽调跟随时任中国人民银行西安分行纪委副书记杜建举同志到中国人民银行新疆自治区石河子市中心支行、中国人民银行新疆自治区乌鲁木齐市中心支行，中国人民银行新疆自治区伊犁州中心支行以及中国人民银行陕西省安康市中心支

57

行、中国人民银行陕西省榆林市中心支行和中国人民银行陕西省汉中市中心支行检查年度党风廉政建设和领导班子述职述廉工作。2006年还被中国人民银行西安分行纪委抽调跟随时任纪检监察二处副处长王从周同志到中国人民银行新疆自治区石河子市中心支行、中国人民银行新疆自治区克拉玛依市中心支行、中国人民银行新疆自治区昌吉州中心支行检查党风廉政建设工作。每次都在半个月以上，这4次抽调跟随中国人民银行西安分行纪委领导出省检查工作，在西北五省区从县级支行抽调人员检查，几乎是次数多，检查地方多，也是少有的。每次检查，我都是"抱大材料"主笔，起草调查报告和检查总结，白天开会记录，晚上加班加点整理材料，有些报告还一直报到总行和中央纪委，如在中国人民银行新疆自治区伊犁州查处中心支行主要领导在职工住房建设中一案的群众反映中，这是中央纪委和总行批示、督办的重点案件，由于调查组齐心协力，工作基础扎实，证言齐全翔实，材料手续完备，调查报告有理有据，报中国人民银行西安分行后，西安分行党委讨论研究后报中国人民银行总行党委，总行党委又呈报中央纪委审查结案。消除了职工疑虑，澄清了事非，给各级党委、纪委一个如实汇报，同时解除被反映人的思想压力和焦虑，还本人一个清白，使本人一直在中国人民银行新疆自治区伊犁州中心支行主要领导岗位上干到2015年退居二线。

在我21年基层人民银行工作经历中，我为六任行长担任过助手，不论干具体工作，还是分管工作，都一丝不苟，兢兢业业，尽职尽责地完成好工作任务，没有耽误过任何事。我个人的认识和体会是，学习要始终如一，坚持不懈，不抓紧个人学习，就跟不上形势发展的需要，不论国际金融形势怎样变化，作为基层人民银行的一名员工，要始终如一坚持贯彻落实党和国家的金融方针政策，不折不扣地执行总行、分行、中心支行的各项规定和要求，工作中不要怕吃苦，不要怕吃亏，不要怕累，实际上吃苦是福，吃亏也是福，别人不干或干不好的事，你干好了，可以在工作中提升了自己，同时也锻炼了自己。正是因为这样，我4次被中国人民银行陕西省渭南市中心支行党委借调，时间最长的一次是2000年搞"三讲"教育活动，我在渭南中支"三讲"办公室，当时办公室工作人员仅只有我和朱志发同志二人，即要上情下达、下情上报总结安排，又要编写"三讲"教育简报；既要动脑，又要动手，整天加班，住宿简陋，吃饭上灶，家中有实际困难，孩子又要上小学，真正是难上加难，但困难克服了，工作任务圆满完成，得到中国人民银行西安分行党委的充分肯定和联络组的好评。"三讲"教育刚结束，中国人民银行渭南市中心支行主持工作的副行长韦尧斌被提拔为中国人民银行陕西省商洛市中心支行党委书记、行长；中国人民银行陕西省韩城市支行行长吴健勇同志被提拔为中国人民银行渭南市中心支行党委委员、副行长，大家一致称赞，这都是"三讲"教育搞得好的结果。

在基层人民银行工作的岁月里，虽然自己文化水平并不很高，文字功底也不深厚，计算机操作也不娴熟，写材料基本是手写。但有一点就是爱学习、善动脑、勤总结、人缘好、多向领导请示，与同事们相互学习，取长补短，弥补不足。在21年的时间里，我在《金融研究》、《陕西金融》、《西北金融》、《西安金融》、中共陕西省委组织部《党建研究》发表刊登论文27篇；在中国人民银行西安分行、中国人民银行陕西省渭南市中心支行刊登《金融信息》62篇；刊登《经济金融调研》13篇；在中国人民银行西安分行、渭南市中心支行《金融简报》网上信息刊登68篇；在中国人民银行西安分行，渭南市中心支行纪检监察《书记论坛》、《纪检监察简报》刊登13篇；在《陕西日报》、《渭南日报》、《陕西科技报》、《陕西农民报》等报刊刊登各类宣传稿件155篇，其中金融类宣传稿件41篇。

每当报刊杂志刊登一篇文章，发现有我的名字时，自己内心十分喜悦和高兴，付出一份辛劳，回报一份收获，时光岁月没有虚度，劳动成果得到认可，人生价值得到实现，金融梦想成为现实。与此同时，各级党组织也给予了我一定荣誉和奖励。21年时间，获各种奖励45项。其中中国人民银行陕西省分行工会1998年9月评选我为优秀工会干部，中共陕西省渭南市委组织部、中国人民银行渭南市中心支行、《渭南日报》社、中共白水县委办公室、白水县人民政府办公室、中共白水县县委宣传部、白水县总工会、白水县关心下一代工作委员会多次被评选我为"优秀共产党员"、"优秀通讯员"、"先进工会工作者"、"优秀信息员"等。中国人民银行陕西省渭南市中心支行党委在2004年至2008年连续5年评选中国人民银行白水县支行为党风廉政建设先进单位。

随着年龄的增长，到了退休年龄要求，年过花甲，人虽然离开了多年热爱的人民银行的工作岗位，但关心支持人民银行工作发展的心永远未变,关注金融促进经济发展的余热没有减,人民银行永远是我灵魂和身体归宿的"娘家"。每到夜幕降临,每天的中央电视台《新闻联播》节目、《陕西新闻》必看,每天自费购买的报纸必读,除照管接送孙女上学外,闲暇时间看看其他历史和科普书籍。目前,正在整理我20多年的心血和汗水积累的资料,计划编印一本小册子,也算是我人生最好的总结,圆满画一个句号。回首20多年前的往事,思绪万千,感慨不已,人生就是这样,既有欢乐的时刻,也有无奈之时,既有艰辛的劳作,也有快乐的时刻,只有在学习和工作实践中提高,也才能在锻炼成长中坚持,坚持数年,必有好处。山是水的故事,云是风的故事,人生原本就是这样度过。人民银行作为经济发展的"杠杆"和"晴雨表",宏观和微观调控成绩来之不易,显而易见。人民群众每天每时每刻都离不开货币结算这个熟知的符号,足以见证人民银行工作多么重要。党中央国务院制定了到2020年大众创新,万众创业,精准扶贫,精准脱贫,全面建成小康社会的宏伟蓝图,十二届全国人大四次会议批准通过了"十三五"规划。开局之年,形势喜人,我们深信,在以习近平为总书记的党中央坚强领导下,目标一定能够顺利实现。中国梦、金融梦,在我有生之年一定能够看到伟大的中华民族复兴梦想成真。愿人民银行明天会更加美好。

再回首我心依旧

——原人民银行合阳县支行退休干部 李杏兰

人民银行合阳县支行 袁晓红、尚文雪采编

自打16岁进入中国人民银行合阳县支行，李杏兰这个陕北女子就在古莘大地牢牢扎了根，女子变婆姨，青丝变白发，不变的是她对央行事业和同事们的一腔深情。如今她已年过花甲，忆及往事，激动之情溢于言表，仿佛时光又重回了那段激情岁月……

与人行结缘

说起来如今的人都不会相信，我这辈子能与人行结缘纯属偶然。

时值1971年麦收时节，炎炎烈日下，全民都奋战在田里场间，学校也放了忙假，年仅16岁的我和大家一起在麦垄间挥镰，汗珠子一摔八瓣，当时一同在合阳县北街大队第五生产队参加劳动的还有县人行支援"三夏"的同志。劳动间隙，大家坐在田垄上休息，初生牛犊的好胜心驱使我仍继续坚持着。这时有人喊："女子，过来休息一会。"我直起腰小跑过去，擦了把汗也坐下来。这时，一位名叫黄金喜的银行驻队干部提议：趁着这个空当，咱生产队和银行搞个联

欢,也好给大家伙鼓鼓劲!你们说咋样?在场的人听了齐声叫好。轮到队里出节目时,队长派我上场,我没有推脱,大大方方地给大家演唱了一首《学习雷锋好榜样》,在大家的一致要求下,又来了一段秦腔现代戏——《智取威虎山》选段(只盼着深山出太阳),一时间叫好声不断。就听有人说:这娃不差!给咱银行要上!

到如今提及这段经历,年近九旬的老母亲还记得清清楚楚:"那时候你年纪小,你爸本来想让你上高中考大学,银行要招你上班,当时咱谁都没寻,就连手续都是银行的人帮忙办的。"母亲还说,上班的时候因为年龄小,她放心不下,整天跟我念叨:"你到单位一定要好好工作,艰苦奋斗,自力更生;要爱国爱党爱人民,埋头苦干;不能爱人家的东西,更不能拿国家一分钱;甭贪吃甭贪穿,不说闲话,不做枉事。""那时候家里穷,你也听话,生活很朴素,都上班好几年了还穿着补丁裤子……"

后来才知道,我正巧赶上了好时期——1971年元月,合阳县重新恢复人民银行,全县仅此一家金融机构,负责全县各项金融工作——当时人手不够,正在四处招人。正是这样一场特殊的"面试",使我从此与合阳人行这个大家庭结下了不解之缘。

学习中成长

忆及那段青春岁月,清正的行风、浓厚的学风和过硬的作风都让我记忆犹新。

1972年,秦升担任人行合阳县支行行长。他特别注重青年人的教育引导工作,每天早上7点到9点是雷打不动的集体学习时间,组织大家学习上级文件以及《陕西日报》、《红旗》杂志、《中国金融》等报刊;要求年轻人轮流出板报、办专栏,题材体裁不限,可以是诗歌、快板、也可以是学习心得体会等,按周进行更换,在当时信息尚不发达的条件下,为大家提供了交流和展示的平台,起到了督促年轻人主动学习和展示才华的作用。

我当时在人行营业室任出纳员,每天的工作主要就是收付款。那时候上班人手紧、任务重,单位集体学习又抓得紧,上班期间根本没有时间练习,全靠自己挤时间练基本功。大家班余抽空苦练算盘,翻打百张传票,用废弃的中华民国纸币练点钞,单指搓、多指推。晚饭后,秦行长会在院子里散散步,不忘留心年轻人的业余生活,督促学习,关心生活,那时候就有了"八小时之外"的监督。隔段时间,行里还会利用中饭后的半个小时来场短平快的业务技术比赛,以检验学习成效。正因为这样,才有了我在陕西省银行系统业务技术比赛中多指点钞的优异成绩。秦行长经常语重心长地教导我们:"练好基本功,是干好银行工作的基础,要时刻牢记银行的'三铁'要求(铁账、铁款、铁算盘),有了过硬的基本功,才能更好地为人民服务。"

作为年轻人,我最能体会"传帮带"在我们快速成长过程中的重要作用。老一辈金融工作者手把手教我们学业务、学做人,全方位地关心年轻人的成长。当时让

1978年李杏兰(左二)和股室同志利用空闲时间练习点钞、开展比赛

我印象深刻的还有一群支援大西北的上海人,他们个个有着强烈的责任心和超强的工作能力,正所谓:行家一出手,便知有没有。不管思想还是业务,他们的整体素质让我们深深感觉到了明显的差距。在随后带徒弟的过程中,他们更是视年轻同志如子女,不遗余力地传道授业,还把大都市、经济前沿的一些新思想、新观念、新知识带到了西北内陆,给我们单纯闭塞的心间开了一扇窗,吹进了一股清新的风,极大地开阔了我们的视野。当时我们会计股股长汪琴英是江苏镇江人,她勤奋敬业的精神,认真负责、精益求精的工作态度在我心中一下子就树起了标杆,时刻提醒我以他们为榜样,干一行、爱一行、干好一行,不图个人名利,一心为集体争取荣誉,坚定了我的工作理念,的确使我受益了大半生。

正是因为有行长带头坚持学习不放松,有组织的严格监督管理,才有

了当时争先恐后求上进的学习劲头和优良的工作作风。那时候，工作之外还经常有劳动任务，同志们同样是你追我赶争上游。办公室和院子根本不用排班值日，都是争着抢着打扫，有一次天还不亮时，就有人悄悄起来打扫，后面的人不知道，一个院子一早上竟然扫了3遍。当时支行后院有个旱厕，出粪打扫都是同志们轮流做，没有一个人叫苦嫌脏。有一段到农村帮助农民深翻改土，大家一个个铆足了劲地干，真真是掘地2尺，相互间不服气，还会插上小棍测量比较呢！现在回想起来，当年的人个个都很淳朴，思想觉悟普遍高，凡事都想争个先，偶尔有人流露出拈轻怕重、偷奸溜滑的意思，那是要遭到大家一致的鄙夷和唾弃的。

亲历支行的变迁

参加工作后慢慢知道了人行合阳县支行的变迁过程，1948年4月，成立西北农民银行合阳县支行，与合阳县贸易公司合署办公，主要任务是筹集支前军费。1950年元月，成立中国人民银行合阳县支行，属省行垂直领导，下设坊镇、百良和黑池营业所。1950年至1952年，省行从湖北省和上海市金融系统调来一批业务骨干，为本县金融事业做出了贡献。此期间相继成立王村、甘井、城关和路井营业所。1958年，韩城、合阳并县，改设韩城县人民银行合阳办事处，下辖坊镇、路井、百良营业所。1961年分县后，恢复合阳县人民银行与下属7个营业所（其中

1994年李杏兰同志（左三）参加总行货币发行司在甘肃兰州举办的货币质量检查会议，库房管理处处长陈宝山（右一）组织对新钞进行质量检查。

百良营业所改为同家庄营业所）。"文化大革命"后期，县人民银行与财政局等4个单位合并为"县革命委员会财经站"。至1971年元月，财经站撤销，恢复县人民银行。至此，全县只有合阳人行一家银行单位，下设7个营业所（包括人行营业室），23个信用社。人行设有会计出纳股、工商信贷股、人事秘书股、农金股，负责全县各项金融工作。

直到1980年元旦，人行农金股发展成现在的中国农业银行合阳县支行，1984年元月人行会计出纳股、工商信贷股发展成中国工商银行合阳县支行和中国人民保险公司合阳县分公司。人行撤掉，中国工商银行合阳县支行办理和代理人民银行全部业务，领导和管理全县金融单位，时任工行行长杨广囤（即人行行长）。

到了1987年由工行分设人民银行，当时合阳人行全行仅7个人，负责处理所有业务，包括时任行长仪水旺、国库会计岗王彩云、一名借调的会计人员、办公室岗白世民（兼搞基建）、信贷岗乔欣、司机王顺邦和我（发行岗）。随后，人行合阳县支行陆续招进了一批同志。到1990年底，县人民银行有职工28人，内设办公室、计划资金股、会计股、发行股和保卫股。

见证支行的辉煌

1972年到1973年期间，合阳县"民主理财"（民主理财一般是指村级集体经济组织定期、定人、定目标开展清理村本级财务的一种民主管理活动。农业部、监察部《农村经济组织财务公开规定》第四条规定：村集体经济组织应当建立以群众代表为主组成的民主理财小组，对财务公开活动进行监督。民主理财小组成员由村集体经济组织成员会议或成员代表会议从村务监督机构成员中推选产生，其成员数依村规模和理财工作量大小确定，一般为3至5人，村干部、财会人员及其近亲属不得担任民主理财小组成员。）工作开展得有声有色，在全省都很有名气，经常受邀赴渭南、咸阳、宝鸡等地区做经验交流。1973年5月，人行渭南地区分行在合阳县召开了民主理财经验交流现场会，时任省农业厅厅长杜鲁公（音）、人行渭南地区分行行长李孟雄、农金科科长梁西武、人行合阳县支行行长秦升、知堡公社书记张荣敏等参加了现场会，我和王村信用社会计吕爱民为

1992年合阳县支行发行库荣获陕西省分行首家"特级发行库"荣誉称号，时任支行行长马增喜（右三）、发行股长李杏兰（中）与省行副行长魏晓智（右二）、货币发行处处长张慕明（右一）、货币发行处副处长尚忠仁（左一）合影留念

大会服务。

1976年12月，知堡农村信用社因为"民主理财"工作成绩突出被评为全国信用社先进单位，人行合阳县支行行长秦升赴北京参加中央财贸部召开的全国信用社先进工作会议，介绍合阳县民主办站经验。在京期间，秦升行长因心脏病突发离世。

当时，单位里有一支毛泽东思想宣传队，经常上街或在全县巡演，演出的节目有歌舞《逛新城》、双人舞《读毛主席的书听毛主席的话》以及快板等等，其中就有我们自编自演的小歌剧名叫《民主理财开红花》，到现在我还会唱呢："树上的鸟儿叫喳喳，不由人心里乐开了花。老嫂子，哎，你咋呀？我到知堡去看民主理财呀！好！走！……民主理财开红花，社员群众人人夸！"

1991年，人民银行针对发行库内盗现象，从上到下狠抓发行库规范化管理工作，完善制度和操作规程，我就是在那种情况下受命担任支行发行股股长的。在省行发行处尚忠仁处长、渭南分行董根茂行长、张智科长的关心和指导支持下，在股室和支行同志的通力协作下，针对发行库管理不规范的问题，积极探索、努力实践，从抓内部管理入手，以"六化"（即执行制度严格化、账簿设置完整化、库款摆放定型化、操作程序规范化、查库碰库经常化、库房考评标准化）为抓手，探索出了一条发行库规范化管理的新路子，为全省发行库规范化管理做出了表率。从打基础、上台阶到实现规范化管理，支行三年迈出了三大步，一跃跨入了全国先进行列。1992年合阳支库被省行授予全省首家"特级发行库"，支行发行股连续三年被评为省级先进集体。1993年支行发行股被总行评为全国货币发行工作先进单位。那时候，总分行经常会突击检查支行发行工作，1993年10月，时任总行货币发行司库房管理处陈宝山处长、郑会仓（现任中国印钞造币总公司副总经理）来合阳检查库房规范化管理工作，对支库的发行目标管理规范化建设进行了现场指导，充分肯定了支库的发行工作。

1994年我代表支行赴上海参加了全国货币发行"双先"表彰暨旺季货币发行工作会议，以《我们是如何抓好货币发行工作目标管理的》为题在大会上进行了经验交流。会上，总行朱小华副行长总结全国货币发行工作取得的成绩时提到：积极探索、强化管理，货币发行专业目标管理和规范化管理推行几年以来已取得了初步成效。人民银行陕西省合阳县支行发行股以库房管理为突破口，把库房管理规范化作为货币发行专业目标管理之一展开工作，荣获陕西省首家"特级发行库"的光荣称号。此后，我的相关调研文章也被各类刊物刊发，《发行库实现规范化管理》被《中国金融》和总行发行司简报刊登，《支行发行库规范化管理六点做法》一文被总行陈宝山处长收录于《现钞货币运行概论》中。

感恩央行的哺育

1971年参加工作以来，我在合阳支行度过了40轮寒来暑往，直到2011年到龄退休，那份深深的挚爱从不曾有丝毫改变。不论是开始在营业室做出纳员、记账员，到后来负责支行货币发行业务、主抓工会工作，还是代表支行参加各类业务技术比武、知识竞赛，出演各种文娱节目，我都有一个坚定的信念：我代表着合阳支行，我必须为支行争光添彩！

▶▶▶足迹

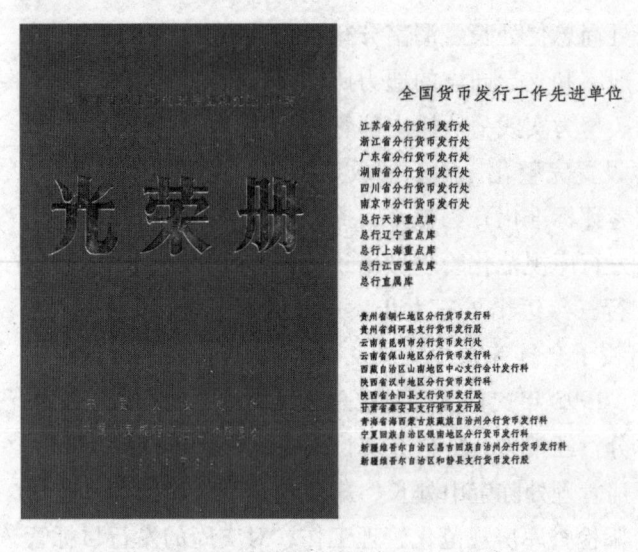

1993年9月合阳县支行发行股荣获"全国货币发行工作先进单位"称号

正是因着这份热爱，正是凭借这个平台，我个人也在央行这个大舞台上舞出了自己的风采：工作期间，先后20余次被评为市县两级行先进工作者、女能人；获得过总行发行工作先进个人称号；被人行陕西省分行工会、省中国金融工会、省劳动委员会评为"八五"立功竞赛标兵、巾帼英雄、点钞能手；1995、2000年当选渭南市一届、二届人大代表。还曾多次参加中支和支行工会、合阳金融工会组织的文艺活动，获得演讲赛第二名、诗歌朗诵三等奖、文艺晚会个人比赛优秀奖等等。

感谢央行，带我走过了人生的风风雨雨，见证了人生的灿烂辉煌；感谢央行，让我收获了满满的情怀，拥有了丰盈的回忆，可以让我在颐养天年之余慢慢咀嚼、细细回味……

重温激情点滴　感念央行岁月

——访原人民银行商南县支行行长　凌永德

人民银行商南县支行　刘哲、钱晓东采编

时代并不总是温顺的，偶尔也会有惊涛骇浪，而即使身处窘境，他也全身心投身于县域金融事业的发展，甘心做沉默的砥柱；即使处于一穷二白的年代，他也挺起胸膛，克服重重艰难险阻，大刀阔斧组建基层央行。他的人生正如深海中的潜艇，无声，但有无穷的力量。他就是中国人民银行商南县支行首任行长凌永德同志。

中国人民银行商南县支行第一任行长凌永德同志

凌永德，男，中共党员，现年73岁，河南淅川人，退休前曾任中国人民银行商南县支行行长。在光辉灿烂的人生长河中，他将毕生时间与精力献给了基层央行事业，无怨无悔。他经历过"文化大革命"十年的动荡岁月，感受过家徒四壁的困苦年代。苦难的岁月乳养了他，使他积累了丰富的业务知识和管理经验。面对鲜花和掌声，他选择谦虚做人，低调做事，留给人们辛勤劳作的背影。

埋头苦干扎鹿城　满腔热血洒基层

一个人的职场生涯与其对脚下土地的深厚感情有着千丝万缕的关系。凌永德同志1961年11月参加工作，1970年调入人民银行商南县支行工作，从此他便与陕南山区的小县城结下了不解之缘。当时商南县的银行只有人民银行一家，无论区营业所，还是乡信用社，都归人民银行统管，人民银行既发行人民币，也经营存款和贷款业务，凌永德同志就从最基本的会计、统计员和业务拨款员干起，1971年调任商南县湘河区营业所工作。

那时基层的条件相当艰苦，一间平房、一张桌子、一张床，既是办公场所，也是个人宿舍。狭窄的街道、陈旧的平房、出门抬头就是山、行路全靠两条腿、晦涩难懂的商南地方方言、难以下咽的日常饭菜给凌永德的生活与工作带来了难以想象的困难。由于交通不便，每逢吸收存款，他都背着钱袋和票据，挨家挨户走访，行走在山间小道上，有时一连几天都在外奔波，一年四季风餐露宿，往往遇到哪家就是哪家。凌永德并没有被这种艰苦的生活环境吓倒，他选择坚持下来。就这样，年轻的凌永德一干就是3年，因吃苦耐劳，踏实肯干，业绩突出，得到了组织的认可，1974年被提拔为营业所主任。

1975年，凌永德被调回人民银行商南县支行，任计信股股长，因业务娴熟，年轻有为，1981年经人民银行陕西省分行任命为人民银行商南县支行副行长，1984年任人民银行商南县支行行长，同年11月，人民银行商南县支行更名为工商银行商南县支行，凌永德同志转任为县工行行长。1985年12月调任工商银行商洛地区分行信息调研科工作。1986年4月调往建设银行商南县支行工作，同年6月调任人民银行商洛地区分行工作，任金融系统纪检组副组长。

可以说，从1961年到1986年的25年间，凌永德的工作调动频繁，主要履历是在商南而且是金融系统工作，既经历了"文革"时代的苦难岁月，又有基层央行业务处理和领导管理经验。1986年，上级要求恢复设立县级人民银行，结束"混合经营"模式，使人民银行独立行使中央银行职能，而凌永德无疑是商南筹建工作的最佳人选。因此，1986年11月，凌永德同志被人民银行商洛地区分行委派至商南县，负责组建人民银行商南县支行的恢复设立工作,并被任命为该支行党支部书记、行长。

内外兼顾严履职　力促经济谋发展

上任伊始,凌永德同志就全身心投入人民银行商南县支行的具体组建事务,积极与工商银行商南县支行协调,挑选职工与办公地址,最终双方达成共识,分别将工商银行商南县支行职工和办公面积的20%划归人民银行商南县支行。新组建的机构班子成员仅有凌永德同志1人,因此,支行大小事务都需要其亲自过问负责。经过紧张的筹备之后,1987年人民银行商南县支行正式恢复并对外办公。当各项工作逐步趋于正轨后,凌永德同志把办公楼基建工程提到重要议事日程,一边抓工作,一边抓基建,为基建工程的选址、审批跑前跑后,经与地方政府、法院的多次协商,获得了新建办公楼的土地。1988年,支行终于被批准新建办公楼、附属楼及家属楼。在基建工程前期,为了得到承建权,许多建筑单位均对凌永德同志许以丰厚的承诺,甚至送去高额的钱物及现金,但都被他拒绝了,并对这些人说:"作为工程主管,这是我的职责,不是我的特权,谁能承揽工程,首先看中标情况,其次是看装备水平,最后看工程质量。"在基建工程中,凌永德同志每天两次跟踪催工把关,天天检查工程质量和进度,建筑公司的施工班长说:"像他这样将行里的基建视为心肝宝贝的行长,我真没见过。"就这样,在凌永德同志的严密监督下,基建工程于1990年完工,同年年底,人民银行商南县支行的办公地点由位于县城文化路的工商银行商南县支行整体搬迁至长新路新办公楼。

与此同时,凌永德同志坚持宏观控制和微观搞活相结合的方式充分发挥新组建机构的职能作用,主持制订了《商南县金融系统改革实施方案》,建立了跨县、跨地区、跨省际,县级专业行之间,信用社社际之间的三级同业拆借有形金融市场,融通资金12500万元,解决了专业行与信用社临时资金不足的问题,同时灵活运用信贷杠杆,促进产业结构和产品结构调整,帮助连年亏损的县印刷厂,调整生产工艺、改善设备,分两次对该厂发放了11万元专项贷款,使该厂产值实现翻番,并通过参与评估、工艺考察和未来经济效益预测,共向县级7户企业发放了645万元专项贷款,其中有13个产品打入了国际市场。为了提高资产使用效益,凌永德同志向县主管县长建议对全县 11 户企业的经济指标和财务管理状况开展全面检查，最终查证出固定资产和流动资产损失 1100 多万元，清理贪污挪用公款 80 多万元，清收贷款 200 多万元，关闭了 3 户企业，净化了全县工业发展环境。

理顺三个关系　改善央行形象

起初，社会各界对人民银行工作了解不够，认为人民银行可有可无，甚至一度出现了党政部门冷漠、专业银行不配合等现象。面对这种尴尬窘境，凌永德同志大刀阔斧地提出了"在管好两账、两库的同时，理顺'三个关系'，扩大人民银行的知名度，迅速赢得社会的承认"的工作思路：

1989 年，凌永德同志（前排右一）陪同原人行陕西省分行李嘉尤行长（前排右三）、商洛地区分行刘树仪行长（后排左二）深入商南企业调研

首先理顺内部管理关系。根据实际情况，分别组建了行政股、会计股、信贷股、保卫股和经管稽核股等 5 个股室以及业务技术训练领导小组、调研小组、治保领导小组等 3 个团体组织，建立了 31 项管理制度、29 个岗位责任制以及 29 个岗位的职业道德规则，强化了目标管理，商洛地区分行认可并将支行管理办法以行发文形式推广至商洛全区 6 个县试行，为人

民银行基层行树立良好的社会形象打下了基础。

其次是理顺与专业银行的关系。发挥人民银行职能作用，控制了专业银行争储源、抢开户、企业多头贷款等问题，用行政命令规范了专业行的自主经营，整顿了全县金融秩序，亲自主持制定了《商南县票据清算办法》，推动实施了"当场交换，差额结算，人行启动"的结算办法，结束了专业行相互拖欠的历史。并制定了《信贷管理办法》，增进了政府与银行之间的理解，改善了地方经济发展环境。

最后是理顺与党政的关系。当时财政体制的"分灶吃饭"和银行的上划管理，使地方党政部门和银行的关系处于微妙的地步，为了改善这样的困境，凌永德同志急地方之所急、想地方之所想，为地方经济发展出谋划策，深入商南县水晶厂蹲点，帮助该厂建好班子、订立制度，指导该厂走扩大再生产的道路，使该厂经济效益显著提高，当年变亏损为盈利97万元。同时，凌永德同志不定期向地方主管领导汇报工作，使地方了解银行的想法、困难和问题，邀请地方领导出席经济形势分析会，为银行与地方政府相互了解牵线搭桥。

凌永德同志（左一）参加工作座谈会

关爱职工成长　建设温暖家庭

凌永德同志坚持认为，年轻人是基层央行未来事业发展的主心骨。因此，他特别关心年轻人的生活与工作，主动邀请他们积极参加行里的文艺活动。通过与年轻人深入交流，发现青年职工生活中遇到的困难，给青年职工提供来自基层央行大家庭的温暖。他经常告诫青年职工要从自身修养、为人处世、职业态度、职业习惯等方面强化修炼，他鼓励青年人做事时刻保持积极的心态，做到立足长远、科学谋划、办事果断、勇于创新。

不仅如此，凌永德同志还特别关心年轻人的心灵成长。在青年职工刚刚入行的时候，他会积极主动给青年人做职业生涯规划，积极引导青年人快速成长与成才。当青年职工家庭遇到自然灾害或亲人病故等意外事故时，他会第一时间内组织全行员工为其捐款，为处于困境中的青年职工送去关爱与温暖。在凌永德同志的身后，一代代青年职工迅速成长为商洛金融事业的新生力量，为基层央行事业默默地奉献着青春。

正是有了凌永德同志这样的带头人，人民银行商南县支行的各项工作蒸蒸日上，受到了系统上级行和地方党政的肯定，赢得了社会各界的好评。干部职工在参加全省、全区技术比赛中，屡获佳绩；支行多次被人行商洛地区分行评为先进单位，党支部连续3年被县委评为先进党支部。而他本人多次荣获人行陕西省分行、商洛地区分行及商南县"先进工作者"称号。

人行商南支行被原中共商洛地委表彰为"改革先进单位"，凌永德同志（前排左一）与部分干部职工合影留影

如今的凌永德早已退休离岗，进入古稀之年。人到老年，内心世界似乎多了一份珍贵的平静。他经常憨笑着说："老牛自知夕阳晚，不用扬鞭自奋蹄。"闲暇时分，他会经常约三五青年职工一起喝喝茶，谈谈生活与工作，聊聊青春与梦想。老年的凌永德，言谈举止中都流露出一种对工作与生活的热爱，一种对生命与自然的尊重与豁达。在我们看来，他的一生都是在基层央行岗位上勤勤恳恳地工作着，也在无私奉献中享受着实现理想与抱负的快乐。他用勤劳的汗水浇灌了基层央行事业发展，他用珍贵的青春年华诠释了基层央行人独有的精神风貌。我们在心中默默祈祷着，祝愿凌永德同志老有所乐，好好享受"最美不过夕阳红"的人生最后一个驿站。

忆往昔峥嵘岁月稠

——记人民银行山阳县支行朱学忠、郝雪梅等
"老银行"们的激情岁月

人民银行商洛中支　吴　琼
人民银行山阳支行　王德芳　王　婷

"我至今都非常怀念那一段充实忙碌、激情澎湃的青春岁月。"李花玉老人家谈到20世纪六七十年代在人民银行山阳县支行工作的情形时不由动情地讲到，满眼的留恋与怀念。

1966年1月11日，人民银行商洛中心支行查账工作组同志于丹凤合影

2015年8月6日，朱忠学、郝雪梅、李花玉、陈明举、宋宁远5位年逾七旬的"老银行"们应中国人民银行山阳县支行邀请，回到自己曾经奉献青春的地方，携手回忆往昔岁月的点点滴滴。5位老人的平均年龄超过75岁，均曾在人民银行工作过，在近50年的时间里见证了我国金融事业特别是人民银行发展的沧桑巨变，为我国基层金融发展奉献了自己的一生。

土屋院内的人民银行

"我是1950年在人民银行山阳县支行成立之初加入的。那时候的银行位于现在的东门口，三间土房，一个土院。办公室设在陈旧的土坯平房里，地板是凹凸不平的黄土地，头顶上是纸糊的竹条棚，屋内摆着一张三斗桌。"84岁高龄的朱忠学老人给我们讲述当时的办公和生活条件。"8平方米的宿舍里住两个人，两条长板凳搭上两块木板铺支成的小床占满了房间，放小小一张桌子后，剩下的空间仅允许一个人侧身走过。"老人回忆起来，仍然感概万千。

人民银行山阳县支行于1950年4月成立并对外正式办公，当时有10名行员，设置业务股、会计股、出纳股。环顾现在宽敞明亮、设备齐全的大办公室，身旁的郝雪梅老人补充道："你们现在可能觉得那时候的条件艰辛，难以忍受，但这却是我们一生引以为荣的骄傲——成为人民银行的一员。"

肩挑背扛的徒步运钞

"那时候是一杆长枪，一把手枪，一个人——'三个一'保卫金库，坚守'人在钱在'的原则，保卫国家财产不受侵害。"曾长期从事保卫工作的宋老师骄傲地谈起当年的工作，"那时的押运可没有护卫车，押运人员全靠背扛肩挑，不论多远，都要送到基层营业所。不担心风吹、沙打、日晒、雨淋，而最令大家担心的是，当时国民党残余部队依旧活跃，外出环境并不安全。"朱老师回忆："有一次我所在的营业所没有钱了，需要去县城取钱，两地相距180里。我当天下午就动身，走了一整夜，第二天天刚亮的时候终于走到县城，同事看到我吓了一跳，赶快起床给我准备饭吃。但是时间紧急，根本来不及吃一碗热乎饭。我拿了两个馒头，背着钱就继续上路了，一路上特别害怕遇到土匪或国民党的残余部队，沿途都不敢休息。挑着担子背着枪来回 360 里路，走了一天一夜，穿坏了两双草鞋，总算赶在下午准时完成了工作任务。"

守卫出纳一肩挑

县支行刚成立时，金库是一间土房，房里非常潮湿，钱币霉变严重。担任出纳的朱老师和同事们为了人民币不受破损，把钱背到院子里晒干，用柴火烘烤金库里面，直至干爽。"那几天真是提心吊胆，我没有睡过一个安稳觉。"

更为不可思议的是，当时没有金库守卫人员，出纳白天办理出纳业务，晚上守卫金库的安全。终日与钞票为伴。作为出纳的他，就住在库房里面。形如窑洞的金库中，光线时明时暗，通风不畅，冬天湿冷、夏天闷热，有时候坐一天头昏脑涨。但白天黑夜没有一刻可以放松。

走村入户的背包银行

20 世纪六七十年代，人民银行的主要任务是发行货币，办理机关经费业务，发放少量商业贷款，促进物资交流，恢复和发展生产。在贫穷落后的山区小县，人口稀少，百业凋零，机构网点少，存取不便。银行为帮助农民搞好生产，实行特殊的工作时间安排。李老师回忆说："遇集市时在储蓄所里办业务，而非集市时候则身背现钞，带上业务，走出柜台，深入农村发放农耕贷款。走村串巷，挨家挨户动员存款，掌握农民的存贷款需求。"

信用社成立之初，为了消灭空白户，发生过单笔 5 角的贷款业务。存款业务是 1 元起存。尽管数额较小，但每笔钱都要记账入库，业务量较小，但是工作量却十分巨大。"老百姓手里钱少，更不懂得什么金融知识，我们的存款工作举步维艰。坐在柜台里是等不来存款的，于是每个工作人员都要走出去，下乡宣传，发动群众。那个年代动员一毛钱存款的难度可能比现在的一万块还要大。"郝老师提起揽储工作感慨万千地说道,"下乡的时候都是自己背干粮,有时候会在农民家吃饭,标准是早餐一毛钱,午餐两毛钱。都要给群众付饭钱,决不拿群众一针一线,不贪群众丁点便宜。由于路途遥远,路况又差,去稍微远点的地方都会随身备一双草鞋带着。"

提起下乡,李老师感触颇深:"有一次,我下乡回来晚,天黑了,空旷的山中,茂密的森林,陡峭的悬崖,我一个人走在路上特别害怕,但前不着村,后不着店,只得硬着头皮赶路。从这以后我就对走夜路心存芥蒂,去哪儿都一大清早就出发,争取早点回到单位。"正是每一个行员如此拼搏在路上,才有效地缓解了银行机构少、群众储蓄难的矛盾,群众也亲切的把这样的银行流动服务称为"背包银行"。

勤苦练就的过硬功夫

为了提高效率,所有人都大练基本功。"我当时在会计股,学打算盘,一遍一遍打,一遍遍练,手指都麻木了。回到宿舍继续练,一直到深夜,不管白天黑夜,到处都是噼噼啪啪的算盘声,可热闹了。连老乡都开玩笑说以为隔壁开了家铁匠铺。"李老师风趣地说道,"工夫不负有心人,后来我代表支行去省行参加业务竞赛,取得不错的成绩。这也深深地鼓舞了我,在以后的工作更加信心百倍。"郝老师回忆说:"当时在会计股工作的员工,如果下班时间账面核算不平,即使是一分钱,所有人都不能下班,直到查清楚才能走。人行的家属都是提心吊胆地过日子。加班加点是再平常不过的事情,这个说法一点都不夸张。"通过年长月久的练习,不仅营造了比学赶帮的浓厚氛围,还造就了一批批业务骨干,每个人都成为独当一面的业务能手。

互帮互助的和谐团队

"在那个年代,虽然条件艰苦,但是工作生活很愉快,同志们和睦团结,互帮互学,从不计较个人得失,共同完成每天任务。领导在用人方面,能够摸清人员所长所短,因人而异,用其所长,避其所短,各得其所。同时对确有业务专长和工作能力的人大胆提拔任用,担任重要岗位。

上行下效，无形中地县党政各部门一致认为人民银行领导有方，制度严谨，管理科学，八小时外生动活泼，干部职工精神面貌好，服务热情，群众欢迎。"李老师无限怀念地述说着。

1980年8月24日，山阳县农行系统新招干部短训班合影

当时，为响应党中央支援大西北的号召，上海等大城市的大批银行业务人员和知识分子，来到贫困落后的山阳县人行。他们不仅带来了先进的银行业务知识，还带来了先进的文化知识和文明礼仪，对我们的启发和帮助很大。有的后来调回原地，有的就安家扎根在我们的小县城。参加座谈会的宋老师就是留下来的人员之一。家在当地的老银行们，千方百计在生活上关心爱护支边人员，建立深厚的情谊。李老师回忆说，当时条件虽是艰苦，但大家真诚相待，互相帮助，互相关照，情同姊妹。很怀念当时的同志情。

至高无上的职业责任

在座谈会现场,行员们对"文革"动荡时期的银行工作充满好奇。朱老师时任督导队队长,他介绍说:"山阳县支行自成立以来从未发生过一起抢劫事件,也未出现过贪污腐败。那个时期,人行与其他机构不同的是,无论怎样争斗,大家都遵守着同样的规矩,即银行'三铁'制度——铁账、铁款、铁算盘,从未间断,这避免了很多不必要的损失。"郝老师骄傲地说道,"回想原因,可能是由于银行系统的员工,无论是业务素质还是政治觉悟普遍处于较高的水平,每个人都明白金融工作的重要性,清楚自己身上的责任,坚守着职责赋予的担当。"

一种情怀别样感恩

在随后的一次次改革中,人行行员不断地被安排到其他行的工作,但是不管调任到哪里,每个人都传承着在人行工作的严谨作风和至高无上的责任心。都在克服艰苦条件的过程中,又享受着工作带来的成就和自豪,大家一致说"很享受当时的工作,很自豪曾经从事过人民银行工作"。同时,对人民银行的改革,充满理解和支持。郝老师是人行工行分家时,以人行副行长的身份担任工行行长的,她说:"人行的一次次改革,都是为了央行职责能更加明朗,各部门分工更精细化,专业化,各司其职,更好地执行政策传导、宏观调控,更好地为人民服务,为社会服务。不管在哪里,我们都曾是人民银行山阳县支行的人,我们所做的工作都要对得起人行的培养。对人民银行始终怀有深深的敬意和感恩。"今天,再次回到人民银行,更加激起了老银行们的感恩之情。他们说,人民银行没有忘记我们,就像我们心中一直有着人民银行一样。

继往开来担重任

忆往昔峥嵘岁月稠,赞今朝央行万事兴。5位老人的深情回忆,让现场行员的心灵受到一次洗礼:土屋院内的人民银行,肩挑背扛的徒步运钞，走村入户的背包银行，特殊时期不变的坚守……一切历历在目，更可敬的是"老银行"们谁都不叫苦不叫累，反而以苦为乐，以累为荣，锐意进取，激情昂扬，谱写了一首责任与担当、奉献与追求交织的赞歌！

难忘的往事，艰苦的磨练，严峻的考验，幸福的回忆，昔日种种精神，在今天都是一笔宝贵的财富。"老银行"们承载了山阳县支行过去的风雨与荣耀，我们年轻一代则背负着山阳县支行的未来与辉煌。在改革盛世的今天，我们拥有良好的条件，要继承并发扬他们不怕牺牲、不怕困难、求实奉献的精神，学习老一辈人至高无上的职业责任心和坚定信仰，无私奉献的精神，为了美好明天奋力拼搏，为了央行事业奋斗终生！

在激情岁月中风雨共济

——访原农行洛南县支行行长姬宝成

人民银行洛南支行　金英伟、常晓娟采编

人的一生，相比一个城市的兴衰流转，显得短暂。但相对一个具体的人来说，却足以让一颗灵魂沉淀得无与伦比。

姬宝成，一个朴实的七旬老人。时间在他脸上刻染痕迹，默默诉说着这位洛南金融界的老前辈、原人民银行洛南县支行的老同志、后任农业银行洛南县支行老行长的他伴随着洛南金融事业走过的峥嵘岁月。

回顾姬行长走过的这漫漫历程，真所谓是"荣辱不惊，闲看庭前花开花落；去留无意，笑望天际云卷云舒"。他的人生就像一杯茶，品起来平淡无奇，回味起来却历久弥香。一花一世界，一梦一浮生，时间会把这种种境遇谱成曲，再以它自有的方式写成激情岁月里的一首歌……

成长路程

据姬老回忆，在国民党时期洛南没有银行，只有8家私人钱庄，其中资本最多的1家有6万块钱，最少的3家每家只有3000块钱。大概在1941年上半年省财政厅要求洛南成立银行，于是从省金融学校分来了3个来自于安徽、河南、山西的大学生到洛南成立银行。起初他们选址在一位李姓的私人钱庄，简单粉刷、金库加固后就开始营业，营业时只有5个人（3个大学生和洛南这边配的2个人）。1941年成立了洛南银行，当时其职能只是政府的金库、出纳，负责支付财政拨款，办理收放款业务。1949年5月30日洛南解放，银行就交由当时新的县政府管理，政府接管后成立了今天的人民银行洛南支行,其下直属机构有10个营业所(九区一镇),57个信用社,从此人行发展逐步走向正轨。上世纪70年代的时候,人行里总共120多人,业务办理都在一起,人行贷款分两家:一是农金股专管农民、农业贷款;一是计信股专管工商业贷款。当时的办公区是一座简陋的木板楼。人民银行洛南支行这颗种子就在这片未知的土地上开始生根发芽。

风雨共济

1962年10月,姬老被分到其中一家信用社,工作一年半。当时信用社里只有他一人,兼主任、会计、出纳、农贷员等数职于一身(其他56个信用社情况亦如是);因为年轻有为、工作成绩突出,1964年3月被选调到人民银行,其间在石门、灵口、石坡3个营业所都任职过。那时候喜好写作的姬老经常在简报上发表一些文章,1970年3月把他调回到了人行县支行在农贷股做内办。1980年随着人农分家,又到了农行任行长,一直到退休。他勤奋好学、积极进取,抒写了一个平凡人的不平凡一生。

对于他而言,一切的苦难都是生活的历练,每一次历练都会让自己更优秀。过去洛南银行最低工资是28.5元,姬老刚进行那会儿工资只有30.5元,5年后33.5元,8年后38.5元,10年后才拿到44.5元,而且只有基本工资没有任何福利,生活条件十分艰苦。平日到营业所上班都是徒步,就连送款也是两个人装一包钱,然后分别携带手枪走着去,有时候路远点还要走上整整一天。这只是送款,下乡收放贷款、调查民情比这更苦,少则半月多达成月不等,而且从来没有像样的住处,羊肠小道、翻山越岭更是家常便饭。记得有一次开会,雨大路滑、穷山恶水甚是危险,曾经一度险些滑落大水中,在艰难跋涉一天后还是迟到了,为此不但遭到领导批评,还写了检讨。还有就是1964年中苏关系僵化,为了预防苏联放出货币冲乱市场,信息封闭的农村只能由银行人员上门兑换苏联版人民币。姬老像往常一样一个人下乡,因为怀揣巨款只能连夜赶路,结果途中遇到了狼,幸好遇到一个老乡才幸免于难。这样的境遇如今回顾起来心中还有些余悸。只有承受了生活的苦难才能享受得了那来之不易的幸福。

生活不在于索取而在于奉献,对一个兢兢业业的人而言,奉献于工作是一种骄傲。姬老回忆,那个时候吃饭是在灶上,炊事员如果有急事不在就得自己做饭，他们十几个人没人做过饭，最后就由他和另一个同事做，毫无经验的他们把炊事员弄好的面烙饼，结果出来的饼是外焦里不熟。而且那时一个月一人就4两油，30斤粮，碰上31天那最后1天就没啥吃，哪像现在一天都能吃4两油。当时住就是3个人一个六七平方米的房子放3张床。由于姬老爱好写作，领导为了他便于撰写工作报告，特地给姬老安排了一个单间，里面也就放了一张床、一个桌子，在农行分出来之前姬老一直住在这小房子里。姬老感叹到，那时候生活苦都没问题，最怕的是完不成任务没办法向组织和领导交代。在当时农村生活也很苦，放个贷款只有两到三元，农民的生活更是苦，买个草帽都得贷款，而且一天就挣10个工分最多才赚一毛三分钱，少的才拿五分钱。而且物资十分贫乏，写材料用的是煤油灯和蜡烛，一写就是晚上一两点。有次写开会的讲话材料写到后半夜，灶上给做了点饭让去吃，结果吃回来是蜡烧完了把材料也烧了，没办法就重新写一直写到天亮，由于时间紧，重新写材料质量不高，为此还挨了领导的批评。就是在那样的艰苦环境里，由于员工思想单纯、心态好、工作纪律好，生活很乐观、很高兴，所以大家依旧心系工作，积极上进，力争做好领导交给的工作任务。一个乐于给予、忍受苦难的人是最具魅力的，姬老的生活在平淡中透露着熠熠光彩。

励志未来

姬老的经历看似寥寥几笔，却带给了我们深深的触动。纵观人行的今天，我们衣食无忧、工作环境优越，宽敞的办公环境、现代化的办公设施、优越的生活环境，有什么理由不努力向前，不为工作专心，不为人生拼搏。工作需要的是勤奋、努力、刻苦、创新和担当，当你将职业当做事业，并克勤刻苦为之奋斗，就成为一种职责，体现的是履职者的一种境界。当你将职业、事业、责任与其人格、人品、形成浑然一体，其工作也必然升华成个人的辉煌。

人生本无意，来去赤条条。最终你能带走的，只有岁月留下的皱纹和自己独一无二的经历。所以神圣的工作在每个人的日常事务里，理想的前途在一点一滴的小事中。我们要在劳动的过程中勤奋学习、积极思考，认识世界的奥妙，从而真正的改变生活。此刻你还在幻想着机会从天而降吗？请记住，机会永远只眷顾有准备之人，让当今的央行人向前辈们看齐，用努力和汗水为自己的人生着上丰富而饱满的颜色，用自己的辛勤努力和付出推动基层央行工作创新，大力支持地方经济社会持续稳定健康发展。时不我待，让基层央行所有员工扬帆起航吧！你的未就来掌握在自己手中。

▶▶▶足迹

"银鹰"的变迁

——访原人民银行西乡支行高级会计师 杨志荣

人民银行西乡支行 王荣采编

今年夏日的西乡，虽然特别的热，但一年一度的全民健身——政府机关职工篮球赛依然在绿树环绕中的政府篮球场如期举行。我作为多年的篮球爱好者，虽已退役，但球心不已，依然以西乡金融联队领队的名义参与其中，也借此场场都能身临其中。

那日傍晚，西乡金融联队与公安队争夺半决赛，场边一向清静的石凳、台阶，几乎座无虚席，周边还增加了几排人篱笆，加剧了球场的厮杀氛围。当时，双方球员正在进行赛前热身活动，我刚在我队座台坐定，忽见从球场对面座台走过来一耄耋老者，老人步履还算稳健，打着手势径直向我走来。我

杨志荣

定睛一看，原来是杨老——当年最受我们敬重的老教练，于是赶紧起身让座，临座一年轻同事已将杨老扶座在自己的位置上。杨老微笑着说："小王，今年咱们银鹰球队打得不错嘛！我几年都没来看球赛了，一来长驻汉中，信息不灵；二来腿脚不太灵便了，不便多出门。听孙子说，他们今晚要和咱们队争夺决赛权，我硬是让他把我带过来，给咱银鹰队鼓劲加油，争取冠军！"我虽已年届五十，但在杨老的面前，我依然是"小王"，况且这个称谓已听了30余年，杨老每每叫我总觉亲切、亲近。我一听"银鹰"

"银鹰"的变迁

二字,顿感惭愧,我深知老人一生与"银鹰"的情怀,老人是奔着"银鹰"来的,而近几年不论是赛事、文件资料和记分牌上均是"金融"。我明白老人的心结,只能愧疚地告诉他,"银鹰"这几年没有使用了,赛场已习惯了称我们为金融队、银行队。老人沉思良久,打开了尘封的记忆,讲述了自己作为第一代"银鹰"队员的激情岁月。

老人是新中国成立后人民银行西乡县支行的首批员工,名叫杨志荣,1930年出生,祖籍西乡,从私塾读起,又上简师,1950年初西乡解放,伪银行大部分职员撤逃,为恢复新中国的银行业,当时已有一定文化程度的杨老便被招入人民银行西乡县支行工作。工作后又参加多次业务培训和文化知识进修,很快成为县支行业务骨干、中层干部,同时,经过自己的努力成为当年整个汉中地区人民银行县级支行唯一的高级会计师。他曾自豪地告诉我们,这一生最引以为豪的事:一是业务出类拔萃,曾参加过陕西银行学校教材的编审;二是参与组建并参加了西乡银鹰篮球队,并在1966年从西乡打到汉中,翻越秦岭打到西安,见证了西乡银鹰球队的辉煌与发展;三是半生央行,一世情缘,自进人民银行,伴随了银行的分分合合,目睹着西乡人民银行的成长和金融业的发展。稍有遗憾的便是,1986年底人工分设,老人觉得已届法定退休年龄,到新恢复的人行工作时日不多,留在工行还能因当年的专业银行高级职称可以多留几年,同样可以为金融多做几年贡献。

说起"银鹰",老人兴致很高,间或稍显激动,兴致勃勃地给我讲述了"银鹰"的历史。"中国银鹰体育协会是1958年经中央体委及全国总工会体育部批准的人民银

西乡银鹰篮球队训练场景

87

行体育协会,当年我们学了文件,发了会徽、会旗,会徽底面为齿轮,齿轮上有古钱币纹及'银鹰体协'四字,中为银鹰展翅立于篮球上,齿轮代表咱银行职员,古币代表咱银行,鹰代表会名,篮球代表体育运动。齿轮及古币为金黄色,'银鹰体协'四字为蓝色,鹰为银灰色,球为白色加黄线,徽的中心为红色。还有会旗,是长方形,分为上下两部分,上为白色,下为深绿色,会徽在旗的上半中央,'中国银鹰体育协会'字样在下半部,总行的旗要大一些,下面分支机构的旗小一些,就跟公章刻制规格要求一样。"我不由得啧啧叹服他的记忆这么好,没有对"银鹰"深沉的回忆、没有对人民银行炽热的感情、没有对金融深深的眷恋,一位85岁高龄的老人哪还能记得这些?

我见过银鹰的会徽和会旗,但我从未刻意去细看、深思,更不理解"银鹰"的深层含义,更无法与杨老深谈"银鹰"情怀,只能认真聆听杨老激情燃烧的回忆。

杨老还告诉我,他们当年满怀着"热爱体育运动,增强人民体质"的激情,组建球队,驰骋球场,战前卫(公安队)、打火车头(铁路)、拼北山(北山部队)、捉特务(特务连驻军)⋯⋯在他们的努力下,"银鹰"成为当年西乡最响亮的篮球劲旅。可以说这应验了人们对"银鹰"的褒扬——"鹰击长空,鱼翔浅底,战之能胜,所向披靡",也彰显了那一代"银鹰"人的青春激情和为人民银行荣誉而战的拼搏精神。他还告诉我,那时生活非常艰难,即使饥饿难耐,但依然见球兴奋、蹦跳自若,因为喜欢,因为热爱,废寝忘食乃家常便饭。运动让他一生精神饱满,正如《青春》所言:"年岁有加,并非垂老;岁月悠悠,衰微只及肌肤。"然而,更多让他收获的是团队的力量与热爱、工作的敬业与成绩、生活的乐观与进取。

杨老还清楚地记得他当年球队的队友,其中最熟悉的是我们这批西乡"银鹰"第三代队员的教练、领队,如孙德凯(已故)、魏才贤(已故)、杨义成等,他都如数家珍地向我介绍他们场上位置、擅长动作以及他们取得关键胜利的对手、时间,仿佛一切都发生在昨天。他还赞扬我们这批第三代"银鹰"人,在上世纪八九十年代,接过"银鹰"的接力棒,披上"银鹰"的战袍,继承"银鹰"的精神,取得了辉煌的战绩。我只能由衷地回答他:"这都是您老这些前辈们训练得好,队伍带得好。"他话锋一

"银鹰"的变迁

转,又直言不讳地说:"这几年打球的人少了,打得好的人就更少了,'银鹰'队的实力下降了,甚至现在连'银鹰'这个称谓都不叫了。"听到此言,我很是惭愧,也无地自容。面对杨老对"银鹰"独特的情怀与眷恋,我只好无力地向老人解释了近年来未使用"银鹰"的原因:一是赛事上使用单位、系统名称已成为较为习惯和规范的称谓;二是"银鹰"已被一些厂家、商家作为产品商标注册使用,另外一些民间团体、商会、协会也在冠以"银鹰"名称。我不知道这样无力的解释老人是否乐意接受,只听他依然喃喃自语着:"还是'银鹰'好!还是'银鹰'好!"

我们边看边聊,不觉已到场终,金融队以3分之差败于公安队,杨老的孙子兴高采烈地奔过来告诉老人:"我们队赢了!"老人只是"噢"了一声,看不出任何开心的表情。我明白老人对"银鹰"的情怀已经跨越了亲情,在他的心里,"银鹰"依然是鹏程万里的无敌之鹰。

散场了,我把老人送上车,挥手告别时,他又侧身按下车窗,再次握着我的手嘱咐我:"小王,'银鹰'是人民银行的招牌,也是金融的名片,不要在你们的手上丢了它。明年好好组织,加强训练,要把咱'银鹰'的精神打出来!"面对他殷切的期望,我鼓起勇气告诉他:"杨老,放心吧,我会记住您的话,明年早点组织训练,等打入决赛,我一定请您老来指导、来观战!"望着远去的杨老,我顿感一身沉重,因为我不知道我对杨老的承诺是否能够兑现。

那些年，那些事

——访原人民银行西乡县支行行长　黄隆科

人民银行西乡支行　朱煜晖采编

黄隆科

"夫天地者，万物之逆旅也；光阴者，百代之过客也。浮生若梦，为欢几何？"对于我们平凡人而言，生命里有很多细微的小事，并没有什么特别的缘故，只随着尘光变迁留驻在心底，天长日久便成了弥足珍贵的回忆。

初秋的下午，伴随着阵阵蝉鸣，我来到中国人民银行独立行使中央银行职责后的人行西乡县支行第一任行长黄隆科家中，老人家已近八十，但依然精神矍铄，对于我的到来，黄行长非常高兴，与我热情地交谈起来。两杯清茶，一缕清香，几句闲聊，我的思绪彷佛已回到老人所处的那个激情燃烧的年代。

儿时私塾，穷万卷以养浩然正气

黄隆科出生于1936年，那是一个动荡的年代，虽说在西乡这个山城里并没有受到外界大的干扰，但是他从小的家庭生活也是相当的贫苦，小时候家里连温饱都是问题，更何况供他上学呢。直到他大姐的孩子到了读书的年龄，那时大姐家的情况比较好，于是就让10岁的他去当陪读。短短一年时间，从《百家姓》、《三字经》、《千字文》乃至四书五经他都有了接触,打开了中国传统文化这扇大门。那时他深知自己的读书机会来之不易,于是勤奋苦读,白天上课,晚上温习,循环往复。那时候没有时钟,便燃香做记,一般晚上学习三排香的功课,大约等于两小时。由于自身的刻苦学习,不懈努力,无论是写字还是对文章的理解都已超过了同期入学的同学们,深受私塾先生的喜爱。1949年新中国成立,百废待兴,人民政府大力推动扫盲运动,穷人家的孩子纷纷报名上学,他也随之转入小学三年级,一直到1952年小学毕业,他的成绩在班上一直名列前茅,而后又报考了西乡师范念了3年中专,毕业后被分配到了大巴山腹地的镇巴县一个大山中的偏远小镇当老师。采访时,老人告诉我,正是小时候由于穷困不能按学龄读书,让他立志等将来念完书后,一定要当名老师,让更多穷苦人家的孩子读上书。或许这个小小的梦想,从他走进私塾拿起书本的那一天,就在他的心底生根发芽。

艰苦岁月,守本心以破昏蒙之气

平日里,他教书认真负责,并积极到各家各户劝适龄儿童入学,他的做法很快引起了当时镇巴赤南区委书记的注意,派通讯员去他所在学校,通知他连夜来区里一趟,区委书记详细询问了他的情况,并问他为什么不加入共青团,他回答说:"想入团,担心自己条件不够。"区委书记对他说:"你的各项条件都够,快写申请。"于是他怀着激动的心情连夜写了申请,并在第二天庄严宣誓加入中国共产主义青年团,随后他被县上抽调参加干部培训班,结束时,组织安排他去县委组织部报到,参加审干工作,帮助干部建立档案。在组织部工作期间,他任劳任怨,极端负责,两年时间几乎跑遍了大半个中国,审干工作结束后,当他收拾行李准备继续回去教书时,组织一纸调令,把他安排到了县委办公室工作,当主办干事。正当他充满干事业的热情时,1957年党开展了整风运动、"反右派",接下来"反右倾"、"社教"等一系列以阶级斗争为纲的政治运动,直至"文革"十年动乱,由于他在县委办公室工作,被诬陷为"黑常委"的"黑干将",被没日没夜地进行批斗,在这期间,他固守本心、忍辱负重,从未说过一句有违党性的话,从未做过一件违纪违法的事情。"再长的黑夜,也会迎来光明"。1977年8月,在中国共产党第十一次全国代表大会上,党中央正式宣布"文化大革命"结束。1978年十一届三中全会的召开后,党和国家的工作重心重新转移到经济建设上来,吹响了改革开放的号角。一时间,神州大地,生机勃勃,此时的他,在经过大风大浪的吹淘,已经成为县委办公室主任,多年的积淀与磨砺,也使他深深感受到气势磅礴的改革春风将会劲吹神州大地。

央行生涯,竭精诚以筑蓬勃新篇

1986年12月,黄隆科参加县支行恢复工作会

十一届三中全会召开后,全国上下掀起了经济建设的热潮,我国金融事业的发展也迎来了新的春天。1980年,时任县委办公室主任的黄隆科欣然接受组织的安排,调任人民银行镇巴县支行并担任行长。随着金融体制改革的深入,1986年底,人、工两行分设,人民银行专司中央银行职责,成立人行西乡支行,辖西乡、镇巴两县,组织上调任他为人行西乡支行恢复后的第一任行长,成立初期,百事待举,人员十分紧张,工作异常繁忙。单位借用工行的房子不足20平方米的屋子里,要摆5张办公桌,他抱着对新央行事业高度责任心和忠于党、忠于人民的精神,克服了起步工作的重重困难,带领仅有的7位员工和三个部门,不辞辛劳,夜以继日,担负起监管、服务的职责,同时积极向上级行、政府各部门争取支持,跑计划、立项目,找工地、要资金,下大力气为西乡支行筹建办公楼。他白天抓业务,抓管理,操心办公楼建设,晚上还要时常带头守库。为了节约费用,他更是班余亲自上阵,带领职工筛沙子、和水泥,晚上在工地上值

那些年，那些事

1986年12月，汉中地区人民银行系统工作会议留影

夜，同事风趣地称他为机关是行长、班余当工长，亲力亲为的朴实作风获得了广泛赞誉、多方支持。不到一年时间，一座崭新的办公楼在西乡新城区拔地而起，职工们搬进了宽敞、明亮的办公楼。从此，西乡人行焕然一新。随着人员的陆续增加，央行的使命与职能也不断调整。为确保带出一支严谨、高效、团结、务实的央行团队，他"严"字当头，制定了一系列内部管理制度，加强人员管理，强化业务学习，练就过硬本领，提升综合素质，引导支行规范、严谨、廉洁、高效。他根据支行金融人才少的实际情况，专门购买了金融方面的书籍，制定学习计划，带领全行干部职工利用业余时间进行"充电"，提升业务素质。在金融监管与服务方面，他深入辖内各专业银行开展调查研究，组织人员高效管理协调、监督稽核工作职责，保障了辖内金融业规范、健康发展，从而有力支持了辖区经济的快速发展。在工作上他是一位好行长，在私下里他更是支行职工值得尊重与信赖的长者，不论行里职工遇到什么困难，他总是尽自己最大的能力去帮助大家。恢复后的第一位会发股股长，在即将退休的前一年罹患脑肿瘤，当老股长找他请假时，得知老人感冒数日治疗无效果时，他立即安排去汉中检查，病情确诊后，又安排人员连夜送往西安的陕西省人民医院就治，

93

期间多次前往看望，并在自己重病期间落实办公室精心护理，配合院方全力救治老股长。老股长去世后，全力协调、奔赴、呼吁，在政策允许前提下，解决了这位老人居住农村、负担沉重的很多后顾之忧，挽救了濒于崩溃的家庭，全行员工无不动容，老股长家人无不感恩戴德。其后，又对老股长的先进事迹进行系统报道，感动了许多央行人，省人民银行专门组织了轰动金融系统的学雷锋讲奉献全省巡回演讲，老股长的事迹被传唱，老行长的爱民亲民情怀也让人肃然起敬，久久难忘。

1999年4月，人行西安分行叶英男行长指导支行工作并合影

正是他的亲力亲为，以及对支行职工的关心爱护，带动了西乡支行全体职工干事创业的热情，使他任职期内西乡支行的整体工作一直走在汉中分行辖区县支行的前列，形成了爱岗、敬业、奉献、求真、务实、创新的优良行风。

他告诉我说："那时虽然条件艰苦，但人心齐，都是一心一意地干工作，任劳任怨，从来没有职工主动要求组织照顾，每年结余的经费都主动上交给上级行，从未奢侈浪费过一分钱。"由于多年工作的劳累和当时生活条件的艰苦，他积劳成疾，1991年他在镇巴落下的胃溃疡再次复发，罹患肿瘤，做完手术后，他的胃只剩下了三分之一，但是他术后仅仅休息了一个月，又回到了工作岗位。上级领导都劝他在家休息，疗养身体，他却告诉大家说："我的身体已经恢复了，行里还有很多工作要做。"就这样，他一边工作，一边与顽疾抗争，直至退休。在这期间不治之症竟然奇迹般地消失了，好友同事关心地询问缘由，他淡然一笑，伴着铿锵有力的回答：是劳动，劳动让人类进化，勤劳会改变生活，让人强大。他坚持边工作、边与病魔做斗争并战胜病魔的奇迹，在辖区人行系统内广为流传，也成为了一代人的榜样。

退休生活，枕霞游以话松竹风影

"夕阳无限好，为霞仍满天"，黄行长的退休生活可谓丰富多彩，每天早上5点起床，做健身操、打太极拳，吃过早饭后，读读报纸，了解一下国家大事。即使退休多年，黄行长也依然关心着支行的发展，每次行领导来慰问他的时候，他都会了解行里最近的工作情况，需要他支持的工作，他作为退休人员，绝对全力配合。

几度风雨、几度春秋，几许坎坷、几多坚持，我从老一辈央行人身上看到了平凡的伟大。几十年兢兢业业，松树一般扎根于此，没有繁花似锦，没有累累硕果，不因工作的枯燥琐碎而忧烦抱怨，不因外界名利世故而改变初心，我看到的是日复一日的严谨与细心，是年复一年的勤奋与坚持，一点一点紧抓大地、筑成绿荫，与阳光和应。喧嚣之中，纯净之心，正是央行人的风采。高山仰止，景行行止，央行事业薪火不熄，代代相传。细碎的每天，混合着上班的脚步声，踏实地落在地面，变成一个又一个坚实的脚印，一步步踏入更美好的明天。

教育者，非为已往，非为现在，而专为将来

——原人民银行西安分行党委委员、兰州监管办事处特派员 路国英

人民银行兰州中心支行 路兰新采编

路国英

工欲善其事，必先利其器。甘肃金融事业要发展，高素质的专业金融人才队伍是关键。我是农民的孩子，一直梦想着当老师，自从考上中央财经学院后，一心想毕业后留校当一名教授，但毕业时正好赶上"文化大革命"，应届毕业生北京一个也不留，最后我主动请缨去支援大西北建设，于是组织就把我分配到兰州，就职于人民银行。1985年我被任命为人民银行甘肃省分行副行长，主要分管办公室、金管处、会计处、国库处、教育处及银行学校。因为主管工作中包含了银行学校，从某种程度上看，也算是实现了我教书育人的梦想吧，因此我特别重视银行学校的发展。

当时甘肃银行学校是人民银行内设办学机构，在教学体系、师资力量、生源及毕业去向等方面必然存在较大局限，制约着学校的长远发展和金融专业人才的培养。因此，如何提高银行学校办学规格，将其转变为社会办学机构，是我经常思索的一个问题。经过缜密的考察、思索，我联合青海、宁夏、新疆三省人民银行（陕西已有陕西财经学院，因此未参加）主管人事教育的3个副行长，向时任人民银行行长陈慕华联名写信，建议

将甘肃银行学校升格为金融专科学校,为甘肃及周边省份培养、输送专业金融人才。当时想,如果专科学校能成立,我能去当个校长,也算圆了我的梦想。陈慕华行长对此事高度重视,在信件上专门批示了"西北地区经济要发展,必先发展教育事业",同时安排有关部门协商促成此事。总行人事教育司司长、副司长专程来兰赴银行学校实地考察调研,非常认同我的这一想法,表示支持在兰州设立金融专科学校,使其成为辐射西北五省的金融专业人才培养基地。此事因机构审批、人员配置、资金拨付等种种原因最终没有办成,但我依然没有放弃建立金融学校的想法。

第一方案不行,我实施了第二方案——与兰州商学院协商联合办学,把甘肃银行学校从省分行脱离,成为商学院的下设学院。为此我与商学院多次赴北京与人民银行、教育部、商务部等协调沟通。后来此事因为牵扯的主管部门较多,审批环节和流程较为复杂,最终也未能如愿,这是我这辈子一大憾事。

虽然甘肃银行学校提高办学规格的事情未能如愿,但目前全省人民银行系统和商业银行系统,包括证券、保险、信托、担保等金融系统中高层干部队伍中,有相当一部分是甘肃银行学校毕业的,他们是甘肃省金融事业的主要参与者和中坚力量,为全省金融事业的发展做出了巨大贡献,每每想到这里,我的内心就无比欣慰,这也正好说明建立专业的金融学校是非常有必要的。

主管甘肃银行学校期间,我尽最大努力为学校争取政策和资金。在硬件设备方面:当时办公自动化的程度还不高,但我认为以后电脑的普及应用是必然趋势,所以我给总行教育司汇报后,为学校建造了当时为数不多电教室,配备了足够的电子设备,以供学生们更好学习先进的办公自动化知识,为学生们以后适应信息化时代要求奠定了基础。在教职工生活福利方面:甘肃银行学校地处榆中县,离兰州市40公里,学校的教职员工在兰州住得较为分散,还有许多没有分到宿舍,学校发班车接送大家上下班也较为麻烦。考虑到这一问题后,我多次向总行会计司、教育司汇报,并邀请总行教育司财务处处长来兰调研后,最终在贡元巷为大家建造了几栋家属楼,切实解决了银行学校教职员工的后顾之忧。我历来很关心学生在校生活学习,曾经有人反映学校食堂伙食不好,很多学生吃不饱。于是,我在学生开饭前半小时进入食堂后厨,看看食堂饭菜究竟如何,来个突然袭击,如果不好后厨想换也来不及了,这样可以看到学校食堂真实的情况。发现问题后,当场指出食堂管理、伙食等方面存在的不足,要求立即整改。随后半开玩笑地对食堂负责人及工作人员讲:"你们不能简单地认为是在做饭,吃你们饭的都是未来甘肃省金融事业的建设者,甘肃省金融事业的未来就掌握在你们手里,责任重大啊。"从这以后,食堂伙食果然改善了不少。

　　我在人民银行兢兢业业工作了一辈子,虽然分管了多个部门的工作,但从来没有放松过全省干部职工思想教育工作,先后任全省金融职工教育研究会会长、金融职工思想政治教育研究会会长等职,专注于金融职工教育,曾被评为"重视职工思想教育的优秀领导干部",我认为这是我获得的多项荣誉中最为弥足珍贵和引以为傲的一项荣誉。

履职央行二三事

——原人民银行甘肃省分行退休干部 汤梅英

人民银行兰州中心支行 昝国江采编

理想与现实的碰撞，去留难抉择

1935年，我出生于江苏无锡，后随父母在江苏南京生活。1951年底，我在南京市第一女子中学（今南京市中华中学）读初中，正值学校期末考试阶段，我发现部分同学课外活动时行为"异常"，打羽毛球等体育锻炼的同学少了，似乎都在谋划什么事情。在我的极力要求下，同学们说出了事情原委：当时西北区银行学校在广东、广西、福建、浙江、上海、江苏等地开展干部招录工作（主要针对社会青年），报考地点设在人民银行江苏省分行。怀着"玩一玩"的心理，我便跟随同学报考了西北区银行学校的招干考试。

汤梅英

我清晰地记得，干部招录工作人员热情欢迎大家报名、介绍银行学校设在古都西安、居住的是楼房等场景，这些都令我非常好奇，充满向往。瞒着家人，我和其他4名同学报了名，并于年末的一个星期天参加了考试。眨眼间，时间到了1952年2月，我收到西北区银行学校的录取通知，并且得即日起身奔赴西安。说不上是命运的眷顾,还是阴差阳错,得知被录取的消息,我一下子慌了神。但内心的惶恐并未阻止计划奔赴西安的行动,我悄悄地收拾衣服行李,用绳子捆绑好,吊到楼下,由同学接应。最难的一个环节莫过于迁移户口,我翻箱倒柜,终于在褥子底下找到母亲藏的户口簿,费了一番周折才办理了户口迁移。我那时的念想就是玩,想看看外面的世界究竟多么好,憧憬满怀!别离时,母女二人拥抱号啕大哭,我承诺"仅仅是出去玩玩,不好就回来了"。

2月的南京,乍暖还寒,当我们匆匆踏上奔赴西安的旅途时,并没有料到这一去却已翻开了我随后毕业分配央行履职的人生新篇章。西安梁家牌楼,砖雕门楼、黑门扇、深宅院,长条石砌造的大房子,这里一度曾是西安钱庄、票号扎堆的金融中心,居住在这里的人也大都是西安城里的有钱人,西北区银行学校就在这里。到了西安,不习惯自然环境,不会洗衣服,坐公共汽车会晕车,各种不适应接踵而至。尽管有老师的开导和同学的帮衬,但我第一次感受到出门在外真难,于是有了回家的念头,并向组织表达了想回家的想法。

很快一年过去了,1953年初,和我一起学习的同学们相继被分配到新疆、宁夏、青海、甘肃、陕西等省区。1953年4月,我毕业后被分配到了武都专区(今陇南市)。戏剧化的是,当时兰州银行学校毕业生亦被分配到了武都专区,于是我们这批从西北区银行学校分来的毕业生被交接给了甘肃省委宣传部。按照省委组织部的统一安排,我们辗转到庆阳专区(今庆阳市)参加"普选"。第一天,我们坐着敞篷大卡车赶到平凉,借宿一家车马店,第二天到达庆阳专区专署驻地西峰镇(今西峰区),第三天乘坐大马车到达宁县。一路奔波、晕车呕吐、睡土炕、吃不惯饸饹面等艰辛的现实和内心的憧憬形成了巨大反差,使得刚满18岁的我几度伤心哭泣。尽管有带队队长的鼓励和同学的宽慰,但是想回家的念头第二次强烈地回荡在我的脑海。不过,到了队长所说的大地方西峰镇(今西峰区),乘坐马车的欣喜和人民银行宁县支行同学的帮助平复了我急切的回家念想,也给了我一个留在宁县县委等候参加"普选"的理由。1953年7月,正值宁县全县召开"三干会"(县、乡镇、村三级主要领导参加)搞"普选",县委却接到省委"普选"条件不成熟、暂时取消的通知。得到这一消息之后,西北区银行学校分配到兰州的毕业生全部由武都专区(今陇南市)重新分配到甘南。自己该何去何从，我再一次陷入去留的抉择困境。

金陵才女留金城，履职央行

"人民需要我们到哪里，我们就到哪里，我们有马列主义武器，毛泽东思想指导，我们勇敢地走向岗位，全心为人民服务……"这是我就读西北区银行学校期间传唱的一首歌。正是这首歌时刻激励和鼓舞着我们这群热血青年，鼓励我们到祖国边远地方、艰苦地方去。尽管内心的美好憧憬与现实的不如意几次碰撞，但是最终未能撼动我留在大西北工作的坚定信念。1953年8月，经时任人民银行甘肃省分行副行长王廷弼代表组织的谈话和勉励，我决定服从工作需要留在兰州，被分配到人民银行兰州市支行工作。当时，全国仅有一家银行——中国人民银行，在兰州的机构也较为简单，有省分行、兰州市支行、营业部、城关区办事处、解放路办事处、中华路办事处（今广武门）、解放路分理处。

解放路办事处是我最初的工作地点。我在会计岗位做柜台，当时，柜台大致有工存、商业、储蓄、同城、联行（密押）等业务，其中密押是最机密的了，储蓄则需要进高校、进部队、进居民区摆放工作台，在自愿储蓄的基础上，由专门工作人员吸纳储蓄。由于各个岗位都是手工做账，随着甘肃省工业、商贸业的蓬勃发展，业务量与日俱增，工作人员工作日很少能够正常下班，即便正常下班，也有每日例会，忙碌是每一位同志的常态。我在解放路办事处一待就是近10个年头，对柜台上的每一种业务十分熟悉。

最浪漫的，亦是值得补充的，是1954年初我在兰州结婚成家。正是幸福美满的家庭和丈夫体贴入微的照顾使得我真正扎根于西北大地。说到婚礼，令我遗憾的是现场没有父母和家人的祝福，然而，当时举办了高规格婚礼舞会的甜蜜记忆，将工作的紧张忙碌和生活的朴素辛苦一扫而光。此情此景的表达，借用我的爱人刘占庆送给我60岁和70岁寿辰的"生日礼物"，最合适不过了：

祝梅英六十寿辰

红梅腊月傲寒开，天上神祇降碧台。

悔作萧郎庭下树，误将谢女当凡才。
家和事顺劳心力，夫病延医苦骨骸。
赋性敏捷行守正，倾心敬业国为怀。
十年浩劫遭诬谴，逐放荒塬罹苦灾。
半纪勤辛耘陇上，丰功永驻美名来。

祝梅英七十寿辰

风风雨雨苦愁云，半纪相依情意长。
忆昔薪资难度日，纱窗破屋共凄凉。
不愁生计多艰苦，但愿儿孙壮满堂。
今日生辰光景好，祝妻长寿乐无央。

父亲的银行梦

——从楚天南国到甘肃的银行拓荒人

原农业银行康乐县支行退休干部　陈北全

人民银行兰州中心支行　马云飞采编

村里来了年轻人

那是1951年，甘肃省临夏州康乐县马集乡来了一位年轻人！他个头不高，衣着朴素，虽然经过连日奔波神色有些疲惫，但从白净的皮肤和与乡人与众不同的气质可以看出这是个远地方来的年轻人，也许是个大地方来的文化人呢！

没错，这个人就是我的父亲，一个土生土长的武汉小伙。新中国成立初期，为了响应国家建设大西北的号召，毅然辞去原有的稳定工作，辞别了家中的父辈亲朋，辞别了熟悉的珞珈山水，就这么来了。

陈北全

那一年正是国民经济恢复时期，在中央人民政府的统一领导下，中国人民银行着手建立统一的国家银行体系。先是建立独立统一的货币体系，使人民币成为境内流通的本位币，与各经济部门协同治理通货膨胀；然后迅速普建分支机构，形成国家银行体系，接管官僚资本银行，整顿私营金融业；同时实行金融管理，疏导游资，打击金银外币黑市，取消在华外商银行的特权，禁止外国货币流通，统一管理外汇；此外还开展了存款、放款、汇兑和外汇等多项业务，促进城乡物资交流，为迎接国家经济建设做准备。

那是一个火红的年代，是一个人人都激情澎湃、摩拳擦掌要为新中国建设无私奉献的年代。我的父亲也在时代浪潮的感召下，提着简单的行囊，怀揣一颗火热的红心就这么来了。一路上换了火车换汽车，换了汽车换马车，直到连条像样的路都没有了，只好背着行李步行。沿途的风光逐渐褪色，从满目翠色欲滴到越来越荒凉的遍地黄土，从烟霞缭绕的鱼米之乡到靠天吃饭的贫瘠乡村，来自湘楚之地的他或许内心也曾有过剧烈的波澜起伏，或许他也曾嫌弃过这干旱贫瘠的黄土地，然而最终他还是留了下来，留下做了一名银行人，这一留就是一辈子。

马背上的农金员

就这么留下来了，曾经吃鱼虾长大的南方小伙子，如今也吃起了牛羊肉，喝起了砖块茶，啃起了大锅盔，最了不起的是，他学会了骑马！这可不是件容易的事，不知道摔了多少回，受了多少伤，磨坏了几身衣服呢，可是现在他骑马的技术连乡人们都要树大拇指。每天迎着朝霞，父亲带上干粮，驮着行李就出发了，行李中最重要的资料就是新中国金融政策宣传材料。清脆的马铃儿叮叮当当在黄土地上跳跃，跳跃到每一个村口，乡人们都奔走相告：嘿，那个南方来的农金员又来啦！

就是这个农金员，长得咋这秀气？手里拿的啥东西？说话咋和我们不一样？一开始乡人们只是好奇，纷纷跑来看热闹，红二团的孩子，戴白帽的汉子，蒙头巾的妇女，叼烟袋的老头，围得是水泄不通。父亲只要一张口，乡人们便哄堂大笑：这说的是啥，听不懂，听不懂！可是渐渐地，随着马铃儿响起的次数越来越多，他和乡人们越来越熟络，白净的皮肤被日光染成了红色，家乡口音也变成了西北土话，东家喝碗茶，西家抽口烟，田间地头，村里的土坯墙下都是宣讲的课堂。慢慢地，乡人们也知道了什么是货币，什么是银行，什么是存款，什么是借贷，原来金融是这么神奇的东西，原来我们的生活无时无刻都与金融发生着密切的关系，哎呀，小陈农金员，你再给我们多讲一些吧！

骑着马奔波的那几年，正是新中国经济金融秩序重新建立，国民经济迅速发展的几年。中国人民银行充分运用货币发行和货币政策，实行现金管理，开展"收存款、建金库、灵活调拨"，运用折实储蓄和存放款利率等手段调控市场货币供求，扭转了新中国成立初期金融市场混乱的状况，终于制止了国民党政府遗留下来的长达20年之久的恶性通货膨胀。同时，按照"公私兼顾、劳资两利、城乡互助、内外交流"的政策，配合工商业的调整，灵活调度资金，支持了国营经济的快速成长，适度地增加了对私营经济和个体经济的贷款；便利了城乡物资交流，为人民币币值的稳定和国民经济的恢复与发展做出了重大贡献。这巨大的贡献就是千万个"小陈农金员"的汗水和劳动汇聚而成的，而父亲对此可能并不知晓，只是觉得一切都越来越好了。

特殊的金库

除了外出宣传党的金融政策或是办理一些业务，父亲日常在一所农家院落办公，院子虽然朴素，甚至有些简陋，可倒也不失宽敞明亮，只是门前常有戴白帽的老汉赶着牛羊经过，扬起阵阵尘土。

此时正是计划经济时期，这一时期人民银行成为国家吸收、动员、集中和分配信贷资金的基本手段。随着社会主义改造的加快，私营金融业纳入了公私合营银行轨道，形成了集中统一的金融体制，中国人民银行作为国家金融管理和货币发行的机构，既是管理金融的国家机关又是经营银行业务的国家银行。全面监督和管理金融行业，组织和调节货币流通，统一经营各项信贷业务，甚至对企业、城乡集体经济、个体经济、私营经济以及农村的贫困农民提供贷款和流动资金都是人民银行的业务。

就在这个不起眼的农家小院里，我的父亲办理了一笔笔业务，经手了一笔笔资金，这个远方来的年轻人，已然是人民银行马集乡营业所的顶梁柱，各类业务都精通，可给当地带来了不少便利。其实就在这个不起眼的小院里还有个玄机，那就是——堂屋里的土炕其实就是金库！这可是个特殊的金库，马集乡上到乡长、书记下到平头百姓，办公的、做买卖的、种地的，各类单位各色人等手中流通的钱币可都是从这土炕里来的，而且这是个不能说的秘密。为了守护好金库，上级人民银行还给马集乡营业所的专职人员配发了三八大盖，守卫国家资产，这可真是件了不起的事情，光荣，光荣！

真情回首忆当年

——原人民银行白银市分行工会主席　张兴贵

人民银行白银市中心支行　李霞梦根据口述整理

　　上世纪80年代以前，全国从省至县只设立了人民银行一家金融机构，属地方管理。人民银行实行混业经营，集银行、国库、税务于一体，主要履行货币发行、国库支拨、税收、存贷款以及出纳结算等业务。那时人民银行基本上是财政的出纳员。直到1973、1974年县人民银行先后才将财政与税务分离出去，独立行使银行存贷款及结算业务职能。

青春无悔，成长于红色——会宁

　　我是1972年进入人民银行会宁县支行工作的，当时只有20多岁，正是充满梦想与激情的年龄。刚到人民银行，行内设有三个股室，分别是会计出纳股、信贷结算股、农信股，我被分配到信贷结算股，因全行职工只有20多人，各个股室之间既有分工，又有协作，大家都是哪里忙就去哪里干，互相关照。我们股里共有两个信贷员，我负责工业信贷与统计结算工作，另一个负责商业信贷与统计结算工作。那时工业生产基础薄弱，设施落后，全县有贷款的工业企业只有3家，分别是会宁化工厂、会宁农机厂、会宁食品厂。每个企业每次贷款最多3—4万元，周转使用，3家企业一年合计周转贷款额度也就几十万元，全县全年累计贷款余额不足100万元，且不给企业发现金。通过托收承付结算方式直接划拨到供货单位账户上。

　　改革开放之前，国家经济相当贫困，交通工具又极为稀缺，全行只有一辆自行车，属行长办公"专用车"，除此之外，再没有任何交通工具，不管执行什么任务，只能靠两条腿步行。进行贷前调查或贷后管理时，我都要亲自去企业核实具体情况。特别是会宁化工厂距县城40多里路，每次核定贷前调查时，时间短，任务重，我都必须当天往返，早晨天不亮就动身赶路，手中拿着木棍以防身挡狗用，身背干粮、算盘、纸笔，常常赶到企业已是中午两三点钟。一到企业，也顾不上休息，立刻进入厂房，实地查看企业生产经营状况，查数企业订单、翻阅会计账务、搜集整理第一手贷款资料。然后又匆匆返回，等回到县城已是满天的星光。

那个年代干部都随身带有"三件宝"：木棍、手电筒、布挎包，成为大家办公的必需品。有的人将木棍一用就是十来年，下乡时候拿在手上当防御工具，回来后小心地"藏"在办公室或宿舍门后面，甚至上面写上名字或刻上记号；手电筒更是宝中之宝，因下乡常走夜路，手电筒不仅能照明，更能壮胆，有时听到远处狗叫，一边摇晃手电筒，一边吆喝几嗓子，胆就正了，心也就踏实了；困难时期的布挎包，更是比办公桌子还重要，因为包里装有办公用必须用的笔记本、钢笔、算盘，更装有收放贷款的现金以及口粮，所以当地群众形象地称为"挎包银行"。当时由于困难，一个布包常常要用四五年甚至六七年，破了里三层外三层地缝补，最后都不知道自己的挎包是什么布料和颜色做成的。

会宁以山地为主，干旱少雨，山大沟深。在春耕播种期或秋收粮食调运期，需要的贷款会大量增加。每到这个季节，我便帮助农信股人员发放农业贷款，到基层走村串户收、付贷款。我常一个人身兼多职，带上"三件宝"，包里装上几万元，行走在会宁的山山峁峁沟沟洼洼上，一手压紧装钱的挎包，一手紧握木棒。特别是春冬季节，在寒风劲吹的山路上，经常冻得瑟瑟发抖，还要压紧挎包，怕引起别人注意，因紧张常忘了饥饿与寒冷，风里来雨里去地赶路。越过一座座黄土伴石渣的干河。翻过一道道长满荆棘的山梁，从1972年到1979年8年间，不计其数地跑遍了会宁县的山山水水。每天走100多里路是常事，遇到去刘寨、头寨、土高等边远公社时，一天一夜行走近200多里路的情况也是常有的。

我那个时候正年轻，精力旺盛，离父母又远，没牵挂，说走就走，从不讲条件，也不知道苦和累，一心扑在工作上，只要有任务，就全力以赴，没有8小时内外和加班的概念。什么时候干完什么时候下班，从不计较个人得失。春耕前下乡，挨家走村串户登记了解情况，遇到比较困难的，经过调查分析核实，就地发放贷款给予帮助。到了冬季又挨门逐户收回贷款。8年间，我所经手的放贷项目从未发生过任何差错与事故，也没有出现过农民不还贷的现象。由于支农贷款发放及时到位，有力地满足了当地农业生产资金需求。

那时虽然社会经济状况十分贫困，但是人们都很纯朴善良，社会治安井然有序，刑事案件很少，全县二十几个营业所，由于没有任何运输工具，全靠信贷人员身背肩扛，虽然调库任务比较频繁，调运手续简单，防护措施简陋。在基层营业所的往来调库，都是一个人承担，根本没有双人管理之说。一个人肩上背着麻袋，怀里揣着调拨命令，手里提着木棍走在山间小路上独立执行调库任务。路程远的营业所，调库员天亮就起身赶路，到县支行时已是中午一两点钟。这样简单的调库程序，却从来没有发生过任何少钱丢钱之事。

不管是季末计息，还是月末年终决算，都是最忙最乱的时候，一般情况下都是彻夜不眠干到天亮，因所有账务都要算盘核打计算，利息积数也得手工抄写核打。全县二十几个营业所，每到月末、季末、年末都必须在规定时间内，以电话形式统一上报数据，我一只手忙着接一个个电话，另一只手用算盘一一拨打每个营业所上报数据，一直忙到晚上12点多，若稍有不慎，哪个营业所数据核错了，整个晚上都得找账，等到账务轧平结清时已是凌晨。还得将每一组数据，逐一按会计科目归类汇总，编制统计成报表后，以项目电报形式报到定西中支才算完事。用废寝忘食、通宵达旦来形容我们那个时代，银行员工的忙碌与辛苦，一点不过分。

那个时候，虽然人民银行人事管理属地方，但业务指导与贷款指标下达仍是由定西中心支行分配决定的，所以地区中心支行对县区支行的业务指导与抽查也比较频繁，定西中心支行常派人下来检查抽查工作。我们陪同检查人员深入基层营业所、企业、公社、大队进行摸底调查。了解哪些贷款效益好，哪些贷款指标进度不能适应工农业生产实际需求。由于会宁县自古以来自然条件差，山大沟深，所辖地域广阔，公社又多，营业所之间相距比较远，又没有交通工具，所以支行检查人员，每天靠双腿行走100多里，一周检查三四个营业所，也就走不动了。因为路远，吃的又极为简单粗糙，多时只能以玉米、荞麦面等杂粮充饥。夏天走渴了，只能在河边或泉水边喝上几口苦水。冬天走累了，抓几把雪放到嘴里润润嗓子。

所以大家常常因体力严重不足，只好等待下次再跑其他营业所。

壮志未酬，奔波于故乡——靖远

1979年底，人民银行把农业银行分设出去，人行靖远县支行缺人，我便被调回家乡人行靖远支行工作。这年我34岁，正当壮年。那时候银行工作，也被称为"铁账、铁款、铁算盘"的三铁银行，要想在银行出人头地，若这三项基本技能过不了关，就没人瞧得起，一切免谈。我在人行会宁县支行8年，无论是跑企业还是下乡，都离不开点钱、记账、打算盘的技能砺练，经过岁月的不断沉淀，早已在三铁技能上磨练出了功夫。刚到靖远正值搞清产核资工作，因我的三铁功夫较强，便被抽调到县清产核资办公室，会同财政、税务等单位人员，共同负责清理、盘点、核定靖远县所有企业事业单位流动资金额度，特别是每个工商企业的资产负债情况，以此来确定贷款限额，作为以后发放贷款的依据。这项工作整整干了1年，为确立全县所有企业贷款额度，奠定了扎实的工作基础，整个80年代全县贷款基本上按照我们核定的数据执行的。这项工作结束后，我在人行靖远支行信贷股干了2年，后又被调整到人秘股任副股长，管理后勤事务和货币发行调运工作。

1989年5月，时任人民银行靖远县支行党组书记、行长张兴贵参加县支行保卫守押人员打靶实弹训练

因为靖远县有大型的红会煤矿、风雷机械厂等国有企业，发工资时钱多量大，所以才配备了一辆大卡车，当时全定西地区只有人行靖远支行配备了一辆调库大卡车。调库时共3个人，一位是司机，我和另一位同事既是库款管理员又是

保卫人员。既负责点钱、结账、押运，又负责将钱麻袋扛上扛下。从定西地区到靖远县城500多里路，在颠簸的土路上，两天一个来回必须调配到位。由于当时人民币流通面值特别小，最大只有10元券，5元、2元、1元、5角、2角、1角、5分、2分、1分普遍流通，所以常常装满一卡车的钱，也不过才是几百万元，最多也就1000万元。在押运途中，我们两个人轮流穿皮袄睡在敞篷卡车的钱袋上，另一位则坐在驾驶室里拿着枪执行守押任务。一次调运，一个来回，在路途中最少得走20多小时，要是遇到车出问题，或者雨雪天更是困难重重。在重担压身的处境中，必须学会灵活机智的自救方法，在不违反押运原则的情况下，自行解决处理事故，以保证押运任务安全及时到达。所以在押运途中，我们常常感到走在刀尖上。特别是到了春节前后，调运任务重，调运量大，若遇大雪封路，两个人铲雪，一个人移车，面对的压力与困难，是常人难以想像的，稍有不慎或闪失，都会给党和人民的财产带来巨大的损失。所以我们想尽办法、竭尽全力要让国家钱财安全到位，不损失，一旦等装钱麻袋入库，调拨账务结清，我们才知道疲惫与饥饿，也顾不上去吃饭，倒头就呼呼睡着了！

　　上世纪70年代，整个社会物资相当匮乏。人民群众普遍贫穷。县上各个企业事业单位工资都在人民银行统一领发。各个单位发工资时，先将人员名单、工资计划表报人民银行信贷股进行审查，合格后签字盖章，再由我们信贷股人员开支票，让单位拿支票去银行出纳台领取现金。那个年代，工资标准普遍低下，记得全县工资最高的是一个支援西北的老干部，每个月工资60多元，人们认为他工资已经很高了，也非常富有了。最低才30元。我每个月工资40.5元，25元交给父母家属生活之用，自己伙食费花去9元，生活必须品控制在3元以内，剩余的用于交党费等额外支出，每个月根本没有余款储蓄。行里要是来上一个存几十块钱的人，我们都要抬起头来，用羡慕眼光多看几眼，更不要说存100元了，那简直就是当时的富翁。

　　1983年3月，我被甘肃省分行直接任命为靖远县二七九厂3195支行行长。二七九厂当时直属国家核工业部，是国家秘密的军工企业，我是在紧急状况下被委任的。1983年3月初，3195支行库房被撬，丢了一把枪，10发子弹。作为国家秘密的军工企业，在那样的年代，发生这样重大的案件，自然惊动了国务院和核工业部、公安部、甘肃省公安厅、兰州市、定

▶▶▶足迹

西地区公安局都介入了此案件侦查之中，支行5个人全部受到牵连，特别是出纳员张鹏连被拘留审查，几个月过去，案件仍毫无线索。这个案子说起来也很奇巧。那个时代人们生活极度困难，钱物来源非常有限，二七九厂的一位工人，过年前，家里人在银行里换了20元的2角新钱币，这一家人做事非常细致，将这些崭新的2角纸币号码一一登记了下来，结果年还没过，这把新币就被小偷给偷掉了。过了几个月，这家人去商店买东西，商店给找了一张2角的新钱币，拿回家一对号码，正好是他们家丢失的钱，于是便到公安局报了案。

经公安调查，这张新的2角钱币是一家娱乐场所的人买东西时支付的，公安部门的人到娱乐场所一查，是一个年轻人拿了一把子新钱玩牌时输掉的，于是就顺藤摸瓜找到了这个年轻人，审问钱的来源，才说出是偷来的，再审问还偷过什么时，才交待出他9个月之前，还撬开了3195支行库房锁子，偷了银行一把枪，10发子弹，准备报仇之用，放在山东他姑姑家里。事至此时，这个偷盗案子才水落石出，时经9个月拘留审查的张鹏连也得以平反，还了人家一个清白。

1992年11月，张兴贵调任人民银行白银市分行工会主席时与靖远县委书记等领导合影

从1983年3月起，作为3195支行行长，我处处以身作则，事事率先垂范，既当行长又负责所有信贷业务和外勤工作，从未出过任何差错。那

时二七九厂整个贷款才几百万元，但在当时规模已经相当大了，所以专门为二七九厂设立了一个支行，并直接由省分行管理。我在这里一直干到1985年12月，人民银行又把工商银行分离出去，我又被委任为人民银行靖远县支行行长，负责人民银行日常工作和分家事宜。从此人民银行与商业银行彻底分离开来，人行开始独立履行央行职责。当时分家考虑到工商银行客户多，营业场所需求大等问题，将人员、原办公室及物品大部分都分给了工行，人民银行只留下了6个人，发行库，几间简陋的平房和后边半个院子留给了自己，其余全部分给工行。工作环境非常简陋，一切都得从零开始。我深深地懂得"火车跑得快，全靠头来带"，在这种情况下，作为领导就意味着身体力行，意味着忘我奉献，意味着凝聚人心，意味着承前启后，意味着改革创新。于是我主动与6个职工沟通谈心交流，让他们充分发挥各自的特长优势，心往一处想，劲往一处使，首先要保证发行库安全无事故；其次，顺利衔接上下左右各种工作与关系；然后，要求每个职工在保证本职工作及时安全完成的基础上，整章建制、规范操作、补缺堵漏，依据央行当时仅有的法律条文，结合本岗位特点与细节，完善总结每个岗位的工作内容、职责、程序、目标。大家必须学会年有计划，月有总结，日有任务的工作思维。最后，让大家集思广益，出主意、想办法、抓调研、重分析、善总结，努力适应人民银行角色职能转换。从1983年到1993年，我在靖远抓班子、带队伍，抓党建、带群众，抓重点、带全局，形成了一支具有很强战斗力与凝聚力的干部队伍。并在大家的一致协作与帮助下，经过10年的不懈奋战，人行靖远县支行盖起了新的办公大楼，装备了宽敞安全的发行库，配全了新的办公用具，改善了职工食堂，使人行靖远县支行面貌焕然一新，工作步入了长足发展的历史轨道。

老骥伏枥，服务于铜城——白银

1993年，我被调到人行白银市分行任工会主席，这期间正是人民银行完善发展的阶段，也是改革开放腾飞的年代，职工思想越来越活跃，文化娱乐愈来愈丰富多彩，工会工作看起来简单轻松，实际上琐碎繁杂事务特别多。一粒砂中看世界，一滴水中见人生，工会的每个行为都体现着行领导对同志们的关怀与爱护，说话办事，略不到位，就会影响人民银行的

1999年7月,时任人民银行白银市分行工会主席的张兴贵主持召开全市人民银行业务技术比赛大会

形象,影响行领导与群众的关系。为此,作为工会主席,我恪尽职守,廉洁奉公,身体力行。整章建制力促规范,求真务实当好行助。通过建立"职工有病住院必访,职工婚丧嫁娶必访,职工生活有困难必访"的三访制度与"职工遇事情绪不高必谈,职工有意见必谈,职工之间有矛盾必谈"三谈制度,充分掌握职工思想动态。竭尽全力丰富职工文化娱乐活动,努力改善职工食堂,上下协力筹建职工健身房,多方关心职工生老病死等各类疾苦问题、关爱弱势群体,倾听离退休老干部意见,落实老干部政策,凝合精力创建文明单位,努力提升工会服务大众的能力与热情。"随风潜入夜,润物细无声",经过我10年的尽力耕耘,人民银行白银中支营业室、会计科、调统科等多个科室先后被总行、西安分行、兰州中支评为精神文明创建单位,"巾帼建功女标兵"、"女职工文明示范岗"等光荣称号,使全行职工在和谐友好的氛围中工作学习和生活着。

从1972年参加工作到2005年退休,33个年头里,我与中国人民银行结下不解之缘,这份深厚的感情,支撑我呕心沥血担当重任,任劳任怨谋划事业,诚实守信努力奉献,勤勉扎实立足岗位,任何时候,坚决服从组织安排,默默无闻一心扑在工作岗位上,吃苦在前,享受在后,再苦、再累也要无条件干好本职工作,为人民银行的发展做出自己应有贡献。

人民银行也给予我极大的照顾与很多的荣誉,工作多次得到了上级行和地市党政机关的充分肯定,先后被评为市级、省级劳动模范,优秀共产党员,先进工作者,岗位射击能手,白银市第四届人民代表大会代表等光荣称号。回忆自己从事金融工作的经历,我无怨无悔。

我的货币流通调研情怀

原人民银行天水市中心支行副行长　张静伍

对我们银行工作者来说，尤其对一个在人民银行工作的人来说，研究货币流通状况，才能确定银行的工作方针，包括货币发行和信贷资金管理方针，银行各方面的工作都要围绕着票子状况来研究。

1986年，张静伍在省分行交流调研材料

理论研究中收获快乐

货币流通状况是国民经济状况的综合反映，稳定货币关系到能否巩固稳定经济的成果和改革的顺利进行，是关系国家全局的大问题。为此，在1982年9月，我写了《要稳定货币，必须坚持货币的经济发行》长篇论文（18000字）。我从当前研究货币发生的重要意义、宏观上存在着两种不同性质的货币发行、要重视克服明显的财政发行、更要避免隐蔽的财政发行；把经济发行叫"信贷发行"不确切等四个方面进行了全面论述。通过论述后，我明确提出了在改革经济体制的同时，改革财政、信贷和货币发行体制的意见。我得出结论提出："把过去信贷收支差额就是货币收支差额（即投放或回笼数）这种关系倒过来，用货币发行来控制银行信贷。要充分发挥人民银行的中央银行职能作用，专门掌握货币投放和回笼，组织全国信贷资金平衡。"这个观点是符合我国金融体制改革的方向。这篇文章我在1982年10月天水地区金融学会第一届代表大会上进行了交流。

1985年11月我组织专人对人民银行发放（原委托工商银行办理）的专项（支边和开发）固定资产投资贷款的63个项目（包括原来未划出的五县）进行了全面检查。在检查中发现了许多问题，于是我和曹海彬、闫如意同志讨论后，我写了《浅谈当前固定资产贷款中存在的问题和改进意见》上报省分行，刊登在《甘肃金融》1986年第三期上。1986年7月我根据我省和我市实行新的《信贷资金管理试行办法》的实际情况，写出了《浅谈加强和改善金融宏观控制和扩大横向融通问题》一文，在省分行计划专业会议上进行了交流，并作为"省金融学会第二届代表大会"交流材料。为了推动商业票据承兑和贴现业务的开展，我在1987年春节后给全行职工讲资金市场、票据承兑、贴现办法和会计核算手续后，又和曹海彬同志讨论撰写了《积极开展票据承兑贴现业务，控制商业信用膨胀》一文，发表在《甘肃金融》1987年第三期上。通过系列理论研究，文章发表或大会交流之后，都有一种难言的幸福与快乐。

实践调查中充实完善

由于我比较重视货币流通问题的理论研究，所以也比较注重货币流通实际调查。因为搞货币流通调查，要对国民经济各部门的情况和货币流通各渠道进行全面调查分析，它既要有各方面的经济基础理论知识和社会调查的基本功，又要对宏观和微观方面进行综合分析能力。所以我感到这种调查是对我学到的理论能否全面用于实际的最好的检验。在货币流通调查方面我先后于1983年5月独自在甘谷县进行了10天调查，于5月24日写出《甘谷县货币流通的新变化》专题上报省分行。1983年7、8月我又对全地区的货币流通情况进行了全面调查，写出《浅谈天水地区货币流通的新变化》于8月15日在《全省第二次货币流通理论讨论会》上进行了大会交流。1984年2月22日至3月23日，我和人行省发行、农行省分行计划处的同志一起又在甘谷县搞货币流通调查一个月。共调查单位34个，其中我和人行县支行、农行县支行同志一块调查了24个单位。通过开座谈会，系统收集整理原始资料，对甘谷县城关镇和附近集镇的各种市场进行实际多次反复调查……可以说对甘谷县各经济部门、各个市场进行了大解剖。最后由我汇总全部资料、并执笔，经大家讨论三易其稿，写出了《甘谷县农村货币资金情况的调查报告》于3月29日上报人、农两总行，并为在甘谷县5月召开的《全省货币流通工作会议》做了准备工作。此后我又把全区有关国民经济、货币流通、银行信贷等各方面的历史数据进行整理，然后用座标曲线图8张表示，进行系统、全面地相关分析，寻找规律。结合实际调查资料，写出了《浅谈我区货币流通调节范围的扩大》和《我区货币流通新变化》，在甘谷县召开的《全省货币流通工作会议》上进行了交流，以后又分别发表在《甘肃金融研究》1984年第七期和第九期上。1984年10月，我又带领高兰春、韦天琴同志到礼县、西和县、两当县、徽县等进行了货币流通调查，于10月29日写出了《关于调查天水地区货币流通情况的汇报》专题上报省分行；1986年2月，我又带领叶秀红、贾宜春同志对秦安县进行了一周的货币流通调查，写出了《关于秦安县货币流通情况调查》上报省分行。

在搞货币流通调查中，我还组织并汇总了北道（原来叫天水县）的30户职工家庭调查和北道、徽县、秦安县共88户农民户家庭调查；还对武山县洛门镇的农村集市贸易物价调查资料进行整理分析。以上这两项调查每月直接报人总行、抄报省分行。还对北道四个二级站的购、销、存、利润、贷款等指标每月进行统计分析和对北道、秦城商业系统的10种商品购、销、存每月定期统计分析，并在《天水银行信息》上定期进行公布。1985年5月我根据自己调查所掌握的货币流通情况，从理论上进行分析，写出了《浅谈影响社会货币容纳量增大和货币归还速度减慢的主要因素》一文，在"全省第三次货币流通理论讨论会"上进行了大会交流，并刊登在《甘肃金融研究》1985年第七期上。这期杂志1985年9月在兰州召开的"全国金融体制改革理论讨论会"上发给每一位代表。我也在此会上做了小组会议发言。

在1980、1981、1982年，一些企业面对我国经济大调整的形势，产值、利润大幅度下降，甚至有些企业亏损，为了了解企业情况，我于1983

年3月深入省机械厅在天水的13个厂进行调查,写出了《对省机械厅在天水的十三个厂五年来变化情况的分析》上报省分行,并在《天水银行信息》1983年第三期上刊登;1983年6月,我又对天水地区省级纺织、机械工业企业进行调查,写出报告上报省分行。1986年11月,我和崔晓村同志对天水市企业拖欠货款及流动资金占用情况进行了调查,写出了调查报告,刊登在《天水金融信息》上。

苗头性问题中参考决策

抓住苗头和带有趋势、倾向性的问题及时进行调查研究,为上级行决策部署提供重要参考。1984年12月,面对各专业银行业务交叉的活跃情况,我和曹海彬同志对各专业银行业务交叉情况进行了调查,写出了《关于各专业银行实行业务交叉情况的调查》上报省分行,刊登在《甘肃金融研究》1985年第二期上。1984年9月和1985年8月,我和计划科的同志一起曾两次对天水地区社会入股、集资情况进行了调查,写出了《关于天水地区社会入股、集资情况调查》上报省分行并刊登在《天水金融信息》

1989年,陪同人总行工作组调研

上，被《甘肃金融调研》刊用。1985年4月1日，国务院调整了部分存贷款利率后，我和高兰春同志于7月对现行银行优惠低息贷款情况进行了调查，写出了《关于我区银行现行优惠低息贷款情况的调查》上报省分行，被《甘肃金融调研》刊用。1985年6月，我和计划科同志一起对金融信托公司存、贷款情况进行了调查，写出了调查报告上报省分行，被《甘肃金融调研》刊用。1986年3月，我和省人分行工作组一起组织了各专业银行对天水市储蓄、企业存款调查上报省分行，为省人分行召开二级分行长会议提供了情况。

改变的岁月　不变的情怀

调查研究不仅是理论联系实际的最好方式，也是搞好工作的基本功。这些年来的实践使我深刻体会到：社会经济调查是金融部门的一项经常性基础工作，所以更应该成为自己必备的基本功。金融部门开展社会经济调查，具有比其他经部门更为有利的条件，既有信息来源和机构人员的优势，又可结合金融业务活动进行，取得事半功倍的效果。但金融部门的社会调查，不能着眼于一般的经济情况，而应从发展金融事业、改革金融体制、改进金融业务、提高社会资金运用效益需要考虑，侧重于同金融工作有直接联系的生产、交换、分配、消费各个领域的情况、问题、发展趋势等来进行。

要坚持实事求是的原则，切忌按主观意图办事。调查事先要确定目标、内容、范围以至具体对象、具体项目、方法、步骤等，也可根据自己掌握的信息，做出初步判断，以利于制订调查方案，组织力量、节约时间、提高效率。但在调查中发现与事先的判断不符合或完全相反的情况是常有的，在预定的调查线索之外，又发现新的更重要的线索，正是使调查深入的有利因素。同一事件有不同的看法，同一原因，引出不同的结论，必定有其他未知的因素。在这种情况下，一定要全面地收集情况，进行比较分析，或者做进一步调查，弄清事实真相，不要轻率下结论，或以个人的好恶而决定信息的取舍。

要具有认真负责的作风，切忌只看表面现象。多次调查使我深刻体会到：客观事物的本质与现象并不总是一致的，事物之间的联系更不是一目了然的。因此，调查研究不能只停留在感性认识上，而必须下一番工夫。要不被表面现象所迷惑。要获得真实可靠，能反映本质，说明问题的信息，必须进行认真核实，用科学方法认真筛选分析。有些容易被人们忽视的材料可能是很有价值的，有些违反常规的做法，可能是一次值得重视的尝试或改革；有些一般群众可能会提供重要情况或提出宝贵的意见。所以要深刻体会到，要搞好社会经济调查，必须要有认真负责的作风，否则是难以搞好的。

寻找当年的缤纷记忆

原中国人民银行天水市中心支行办公室主任　赵昌江

我于1951年2月出生，1969年3月应征入伍，1971年4月加入中国共产党，1991年7月从部队转业到地方，进入中国人民银行天水市中心支行工作，次年2月至1998年底担任办公室主任。在办公室工作的7年时间里，行里领导及其他同事给予我极大的关怀、指导和帮助，让我能够快速进入角色、熟悉工作、提高能力并尽职尽责地完成任务。在退休4年后的今天，受中支工会征集史料的邀请，我对自己7年的办公室工作情况进行回忆，也算是一份阶段性的总结，在为征集史料工作贡献一份微薄力量的同时，自己亦感到幸福和快乐。

赵昌江

踌躇满志，接手并尽快熟悉工作

让门外汉担任办公室主任，自己当时是一头雾水。主任应该干什么工作？怎么干？怎样才能干好？如果自己对这些都不清楚，又谈何工作效率和工作成绩？这就要求自己尽快进入角色，熟悉职责范围内的工作。记得当时自己边工作边学习，查阅资料和询问前辈同事，逐步对办公室主任的角色地位、工作内容、工作职责等有了一定的了解。随着时间的推移，工作经验的累积，自己逐渐认识到，办公室主任是具有双层角色的岗位，不仅要熟知工作流程和要求，关键是要组织并完成好。这就要看自己对日常工作和科室人员怎样进行分配管理，探索总结出有效的管理办法，这对于全面提高自己的工作能力是至关重要的。办公室日常工作无规律，比较琐碎繁多，每天都有大量的事务亟待处理，诸如值班、电话、收发、接待、会议、保密、物品采购、车辆管理、后勤服务等，这些工作看起来小，但却事关大局，不容有丝毫的懈怠闪失。自己就把这些工作进行科学合理细致地安排，分工协调使之有条不紊地开展，扎实有序地推进并保质保量地完成。从而保证了中支机关整体工作的正常运行。

着重抓组织与协调，让集体的能力发挥到最大

办公室工作点多、面广、线长，涉及上下、纵横、内外关系，除做好日常工作外，还有领导交办的临时性工作任务。如何保质保量地按时完成任务？这就要靠办公室主任精心组织、统筹全局、把握方向，这也能够体现自己的管理方法和领导艺术。办公室内部，有若干岗位和众多工作人员，能否实现人尽其才，物尽其用？每个人都有自己的精神状态，平时工作效率如何？这些都是需要认真思考的问题。所以，在担任办公室主任期间，我按照组织原则、规章制度、工作标准、平等管理等原则，充分调动大家的积极性，让大家树立"一盘棋"思想，既有分工又有合作，形成密切配合、团结协作的良好风气，努力完成各项工作任务。

同时，鉴于办公室是单位的综合和枢纽机构，与各科室有着经常性的联系，办公室主任处于沟通协调的重要位置，如何发挥好协调作用？自己首先要从思想上增强协调意识，做到及时汇报，不等、不拖、不靠、更不推诿，以平和的态度协调需要解决的问题。在抓纵向协调时，致力于上下级之间关系的融洽，上令下行、上情下达、上下紧密配合、步调一致。在抓横向协调时，致力于"左邻右舍"，协调各科室之间的关系，防止各部门之间发生摩擦和碰撞。最终达到统一思想、协同动作之目的。使机关呈现出和谐、配合、互补、统一的良好工作局面。

组织办公室文化建设，让工作有章可循

在办公室工作的7年间，中支根据上级行的要求，实行目标管理责任

制，各项工作都分解、落实到部门和个人，逐级签订责任书，与年终考核、评先创优、个人晋级挂钩，以此推动年度各项工作任务完成。我借鉴兄弟单位经验，结合办公室工作实际，着手抓了组织文化建设，提出了办公室工作规则。

组织目标：力争把办公室打造成"有原则、讲效率、负责任、重服务"的优良团队。

工作思路：因人成事。我深信优秀的工作人员是工作推进的根本因素。尽最大努力为每个人提供自我发展的平台，强调在做事的过程中领会做人的原则，将人性化管理融入到日常管理思路中去；因势改变。在坚持基本工作原则的基础上，强调随事物的变化而灵活处理，以达到"围绕中心，服务中心"之目的。重在制度。细化工作流程和完善工作制度，组织并制定《机关接待工作管理规定》《车辆管理制度》《食堂管理规定》等制度，保证常规工作按制度要求顺利推进，特殊事件由相关人员全权处理。

工作理念："做人与做事并重，传承与创新并存"。在实践过程中，强调多思考、多分析、多总结，在学会做事的同时学会做人。

坚持原则：在办公室工作中，突出两项原则：一是实事求是的原则，必须立足于工作实际，一切从实际出发，理论联系实际，学会解决各种矛盾和问题；二是讲求效率的原则，紧紧围绕单位中心目标和行领导的要求，力争准确、迅速、高效地完成各项工作任务。

服务职工，搞好后勤服务与接待

办公室兼管着机关后勤工作，包括住房分配、食堂、车辆管理、物品采购、办公用品供应等等。这些工作开展得如何，常常对机关职工的思想情绪和工作积极性影响很大。自己除了抓好机关全方位的服务之外，还分出精力关注后勤服务工作。经常对围绕职工切身利益的问题听取同志们的意见，适时与分管具体工作的同志及食堂工作人员、车辆驾驶员进行交谈，以便充分了解情况，通过交流感情，发现问题并及时处理，力求把各项工作做实做细，争取得到大家的满意；同时为县支行来分行办事的同志做好后勤服务工作，热情接待、交流情况、协助联系相关科室，使其尽快接头办事，并帮助联系住宿、代买车票等，使下属单位的同志能感受到中支机关的温暖。

接待工作也是办公室的一项重要工作，代表着单位的面貌和形象。上世纪90年代，接待工作越来越多，有上级机关来检查和指导工作；有兄弟单位来参观、学习、访问；有团体来宾，也有个人来宾；来宾时间有长有短，人数有多有少，职位有大有小，团队规格有高有低。面对任务重、责任大、情况复杂的实际，我带领办公室后勤岗位的同事，对来宾的人数、工作任务、住宿时间等各方面进行统筹安排、精心计划，从迎送、食宿、出行、游览、陪同车辆等环节安排落实。既做到热情周到、耐心细致，又做到有条不紊、井然有序，保证上级同志视访工作顺利、兄弟单位参访愉快满意。

矢志不渝，提高自己的品质修养

办公室既参与政务，又管理事务；既是综合部门，又是服务机关；既对领导负责，又对下级负责；既沟通上下，又联结左右，因而被视为单位的联系枢纽。这就要求办公室主任必须具备良好的政治素质和道德品质，道德和素质影响到人与人之间的关系、工作效率的高低、事业的成败，也影响到自身能力的发挥及领导岗位上威信的树立。所以，我在办公室工作实践中，一直注重品质修养，力求做好以下几点：

正直诚实。正直就是公正坦率，诚实就是忠诚老实，实事求是。在工作中，不隐瞒自己的观点，讲真话、不讲假话。处理问题公平公正，把观点摆上桌面，不当面一套，背后一套。诚实对待同事，善于倾听各种意见，搞好正常的人际关系，以此保证工作任务的顺利完成和事业的发展。

严以律己。在日常生活中要严格要求自己，处处为人表率，自觉遵守纪律。要求大家做到的事情，自己首先做到，俗话说"欲善人，先善己"，作为一个科室的领导，首先要自己做得好，才能在群众中树立威信，才能号令他人并令人佩服。

平等待人。要发挥群众的工作积极性，部门领导就应注意待人的态度，过于严肃就会令人望而生畏，不敢接近，久而久之会脱离群众。我在平时的工作中注意做到平等待人，充分调动大家的积极性，认真干好工作。同时对下属干部的思想情况、业务能力、工作志趣、业余爱好等尽可能进行了解和熟悉，并在不违背原则的情况下，帮助解决一些实际困难和问题；制造发挥和提高职工能力的机会。

谦虚谨慎。谦虚就是虚心，不自满；谨慎就是不马虎，慎重从事。具有这种品质，在待人接物时就能温和有礼，平易近人。我在工作期间，注意低调做人、尊重领导和同事，善于倾听他们的意见，虚心向他们学习，成绩面前不自傲，缺点面前不文过饰非。使自己在工作中不断进取，增长知识才干。

办公室主任有其工作的艰辛，但也可显示出其在一个单位的地位和作用。生活总会有很多不得已的想法和苦楚，但也应告知自己要快乐起来，坦然地面对一切。

▶▶▶足迹

想念母亲在世的点点滴滴

人民银行金昌市中心支行李淑芹记载并口述　司翠霞整理

襟惠珍和她获得的奖章

我是一名即将退休的央行老职工，而我母亲襟惠珍也是把毕生的精力都献给了央行。母亲1951年参加工作来到人民银行，1987年退休，1998年患肺癌去世。我们两代人先后从事央行工作共73年。母亲的一生艰难坎坷，在"文革"前被错划"右派"受尽磨难，但在党的十一届三中全会政策落实平反后，她更是对党心怀感激，以更加饱满的热情投入到央行工作中，曾荣获县、地区、省和全国"金融红旗手"、"三八红旗手"称号。如今回忆起母亲在世的点点滴滴，往事历历在目，满是辛酸、感伤和怀念。

母亲出身于一个小商家庭，1950年从山东济南随舅父到武威。我母亲和其他青年一样，怀着到祖国最需要的地方建设大西北的雄心壮志踏上了西去列车。听她讲，当时在没有来西北之前，她心里充满期待，但火车到达兰州后，完全大失所望，根本不像之前所想象的蓝天白云、绿茵草原、牛羊成群的祁连山沿途环境，而映入眼帘的只有荒无人烟的戈壁沙漠。在兰州下火车后又改坐驴车，一路颠簸赶路，走了四天三夜后才到达了目的地武威。

1951年，母亲参加工作，到原人民银行武威县支行从事出纳工作，她对这份银行工作很是热爱，通过勤奋学习很快胜任了岗位要求。母亲对

工作非常积极主动,哪里有困难她就出现在哪里,哪里工作任务艰巨她就主动承担,为此受到领导和同事们的一致好评。但是好景不长,1957年母亲被错戴上"右派"分子帽子,给予开除留用察看、开除团籍、行政工资连降三级的处分。当时因母亲怀有身孕,才幸免下放到环境异常艰苦的夹边沟,而是被下放到青林农场和五七干校劳动改造。

禚惠珍在北京天安门留影

为了表现自己的进步,母亲不顾一切拼命劳动,争取尽早摘除"右派"帽子。由于几年过度劳累,她患上严重的肺结核,经常吐血,这也是她后来患肺癌的诱因。母亲很看重亲情,那年去上海看病回来,路过西安带回来3个孩子,我们三姐妹感觉很奇怪,什么时候有了两个姐姐、一个哥哥。后来才知道他们是我舅舅的3个孩子,舅父舅母在"文革"中挨斗去世了,他们成了孤儿没有人照顾,母亲就把他们带回来扶养,直到把他们都养大成人走上工作岗位。但当时我们自己的5口之家已经是吃了上顿愁下顿,一下又添了3张嘴,母亲为此没少挨骂,但善良的母亲还是坚定地收养了他们,并以加倍的劳动为我们6个孩子争取基本的温饱。

1981年平反后母亲摘掉了"右派"帽子,但她在"文革"中受批斗的情形给我们留下了永远的阴影。记得那年夏季天气非常热,晚上母亲参加大会,出门前穿了一件羊皮袄,当时我很不理解,心想大热天为什么要穿羊皮袄。后来问母亲,她才说根据前几次的批斗经验,穿厚一些有个保护的,少受点皮肉之苦,我当时听了就失声痛哭,觉得母亲实在是太苦了。

还有一年武威连降大雨,居委会通知防汛,别人家的孩子们都在父母

1984年，襟惠珍在原武威地区人民银行做先进事迹报告

亲的陪伴下带着吃的转移到柏树乡学校去避难，而我的父母为了积极表现早日平反，主动去抗洪保护集体财产。我们三姐妹由13岁的姐姐领着跟随大卡车去投靠早已转移的亲戚。看到别家的孩子在父母的保护下吃穿不愁，而我们只有姐姐用家里仅剩的一点粮食连夜赶做的半袋子面豆豆，每次只能一人分一小把，勉强填填肚子，连个睡觉的地方都没有，在亲戚的白眼下挤进大通铺。当别人家端碗吃饭的时候，姐姐就领着我们出去分一把面豆豆，三姐妹嚼着干硬的面豆豆抱头痛哭。几天的防汛结束后，父母终于回来找我们了，我们姐妹仨都责怪父母，母亲摸着小妹的头直抹眼泪，她说："爸爸妈妈要好好表现，好好立功，才能早点摘掉"右派"的帽子，咱们全家才能有公正的待遇。"那个时候，我们真恨充满政治斗争、无情无义的动乱年代。

"文革"后，母亲恢复银行工作，被调到原人民银行武威第四办事处工作。处于对党平反昭雪的感激，母亲再一次焕发青春和热情，全身心投入到工作中。当时还没有双人临柜、双人押运等制度规定，从会计、出纳到警卫员就母亲一个人。到了发工资收储任务很大，又比较集中，为了保持规定库存，不会骑自行车的母亲一个人背着几十斤的现金去上缴地区分行，一天往返于10多里的路上，现在想起来母亲那时胆子可真大。第四办事处是核工业部（182）的一个保密单位，办事处可谓是麻雀虽小五脏俱全，经办业务有联行、储蓄、信贷、会计、出纳，全都由母亲一人经手。母亲刚到办事处工作后，有一年为了完成有奖储蓄发行任务，利用下班时间到食堂、工厂、甚至上山一个帐篷一个帐篷作宣传，休息日也不放过。从山上回来后，她不顾身体有病，又深入学校、医院、家属院上门服务。

想念母亲在世的点点滴滴

母亲在办事处工作的几年几乎没有休息过，中午吃饭时间有人来取钱，她立即放下手中的碗筷办业务，从没有一次推诿。母亲把满腔的热情献给了她的工作，她的辛勤付出得到了组织的充分肯定，多次被评为先进工作者，并授予她全国"三八红旗手"、"金融红旗手"光荣称号。

母亲在荣誉面前不停步，不满足于基础工作，向更深的调查研究发展。工作几十年来，她除了熟练地掌握银行信贷、会计、储蓄等业务知识外，对工商企事业的财务制度、企业经营管理知识也比较熟悉。经常深入企业、及时解决问题，对

1983年9月，禚惠珍获全国"三八"红旗手称号受表彰

商业企业的进销存变化也熟悉掌握。1980年，由于春节前物资供应不足，群众抢购年货，"182"的百货商店糖烟酒的库存严重不足，母亲了解这一情况后，及时向地区分行汇报，在工作组的配合下深入企业查明原因，并与企业共同研究，及时向企业提出合理化的建议；提供贷款帮助企业组织货源充实库存，积极协调企业资金流动，很快扭转了销大于进的局面，受到企业和上级行的好评。

记得那年"右派"平反后，母亲对我们姐妹们常说的几句话："党给了我第二次工作的机会，从政治、经济和家庭生活上给了我无微不至的关怀和照顾，我感恩不尽，要加倍工作，我要把'四人帮'耽误的时间夺回来，我要让第二次青春在有生之年开花结果，为国家多做贡献！但不能光说在嘴上，以后我没有时间照顾你们，你们各自做好自己的事情，不要给我丢脸。"这些话如今都还回响在我的耳边，记忆犹新。母亲的苦干精神到现在还一直感染和鼓舞着我们姐妹三个，使我们在自己的工作岗位上也继续发扬着她的奉献和敬业精神。

▶▶▶足迹

母亲真的是一个非常善良的人，在那个年代我们的生活也不宽裕，她还默默照顾一位80多岁的孤寡老人，经常帮助老人洗头洗衣服洗床单，还为老人买了喜欢吃的果丹皮，老人高兴地像小孩子一样。母亲走后，我们姐妹们继续帮她照顾这个老人。母亲一辈子受苦受累，患病后饱受病痛折磨，过早地离开了我们，这是我们姐妹们永远的痛。但母亲一生吃苦耐劳、拼搏进取、敬业爱岗、与人为善、不向命运屈服的精神一直鼓舞和激励着我们勇敢前行，感谢我亲爱的母亲！女儿永远怀念您！

往日的回忆

原人行嘉峪关市中心支行稽核科科长　倪秀英

人的一生中有许多值得怀念和回忆的。回想起自己初参加工作时的经历，还历历在目，记忆犹新。

1963年我初中毕业后，有幸被甘肃省人民银行招干录取，分配在人民银行通渭县支行工作。

1964年1月，不满17岁的我，怀着参加工作的喜悦，离开父母，远离兰州，到通渭县支行工作。当时我们一起去的有19人，先是到定西，然后从定西乘汽车到通渭。我们乘坐的是大卡车，行李随人都在车上，人坐在行李上。记得当时天气很冷，还下着雪，但大家的情绪很高，有说有笑。

倪秀英

汽车盘旋在山道上，向下看时，只是马路围山绕来绕去，接我们的同志说是六盘山，过了六盘山，再过华家岭。经过4个多小时的行程，中午时分，我们到达目的地。到了支行，全行同志都在院子里欢迎我们，为我们准备好了热水、午饭，并为我们安排了住宿的地方。

初去时第一印象是，县支行大概位于城南，是一个不大的长方形院子，中间是花坛，两边两排房子是各股办公室，营业室在侧面，后院是食堂、宿舍。行内（不包括基层营业所）大约有三十几个人。信贷股长和几位老同志是河南人，还有两位夫妇是上海人，其他都是当地人。我们来了之后，行里一下子热闹了许多，年轻人多，增添了不少活力。不久，支行领导对我们的工作进行了具体安排。男同志大多被分配到公社营业所,我被分配到营业室出纳柜台当出纳。印象中出纳就我和师傅两人。师傅姓李,虽才20多岁,但已成家生子,很老成,平日不爱说话,光顾干活,我觉得他还很封建,跟女同志一说话就脸红。他工作认真负责,耐心细致地教我点钞、捆钞、收款、付款、记账等工作程序。工作中他说得很少,干得很多。那时没有捆钞机,捆10把一捆的钞是很费力气的,他都主动抢着干,从不让我去干。他的手很大,很有劲,手上有很厚的茧子,多是捆钞票留下来的,几乎每年他都会被评为先进个人。在这样的师傅手下工作,我不但学会了业务技术,也学到了对待工作的态度。工作中我们面临各种服务对象,特别是农民,他们看上去脏兮兮的,而且讲话也多听不大懂,但我都是热情接待,没有嫌弃。在工作中,由于每笔业务都是经师傅复点,没有出现过一笔差错。

搞出纳工作时间不长,领导又调我到记账台工作。由于师傅们手把手地教,我又学到了新的业务知识。印象中最深的一点就是记账会计凭证,蓝色或黑色凭证记借方,红色凭证记贷方;会计的记账原理是有借必有贷、借贷必平衡。每日工作必须做到当日事,当日毕。每日账务必须结平,即使相差一分钱,也不能下班吃晚饭,必须查清才行。至此使我学会和养成了一种认真、负责、严谨的工作态度和工作作风,为我今后做好各项工作打下基础。

1964年底的结息和会计决算工作,是我会计工作中最难忘的一件事。那时结息全是手工操作,一晚上要把活期对公账户、对私账户利息全部计算出来,然后再抄利息表,工作量很大,全行都参加。对公账户还好说,是按票结息,账户相对也少。活期储蓄账户就不同了,户数多,而且计算起来繁琐,每个账户必须按每笔余额间天数计算出来,再计算积数,然后把每个账户的天数相加得出总天数,积数相加得出总积数,再乘以利率,计算出利息,记在账户上。期间要核对天数、积数是否准确,若一年超过或不足365或366天的,要重新每笔核对。这对于第一年参加工作的我们,遇上这样的工作量和工作难度,确实把我们搞蒙了。一直干到凌晨四五点钟才结束。回到宿舍躺在床上,梦里都还在打算盘、算利息,脑子还在不停地忙活着。

那时除正常业务工作,还经常下乡参加县上安排的中心工作。1964年麦收季节，县上抽调干部下乡支援秋收工作。我被抽到榜罗镇，与农民同吃、同住、同劳动。这是我第一次到农村，第一次和农民吃住在一起，第一次割麦子。现在想不起来是怎样过的，当时我和行里马立根在一起，我们俩是一起从兰州来的，也是好朋友。我们割麦子不会用镰刀，老乡们逗我们说，你们干脆拿把剪子剪好了，其实他们的麦子长得稀稀拉拉、也很矮，我们用手拔还好一些。这是我们学习、锻炼的一次好机会。那时的人就是这样，即使再苦再累，也从不抱怨。吃得很差，油水很少，记得有一次我们实在馋得不行了，就跑到镇上买了两个油饼，回来的路上边走边吃。那是不能带回去吃的，不然人家说你搞特殊化，这是下乡纪律所不允许的。农村卫生条件差就更不用说了，身上长虱子我也有过。印象最深的是，一天我们在农民家炕上坐着等吃饭，炕下妇女在做饭，这时她的小孩拉屎了，拉完后，她用一把麦草给小孩擦了屁股，然后再用一把麦草把屎抓起来扔在门外院子里，不洗手，继续烧火下面，看到了这一幕，这顿饭我吃得很辛苦。

通渭县是甘肃省有名的农业贫困县，我在没去前，就听别人说穷得很，三年自然灾害的困难时期，死了很多人。我们来到以后，确实感受到了这些。吃的多是杂粮，蔬菜主要是土豆，新鲜蔬菜不多，烧的是麦杆。记得早上逢集时，农民挑着麦杆到城里卖。行里的食堂也是用买来的麦杆烧火做饭、烧开水。条件差，生活艰苦，那是不用说的。除了吃饭以外，用水也很困难，行里后院有口水井，供大家用水。更主要的是用热水困难，我们习惯的最基本的洗衣服、洗头，在这里都受到了限制。喝的开水和用的热水都是大师傅在做饭的大铁锅里烧的。将做完饭的大铁锅简单一刷，就放进水去烧，水少不够用不说，上面还漂着油污，又有味，喝着也不好喝，洗衣服还洗不干净，就这样，大师傅还不乐意，说城里人讲究。

刚去时，当地人讲话我们也听不懂，他们把"我"叫"哥"（谐音），把"肚子"叫"兔子"，我们常学他们讲话，逗得大家哈哈大笑。在我看来，他们还比较封建。我印象最深的，是女人的裤子洗了之后不让晾在院子里，男人更不能在女人裤子底下钻过，我们问为什么，他们不告诉，但我们做了，他们会阻止我们。通渭人质朴、实在，对我们很好，工作上帮助，生活上关爱。他们叫我"瓜女子"（意思是傻、单纯）。那时生活虽苦，但我觉得过得很充实，精神上很幸福、很快乐。当时工资虽只有29

元，每月还要给家寄钱，但我们觉得生活就是这样的。

我们业余生活的范围就是县城。通渭县城不大，印象中大约方圆两三里地的样子，城内有百货商店、供销社、新华书店、电影院等，因为这是我们经常光顾的地方，印象最深。我们业余生活很单调，幸亏我们一起去的同伴多，大家在一起说得来、玩得来，也没感到太多寂寞。最大的娱乐就是看电影，大家都争相购票。最后大家约定，这次你请，下次他请，轮番购票。离支行不远就是出县城的门洞，走过去就是郊外，那里有一条小河，没事时我们经常去那里散步，河边潮湿，癞蛤蟆很多，走着走着，它就会突然跳到你的脚前，吓得我们跳起来尖叫。

1965年下半年，我被抽调到定西搞社会主义教育运动。记得跟县委宣传部长分在一个工作组，他是我的组长，是湖南人，爱说笑。我跟着他们，做做会议记录，和农村干部谈话，有关妇女方面的工作安排我做。工作方面的具体内容都已记不得了，这次"社教"又让我体验了一次与农民同吃、同住、同劳动的生活，加深了对农民的感情。我真切地体会到他们的心地善良、待人真诚、吃苦耐劳的品德，在生活艰苦的条件下，他们宁愿自己少吃或不吃，也要把最好的留给我们。年前将离开时，各家都杀了猪来欢送我们。

1966年，紧接着我又参加第二期"社教"。这次地点是在定西县定远镇，是在队部搞会计工作，具体就是把上级拨付给队部的办公费用管好用好，还干一些采购和勤杂方面工作。定远镇在兰州和定西之间，离兰州不远，来往兰州和定西都很方便。那时还经常去兰州出差，趁机回家探探父母，觉得很开心。队部设在定远中学，队部领导和工作人员多是从省级一些部门和武警部队来的，队长是武警总队的一位团长，见我时总是用河北口音的腔调叫我"小会计"，很亲切。经常在一起打交道的是卫生队几位部队来的大夫、护士，他们对我很关心，我们也是知心朋友，到兰州时，常被邀请去他们单位玩。定远还是瓜果之乡，西瓜、苹果、梨很丰盛。那时最好吃的西瓜叫"反修瓜"，花皮的，很甜。一次我跟着部队的车去拉瓜，在瓜地跟着瓜农学习挑选，一看二摸三听响，学到了扎实的挑瓜技术，直到现在还在用呢。我们还去果园买苹果、梨，苹果又红又香又大，我买些给家里带去，妈妈舍不得给自己和弟妹们吃，锁在箱子里留给爸爸。那时的屋子里充满了香味。一进去就能闻到香甜的苹果味。

往日的回忆

有段时间我的鼻子得了病，清鼻涕常常不自觉地流出来，而且味道很大，到兰州后，卫生队的王大夫约我去他们医院给我医治，经过检查，他给我喷了些麻药，拿镊子从鼻腔内取出了一块鼻石。据他讲，是因小时候鼻子流血时用纸团或棉团塞鼻止血，因未及时取出，留在鼻内，时间久了，在碱盐的长期作用下形成鼻石。从那以后，我就彻底好了，我感谢他们，他们是我一生中最怀念的人，也是最难忘的人。

期间还有一件事也使我难忘。那是1966年10月，兰州红卫兵串联来到镇上，他们来势凶猛，见所谓的"四旧"就砸，记得卫生队和我很要好的一位军队护士，大高个儿，扎着长辫子，长得很漂亮。红卫兵抓住她的长辫子就要剪，吓得她都哭了。他们满街撒传单、喊口号、贴大字报和标语，弄得我们都很紧张，队部领导对他们的作为不敢阻拦，要我们安排食宿，我从旅馆借了被子，安排他们在中学校舍住了一晚上，好在第二天就走了。随着"文化大革命"运动的开始，社教队文化系统来的队员先行撤回，到单位参加"文革"运动。不久，"社教"也就结束了，人员撤回。我做收尾工作，年底前回到了通渭。到单位后，通知我已调到嘉峪关工作。1967年1月，我来到嘉峪关，开始了新环境的新生活。

135

一件勇斗歹徒的往事

——原人民银行酒泉地区分行退休干部 刘凤英

人民银行酒泉市中心支行 陈永宁、杨泽强、苏海燕采编

缘　由

2015年春节前,人民银行酒泉市中心支行领导慰问刘凤英（左一）

1961年,正值三年自然灾害,当时每人每月只有19斤的口粮,吃不饱、饿肚子是每个人的切身感受,有的同志甚至全身浮肿,无法正常工作,不得不回家休养。

当时,人民银行玉门市支行的东岗储蓄所有3名工作人员,其中1名男同志由于浮肿在家休养,1名女同志因孩子生病请假,于是组织上派我去顶班。另外一位大姐快到临产期了,上班要爬一段又陡又长的坡,她肚子疼得厉害,我顶班的第2天,她也请假了,我独自一人在储蓄所上班。那时候,大家生活都异常困难,存取钱的人很少,一天就办理八九笔业务,我一个人认真办理着每一笔业务。

一件勇斗歹徒的往事

遇　袭

独自顶班后的一天下午，储蓄所来了一个穿黄大衣的男人，坐在储蓄所的凳子上看我办业务，我看他坐那里一动不动，就问："同志，取钱吗？"那人反问我："有人取钱吗？"我没有吭声，他就离开了。那人走了之后，我有些后怕，下意识提醒自己要警惕坏人。第二天，我正常办理业务，没有什么异常。

第三天是个星期四，在玉门镇工作的爱人来看我，陪我上了半天班；中午在单位食堂吃饭后我独自去上班。当时的储蓄所只有两间房，里面没有柜台，摆着一张3个抽屉的桌子，用来办理业务，房间里还有一个小套间，堆放着一些杂物。按照惯例，每个星期四下午各单位和居民都要集中学习毛主席著作，来办业务的人更少，在一个小姑娘取完5元钱后，我开始整理东西，准备下班。就在我刚把钱包从抽屉里拿上桌面的时候，突然传来一个声音："同志，给我取个钱！"我刚一抬头，头就被一个硬东西狠狠砸了一下，顿时感到头上湿漉漉的，一下就懵了！只见一个男人冲过来抢我的钱包，潜意识告诉我，绝不能放手，不能让坏人得逞。于是，我一手死死抓住钱包不放，一手紧抓歹徒的手，那歹徒见抢钱包不成，气急之下，把我拖到墙边，一只手狠狠地拽钱包，一只手扯住我的头发，拼命往墙上撞。顿时血花四溅，我失去了知觉。

勇　斗

不知什么时候，我被脖子上的疼痛疼醒，睁开眼睛，发现自己被那歹徒拖到了储蓄所的小套间里，那歹徒正用膝盖顶着我的腰，双手死死地掐着我的脖子，想置我于死地。几乎要窒息了的我使尽全身气力，奋力将歹徒的一只手从我的脖子上掰开，并大声呼救！

这时学习结束的人陆续从门前走过，歹徒见抢钱不成，撒腿就跑，趴在地上的我紧紧地拽住他，不让他逃跑，并不断呼喊！街上行人听到呼救声，进入储蓄所查看究竟，狡猾的歹徒便谎称自己是来取钱的，试图蒙混逃脱，但我继续奋力呼喊，群众识破了歹徒的诡计，很快将他制服，有人去报了警。接到报警的公安人员和采油厂保卫科的同志迅速赶到，了解情况后将歹徒带走，并及时把我送往医院。

在送往医院的路上，我头痛欲裂，医生在给我止血时，发现满头都是玻璃渣，后来听医生说，幸亏当时歹徒挥过来的玻璃瓶先砸中了我头顶的灯泡再打到我的头部，如果直接砸中后果不堪设想。医生们感慨："一般人伤成这样能保命都不错了，你一个小姑娘还敢和歹徒展开殊死搏斗，太不简单了！"

在医院的日子里，由于喉咙被严重掐伤，连续20余天我都吃不下东西，只能以流食充饥，特别是头部严重脑震荡，虽然缝了针，但头疼得厉害，根本无法入睡。住院一个月后，我要求出院，当时单位建议我在家休养，而我毅然决然选择继续上班，坚持按时上下班。

后来，我知道歹徒是采油厂的工人，已入室行窃30余次。这次抢劫储蓄所未遂，被判了重刑。这次我舍命保护国家财产，受到了组织上的高度褒奖，1962年，我被推选为"全省劳动模范"，在全省劳模大会上作了发言。

马背上送钞

——原人民银行天祝藏族自治县支行退休干部　王正清

中国人民银行天祝县支行　李大其采编

"天晴是送钱娃，天阴是无娘娃。"骑马送钞的日子真是这样的。

1964年秋天，初中毕业的我进入了人民银行天祝县支行工作，因为是本地人，对这里的道路和气候比较熟悉，经过简单的培训，就当上了押运员。平时在门卫值班，负责行里的安全和喂马工作，有押运任务的时候，就负责向各营业所运送钞票。第一次承担押运任务既兴奋又害怕，兴奋的是骑着自己亲手喂养的马，穿梭于美丽的草原和森林，将沉甸甸的钞票送到渴望钞票的农牧民手里，感觉为农牧民做了一点事情；害怕的是路远山大沟深，熊狼时常出没，万一出点啥事如何向支行交代。

王正清同志（摄于1974年）

那是临近春节的一天，支行安排我给炭山岭营业所送钞票，说是急着给回家过春节的煤矿工人发工资，所以运量比较大，时间比较紧，要求当天送到。第一次一个人送钞票有些心虚，就提前一天给马多加了点饲料，将钞票和票据整点装在一个毛褡裢里，又把两把日制手枪和一把国产半自

王正清同志（摄于1992年夏）

动步枪擦拭干净，整理好皮大衣、皮靴子和棉帽子等行装（支行配发的高寒地区防寒装备四件套：皮大衣、皮靴子、棉帽子和雨衣），第二天很早就身兼押运员、出纳和会计于一身骑马上路了。刚出发的时候，天气阴沉沉的，没有风，外面不觉得冷，心里只有一个念头：天黑之前安全地将10万元现金交到炭山岭营业所康主任手里。但随着清晨的来临，气温骤然降低，呼出的水汽顺着口罩流，在口罩边缘、睫毛和眉毛上结了一层薄薄的冰霜，再配上皮大衣、皮靴子和棉帽子，十八九出头的我俨然变成了白眉老人。县城离炭山岭有120多里，为了能如期到达，只好跋山涉水抄近路。呼呼的山风像刀子一样迎面扑来，吹得额头发疼，双脚发麻，实在受不了了就下马跟着跑，跑一程、骑一程，骑一程、跑一程。路过野雉沟的时候，突然看到雪地上有一串串令人毛骨悚然的蹄印，在这儿生活过的人都知道，那是灰狼觅食留下的痕迹。没走几步，果然一只大灰狼站在必经的石崖边，用一双恶狠狠的眼睛盯着我，我告诉自己，绝对不能后退，因为老人们说过，灰狼是一种很聪明且狡猾的动物，如果让它察觉到你因惧怕它而后退，它就会向你发起猛烈的攻击。我叫停马匹，紧紧盯着狼的动静，一只手悄悄取下背上的半自动步枪，喀嚓上了堂，瞄准了大灰狼，这时大灰狼转过身去夹着尾巴悻悻离去。虽然在这一带长大，但一个人和灰狼这样对峙还是第一次遇到，设想如果遇到一群灰狼后果又会怎样呢？到达炭山岭营业所的时候已经是下午6点多了，营业所康主任早已焦急地等着我。

炭山岭还是不算远的，更远的还有东大滩、哈溪和古城等地。往这些地方送钞，冬天会常遇大雪封路的时候，只好借宿农牧民家中，将装钞票的毛褡裢放在身边，像"小孩"一样呵护着。夏天山区说下就下，大雨常伴冰雹，在这种情况下，有树的地方躲树下，没树的地方找山崖，实在连

马背上送钞

王正清（右二）和支行领导合影（摄于1994年）

山崖也没有就用外套护住自己的头部，有时大一点的冰雹砸得马在原地转圈和嘶鸣。天阴下雨的日子，我们这些"送钱娃"就变成了"无娘娃"。骑马送钱办业务的日子直到1987年有了第一辆吉普车才宣告结束。

一个老农金员的故事

原人民银行定西市中心支行原总稽核　谢贵清

1956年人民银行甘肃省分行配发的工作证

上世纪50—70年代，人民银行县支行设有"五大员"岗位，即信贷员、会计员、出纳员、储蓄外勤员和农金员。这些"员"们在银行干部职工中的职位属于最底层，但正是这些千千万万默默无闻的"员"，像一个个小小螺丝钉一样，支撑着中国人民银行这个庞大机器的正常运转。

那时每个县支行都内设农村金融股，配有3—4名农金员，每个营业所也配有1—3名农金员。农金员的任务主要有三项：一是负责农业贷款的发放和收回；二是对农村信用社进行业务指导和帮助；三是辅导人民公社的大队、生产队和社队企业的财务会计工作。另外，还经常参与当地党政部门的中心工作。

下面就是我当农金员时的一些经历，就当做小故事讲给大家听吧！

"告御状"

1958年，全国农村掀起了人民公社化运动。按当时规定，生产队年终

一个老农金员的故事

收益分配时，要向公社上缴一定数量的公积金、公益金和储备粮。

1960年代初，我去榆中县贡马井公社下乡时，发现原生产队上缴的储备粮竟被公社干部私分了。当时储备粮的作用是备战备荒，而公社干部是国家干部，口粮是由国家统一供应的。在三年自然灾害时期，本归农民集体所有的储备粮不但未用于救济灾民，反而被国家干部私分，我觉得这是严重违反人民公社财务管理制度和党的政策的。但当时的我只是一名很普通的农金员，面对当地党政机关的巨大权威，是无力挑战的，但不管又不甘心，于是我把这件事写信向国务院副总理李先念进行了反映。过了一段时间，我收到了总行的来信，信中只说我给李副总理的信已经转交总行办理，算是给我的答复。

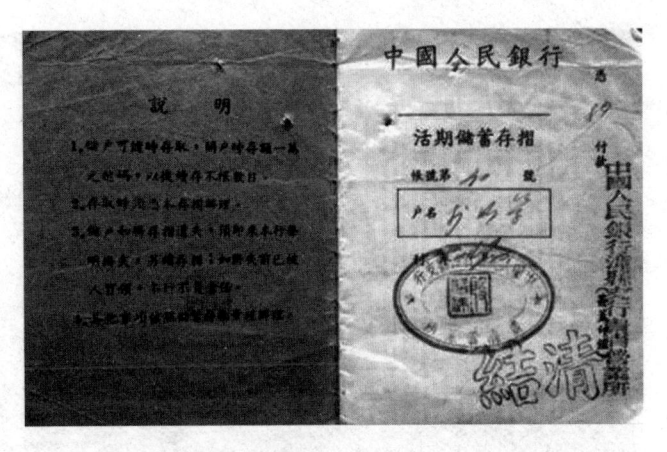

1956年人民银行活期储蓄存折

后来有一天，我和支行一位姓吴的同志闲聊，他告诉我，他曾陪同省分行农金处胡处长去贡马井下过乡。贡马井离县城60华里，途经数座大山，步行非常费力。上到半山，这位处长实在爬不动了，便口出怨言："都是谢贵清害的！"至此，胡处长才向老吴说明了此行的目的，就是调查核实我的来信。

当时县支行有个干部叫牛莹，被县委抽调去参加"审干"工作。有一天，他对我说，他在县法院看到了我写给李先念的信，我听了之后觉得很奇怪。这封信与法院有什么关系，怎么会转到法院呢？直到后来"文化大革命"中，县委造反派给领导贴大字报，其中有一句是："错误对待人民群众给李先念副总理的来信。"此后我一直怀疑是县委领导把这封信（可能是抄件）转给了法院领导，目的是想把我惩治一下。因为那时榆中县已发生过有人因向中央领导反映问题而被地方政府当"现行反革命"抓捕判刑的事。

1959年人民银行榆中县支行营业所会计人员合影（后排左一为谢贵清）

胡处长调查结束后，省分行如何处理了这件事情，其过程我一概不知，也没有任何单位再给我答复过。只是听得有人说过，好像上面发过一个文件，要求在全国清理储备粮的事情。

现在看来，我的这种做法似乎有点冒失，但毕竟那时还年轻嘛！

参加省委书记座谈会

我从榆中县支行调到定西县支行后，继续当农金员。在工作的过程中，我发现全县生产队普遍存在着生产不计成本、生产费用挂账、超支户挤占分空户、贷款形成呆账以及用贷款制造假先进等问题。我先后写过几份调查报告，由支行报送给上级行和县政府有关部门。从当时的政治环境来说，凡是揭露问题的报告都是不合时宜的，所以我每写一份报告都存在挨批的危险！

1977年秋天的一个晚上，我正在家中吃饭，突然一个陌生人来到我家，说邱县长有事找我，让我马上跟他走一趟。我一个农金员和这位分管农业的副县长素无来往，他找我有什么事情呢？我突然想到了自己写过的调查报告，感觉挨批的时候终于来了。我一进办公室，邱县长就指着我说："找的就是这个人！"我一听县长的口气，就像个犯人一样乖乖坐下等他训斥。但令我万万没有想到的是，县长说："省委宋平书记要在地委召开座谈会，从你写的一些报告看，你对农村情况熟悉，你准备参加这次会议吧！"

座谈会在地委常委会议室举行。参加会议的都是地委和定西县委的领导，约七八个人，只有我一个是无名之辈。会议由宋平同志亲自主持，以漫谈为主，开得很轻松。会议连续开了3个晚上，每晚4个小时。最后宋平书记总结说："农业搞不上去，就是经营管理的工作没跟上，今后要大抓农业经营管理。先搞试点吧，定西县就在大坪搞！"

大坪生产队是当时闻名全国的"农业学大寨"先进典型。改革开放前和后都有多位中央领导人视察过。胡锦涛总书记2006年的春节就是在大坪度过的。村支书冉桂英曾当选为中共十大代表和中共十一届中央候补委员。

1969年3月，谢贵清在人民银行榆中县支行下官营营业所

试点的第一阶段是帮助大坪生产队制定和完善各种经营管理制度。我负责起草了计划管理制度、劳动管理制度、财务管理制度和收益分配管理制度。这些制度经县委、县政府相关领导审查同意后进入试行阶段。后来，全国范围内实行了"包产到户"，这项试点工作也就无果而终了。

当了一回"专家"

在被"借调"的这段时间里，我主要协助邱县长做农村经济政策和农业经营管理的调查研究工作。逐渐熟悉了此项工作之后，我在别人眼里就成了"内行"。1978年春，县上召开"三干会"（县、公社、大队三级干部会议），县委书记要我在大会上讲课，题目就是"如何搞好人民公社的经营管理"。

在向大会宣布会议议程时，这位书记竟然将"讲课"议程宣布为"请专家讲课"。当我开始讲课时，书记亲自主持并认真做笔记，一位副书记不停地给我端茶倒水，好像我真是个专家一样。书记把我当成了"专家"，如今想来还是有些汗颜的。

过了一把当"老师"的瘾

自社队会计辅导工作由农业部门移交人民银行管理始，我就承担了这项工作。这项工作的一个重要任务就是为社队培训会计专业人员。一开始，培训就是组织学员学习《生产队会计制度》，实践证明这种照本宣科的培训方式效果很差。于是我根据自己的实践经验编写了一本教材，教材的特点就是把主要内容放在实际操作的训练上。我把凡是生产队可能发生的所有会计事项，一条一条地罗列出来，编成实际操作题目，让学员们把它当做实际发生的业务，一笔笔从填写单据开始，到记日记账、过分类账、登实物账，再到填制资金平衡表，最后办理年终决算。俗话说：眼里过千遍，不如手里过一遍。这种注重实战的培训方法激发出了学员们学习的兴趣，取得了非常好的效果。学员回去之后，如遇到不懂的问题，只要翻翻自己的作业，就可以从中找到答案。

每次讲课时，学员们都亲切地叫我"谢老师"，这让我着实过了一把当"老师"的瘾，算是圆了我儿时想当老师的梦想。

农金员的真实生活

现在想起来，当一名农金员是非常辛苦的，虽然当时并不觉得。农金员的服务对象就是农民，他们的"办公室"就设在广大农村，他们的行装就是一个挎包和一根打狗棍。那时所有下队干部都要实行"三同"，即与农民同吃、同住、同劳动。上世纪80年代以前，整个国家物质极度匮乏，农村则更加困难。干部下乡都吃"派饭",即派到贫下中农家里吃饭,为的是体现"阶级观念"。多数农民还是想让干部吃得好一点,但是往往心有余而力不足,能吃上面食就已经很不错了。贫困户家里只能给你喝菜糊糊,或者煮上一锅洋芋。记得当时最怕吃出了芽的洋芋,吃了就头晕、呕吐。睡觉最怕臭虫和跳蚤,过敏皮肤的人,被叮一口就是一个红疙瘩,奇痒难忍,不搔不行,越搔越痒,整夜不得安眠。至于黑黢黢的被子,油汗板结的枕头和成群结队的虱子,就更是家常便饭了。记得有一次我到一个山区生产队,正值寒冬季节,队长怕我受冻,让我去牲口圈和饲养员睡。土炕烧得很热,只铺着席子而没有被子,躺下去睡,下面烫得不行,上面冷得不行,翻来覆去烙了一夜的"烧饼"。一次,去上花岔营业所下乡时感冒了,病未全好就又去贡马井营业所,一路都是在人烟稀少的梁山上行走。突然就刮起大风来,一不小心,帽子被吹到山沟里不见了。大风吹得人只往后退,呼吸很是困难,只得紧闭着嘴侧着身子奋力向前。未料到从此便落下了头疾,多年后才得以治愈。至于营业所的农金员,比我们这些支行的农金员还要辛苦。他们一年中的大半时间在农村,常年是风里来雨里去,忍饥受寒,基本上就过着和农民一样的日子。生活虽然艰苦,但由于当时的干部普遍怀有崇高的革命理想和信仰,大多数农金员还是快乐地满怀激情地战斗在自己的岗位上,为发展祖国的金融事业贡献了自己的青春和力量。

　　我的农金员故事讲完了。大家听了可能不相信,说我"王婆卖瓜",但我保证这一切都是真实的。后来,我被调到县、地区党政机关,永远离开了坚守十多年的农金员岗位。1986年,我又回到了人民银行,这是后话了。

支援西北建设

——工商银行平凉分行退休干部 周家玺

人民银行平凉市中心支行 赵世荣收集

青年时期的周家玺

上世纪50年代初，当时上海的银行基本上已全部实行公私合营，除最早的新华、中国实业、四明、中国通商、建业等5行外，上海商业储蓄银行也转为公私合营，嗣后浙江兴业、国华、聚兴诚、和成、源源长、浙江第一等参加新华等五行联合总管理处。不久，金城、盐业、大陆、联合等"北五行"也实行公私合营。余下的中、小银行钱庄等也分别成立了一联、二联等联合总管理处。尽管这样，上海的金融业仍然机构过多，人员集中，而内地偏远地区由于人民银行各级分支机构的设立，人员不足。1952年8月，公私合营银行总管理处动员职工支援西北建设。我当然报名参加，当时几乎所有职工都踊跃报名。组织上采取自愿报名，组织批准的办法，第一次公布名单时没有我。有个别同志出言不逊，说什么：说是党团员带头，批准时却没有了。我当时是办事处唯一的团员，年少气盛，反驳道：又不是我不去、是组织没批准么。接着就又提出申请，团组织给我说，这种说法不对，没批准你主要是你正在上夜大学。我断然表示学可以不上，去还是要去，经过再三争取终于被批准了。

8月下旬，开始了两周的训练班，由中国人民银行西北区行的同志介绍了当时西北的情况，包括自然环境、气候条件、风土人情等。接着是准备行囊，然后是分批启程。上海金融职工支援西北建设共2000人，连同家属同行的据称近万人。从9月下旬开始，前后共9批分乘9个专列，先近后远，陆续出发。我编在第五大队第五中队，目的地是甘肃省。

（一）

1952年10月3日，上海金融职工支援西北建设第五大队第五中队从上海北火车站启程西行。那年10月2日是中秋节，我们还陶醉在国庆、中秋的节日气氛中。晚8时许，我就在哥哥、妹妹的陪同下，由龙门路出发直奔火车站。站台内外全是出行的人们和送行的家属，红旗招

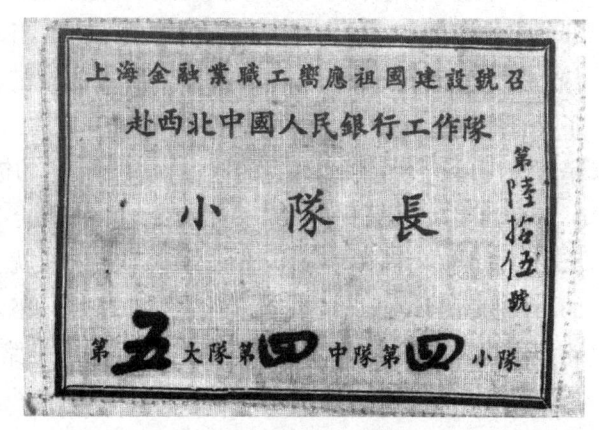

上海金融职工支援西北人员按大中小队编制启程，图为小队长佩戴的胸标

展，锣鼓喧天，扩音机里不断放送着"再见吧！妈妈，祝福我们一路平安吧！"的歌声。父送子、妻送郎，喃喃地叮咛和窃窃私语，情深意切，场面感人。

呜呜的气笛长鸣，列车徐徐启动，一时间，站台上、车窗内外挥动着双手相互道别，有的不自觉地流下了惜别的热泪。

别了，上海！再见吧，妈妈！

（二）

列车西行，午夜抵达南京。当时上海到西安没有直达列车，也没有南京长江大桥。旅客都需要在南京过江换乘。我们这趟列车经特殊安排，由轮渡载着分解后的列车车厢和旅客摆渡过江，过江后再编组启动。这一摆

渡，整整用了两个小时。列车启动后向北行驶。由于时值午夜，除了有节奏的车轮与轨道撞击声外，万籁俱静，一片漆黑，什么也看不清，什么也听不见。

4日上午，列车已奔驰在西去的陇海路上，到了江苏、河南交界之处，这里的景色，与江南水乡迥然不同，少了绿意，少了水色。

5日中午，列车抵达西安，一车的人涌出车站。西北区行负责接待的同志，举着木牌，按中队、小队归集，清点人数后领着前往住地，住地大部分安排在出车站的南北大道——解放路上。当时由于人员集中，西北区行为了更好地安排食宿，把解放路上所有的旅馆、饭店都包了下来。对有子女合家西行的，安排在一个房间；对单身的，则二三人安排一个房间。稍事盥洗后，又由西北区行的同志领着到指定的饭店用餐。

在西安呆的日子里，除一日三餐外，每天上、下午都安排听大报告什么的，星期六下午、星期天整天休息。大伙儿就上街游逛，也有的在路边的小店打问当地的民情风俗。当时西安还是一座未经开发的古城，除解放路是水泥马路外，其余的马路都是石子路、土路，也没有什么高楼大厦；比较像样的就算西北大厦、西京招待所等建筑了。解放路两旁还算店铺林立，看似两三层的门面，其实则是把门面的女儿墙往高里砌了一下。到处都是灰蒙蒙的色调，连天空也是灰蒙蒙的，气温也比上海低，生活习惯猛然改变，好多人感到茫然、不适应，听说还有几个撇下行李，自己买了火车票，溜回上海去了。

（三）

星期日休息，我和原新华银行第四办事处同事萧珩乘上午8时的火车去了趟临潼，到华清池、骊山一游。临潼在西安之东，相距30多公里。当时骊山、华清池尚未怎么开发，也不需要什么门票。华清池以唐明皇赐浴杨贵妃而闻名。我们到华清池一看。一副败落相，门前有几个卖茶水的小摊，设有帆布躺椅，以供休息、品茗。大门边是大众池，可供洗沐，好像也不收费。进门则是贵妃池什么的一列建筑，可能收费也不甚贵。那天似乎没有什么游人洗浴。我们到处游览了一下，只见一池碧波，清澈见底。伸手入池，真个是温泉水滑。

从华清池出来，从旁边的路上缓行上山。半山筑有一亭，名"捉蒋亭"。据说1936年12月，蒋介石到西安，就住在华清池。张学良、杨虎城发动"双十二事变"，蒋介石半夜闻惊，从居处后窗钻出，踉跄直奔后山，躲进半山上的一个山隙。1937年蒋介石50大寿，当时国民党内一些名人为蒋祝寿，于是处修筑一亭名"祝寿亭"。亭后岩壁，于右任等名人题词石刻犹在，史事沧桑，不胜依依。

我和萧君二人，一路盘行上山，则再也没有什么了，盘桓良久，遂相携下山。遇一对老人，才相挽漫步上山。一看穿着、神态便知是一起从上海来的，却不认识，相互点头致意。不想这两位后来和我一起分到了平凉，还一起工作了6年。那男的叫章以吴，一头白发，身材高大，是后来任外交部副部长的章文晋的父亲；那女的叫罗婉容，当时也已四十多岁，也已有丝丝白发，端庄慈祥。1971年、1976年我两次出差到北京，还专程趋府访谒，蒙热情接待，并共叙往事。1976年去北京时，老章已仙逝，当时怕已八十多岁了。

在西安共呆了7天，最后一天下午宣布分配名单，我分配到了甘肃省平凉市，萧君分配到甘肃省定西县，和我一起分到平凉市的原新华同事有童润德（原同庆钱庄的同事）和程少云、郑健（原新华总行工作人员），程少云后来调商业系统工作。

（四）

10月12日早晨8时，人民银行平凉专区督导处来接我们的同志就等在旅馆门口。两辆卡车遮着篷布停在门前，车内底部已装好由火车站运达的各人的行李、箱笼，排成三列，权充座椅。我们陆续上车坐定，由于天气渐冷，大伙都穿着棉大衣，显得有些挤。一辆车坐四行，两边的各靠车厢边，中间的两行背靠背坐着，分到平凉专区的共70人，另外还有几个孩子。8时多，两辆卡车就启程出发。出玉祥门西行，就上了西兰公路（西安—兰州）。西兰公路是抗战时期修成的，是当时中原至西北各地的唯一通道。但这时路况已很差，车行过后，掀起阵阵沙土，一路颇为颠簸。

卡车一路西行，经咸阳、礼泉、乾县、永寿，下午4时许抵达彬县，记得旧戏"刘智远敲更"里的刘智远就是在彬县敲过更。在快到彬县前，

151

有个叫大佛寺的地方，路旁有一座佛寺，依山开凿修建。卡车司机特意在佛寺前停车，叫我们去参观参观。大佛寺高三丈，依山修筑而成，进门见一大佛，高及房顶，盘膝趺坐莲台上，一手置胸前，一手屈臂前伸，五指向上，手掌向前。当时寺颇颓败、颇阴暗，我们一行入内，惊起房椽上的乌鸦、野雀，扑拉拉地在房梁上盘旋。我当时自恃年轻，身手矫捷，不觉登上佛台，缘佛腿、佛身、佛臂，一直爬到了手腕、佛掌处。站在向上的佛掌背上，伸出两手抱住佛中指，好家伙，那中指足有一人两手合抱般粗。在同志们高叫当心、当心声中，才尽兴而下。西兰公路基本上是沿着丝绸之路修筑的，是古时候去西域的通道，一路上还颇有些古迹可寻。过大佛寺，前行不久即是水帘洞，林荫深密，不知孙大圣是否在此操练过它那些众猴子猴孙。在彬州吃过晚餐。按分配的住房各自休息，我和曹子桢等4人一室。这旅馆设在公路旁，是当时典型的西北民居，一排平房，室内临窗一盘大炕，除一张桌子、一只凳外，就是一个木制的脸盆架，一个搪瓷脸盆，四壁由于炕火的烟熏火燎，黝黑黝黑的。我见了那大炕前沿的炕洞，不由得想起《水浒传》上的那黑店，觉得似乎半夜三更，会不会有人从炕洞里钻出，高举朴刀结果了你的性命。因天色尚早，4人都提议打牌消遣。就在门口买了个烧鸡，又捎带买了一瓶白酒，准备喝酒、打牌、吃烧鸡，玩一个通宵。打了几轮牌，天色渐暗，又没有电灯，只见窗台上放着一个墨水瓶做的小油灯，拿来点着，真是一灯如豆，昏黄暗淡。又玩几轮牌，加之4人都不胜酒力，一个个都"倒也、倒也"地睡着了。

（五）

10月13日中午，车抵平凉市，停在当时平凉汽车站旁的一家旅店院内。在汽车经过泾川县时，分配到人民银行泾川县支行的十来个同志就由人民银行泾川县支行负责接待的同志，照料着下车。到平凉后，分配到静宁和西海固的同志稍事休息后，继续西行。留在平凉的，就在旅店住下。有了彬州的一夜，对于平凉的旅店觉得好多了，只见黑瓦粉墙，干净多了。

在旅店住了3天，第四天带家的同志，由行里派人领着，分别入住银行在北后街、隍庙巷、九天庙等处租就的民房，一家一户，按人口多少，

支援西北建设

有两间，也有三间的，另有一间厨房。木床、条桌、椅子、水缸、灶具等一应俱全，门窗、墙壁全是新近粉刷过的，窗户纸也都糊严了，真费了行里负责接待的同志不少心血。单身的就住在银行的院内，我和贝师住一间房。

当天晚上，银行举行了联欢晚会，有行里的同志演出的小节目，也有我们一批同志中几个人的表演。我还记得前面提到的章以吴和林岩二人表演了个相声，晚会简单热烈。会前，行领导对上海的同志表示热烈的欢迎，并宣布了各人的工作岗位，同时也宣布原有的一些同志去各县工作的名单。从此，我开始了一生的转折。由上海金融职工，变成了西北人民银行的职工，并在西北呆了大半辈子。

周家玺同志在西北生活工作了大半辈子

▶▶▶ 足迹

第二个最可爱的人

——工商银行平凉分行退休干部 叶冬生

人民银行平凉市中心支行 齐俊峰、谭睿、陶蕾采编

到西部去

1952年，当支援大西北的号角吹响时，上海金融界"我们要到西部去"的呼声此起彼伏。按照当时的要求，所有要去大西北的人员均需要进行政治审查，严格的审查标准给外界传达出一个信号，那就是所有能被组织招纳的人都是值得信任的人，去大西北对于年轻人而言是一件极其光荣和令人兴奋的事。在招募去大西北之前，西北局来人到上海做过两次专题动员报告会，工作人员告诉年轻人，你们的工作地点将会是省会兰州，那里虽然条件无法和上海相比，但是"楼上楼下、电灯电话"是一定会有的；同时还承诺在西北工作的前6个月会保留之前上海的福利待遇，并给随行家属解决工作。于是，大家在一片欢庆喝彩声中，满怀憧憬将自己可以携带的行李、甚至家具都搬上了开往大西北的列车。

青年时期的叶冬生

我们这批从上海各个银行里抽调出来的年轻人，在度过最后一个中秋节后，带着"第二个最可爱的人"的光荣称号，在锣鼓喧天、红花簇拥中

离开了上海滩,踏上了西去的列车。

"苦"与"乐"

　　列车缓缓靠近西安站,当走出火车站时,大家都傻眼了。这个号称十三朝繁华古都的地方,与上海简直是天壤之别,这种巨大的落差,冲击着每个人的内心。但这不是终点,因为当时西安到兰州还没有通火车,在短暂休息后,所有年轻人又都挤上了带着篷布的卡车。卡车上放着条凳,大家背对背坐了两排,然后一起颠簸着走向心中的"未来"。经过两天12个小时,路途过半,到达平凉,车停了。"这就是目的地?"每个人都满脸茫然,但随后锣鼓喧天的欢迎队伍,让我们的内心再一次激动起来。

　　在刚到平凉的日子里,组织对我们很是照顾,专门从西安运来大米和蔬菜,找了厨师给我们开小灶,做符合上海口味的饭菜,并安排我们到当地好一些的民居家里住宿。但是,还有各种不适应,比如,上海是一天三顿饭,这里却是上午9点一顿,下午5点一顿;住房条件差,没有自来水,没有电,从抽水马桶一下子变成了"冬天冻死人、夏天臭死人"且还需要排队的土厕所,卫生条件的巨大落差让我们这些从上海来的青年十分痛苦;房间的地是土地或砖地,无奈之下,我们有的人用工资买了凉席铺在地上当地板,把苍蝇爬过的馒头剥了皮吃,而这些行为让本地人产生了很大的误解,更成了我们"文革"期间"小资产阶级"的证据。

　　每天走在晴天一身土、雨天一脚泥、满地都是驴马粪的街道上,看着一伸手就可以够到屋檐的低矮房屋,坐在光线昏暗、高矮不齐、吱吱乱叫的办公桌椅前,用着破旧的办公用品,住在被煤烟熏得黢黑的房屋,大家内心充斥着

当年叶冬生同志使用过的煤油灯(实物照)

失落。1953年，平凉出现了第一家电厂，因为供电能力有限，当时只给银行、邮局等企事业单位供电，民居还是要点煤油灯。而水井又离住处有些远，担水成了我每天必做的功课。尤其是冬天，水井结了冰，打水更成了一项艰巨的任务。来平凉9个月后，工资重新定级，从136元（按当时币值折算）调到58.5元。再加上语言不通，造成交流困难，活动圈子很小，每天的业余文化生活只能是听着从上海带来的需要用大电池供电的收音机。

1953年春，从上海来平凉工作的同志登崆峒山（右二为叶冬生）

虽然艰苦，也有快乐。1953年春末，大地复苏，鲜花盛开，支行组织上海来的职工登崆峒山，我们这帮年轻人兴致勃勃登临仙山，领略了大西北独特的自然风光。因为平凉毕竟是西北县城，解放初期人民生活水平很低，而上海来的青年，穿着干净，皮肤白净，说着上海话，当地人把我们叫做"洋人"。尽管街头小吃摊少得可怜，但距单位不算太远的地方有一个回民小吃摊，鸡蛋糕、醪糟格外好吃，隔三差五我们相约到此改善生活。

第二个最可爱的人

"叶制度"和"封包制"

日子一天天过着,工作也逐渐开始开展了。由于当时这里的人民银行对会计凭证、账户、传票重视度不够,业务很不规范,更没有正规的存放场所。但我深知传票是银行的命根子,传票放置不正规会给银行的运营带来重大隐患,可能造成严重损失。于是,我和同事们开始规范凭证工作,整个过程大概持续了几个月。恰逢1955年人民银行的币种改革,将1万元变成了1元,日夜加班在那段时间也就成了我们的家常便饭,一个月的加班费40多元。

1959年,大搞技术革新,平凉市银行也办起了革新工具厂(后排右三为叶冬生同志)

时间飞逝,很快1958年"大跃进"开始了。在那个重政治轻业务的年代,人民银行的人事交由地方政府管理,政治学习抓得很紧。"总路线、大跃进、人民公社"是当时的"三面红旗",几乎天天都要搞运动、开大会,而一开大会银行就要关门歇业。为了保证业务不间断,人民银行和邮政局达成协议，安排值班人员办理个人现金业务，对公存款则采取"封包制"，因为在那个对公现金管理很严格的年代，企业是不能留存太多现金的，每天必须把收来的现金存放银行。所谓"封包"，就是企业将现金按照一定的规则整理好并将其密封，在信封上标注账户、户名、金额并盖章。这些现金存放银行，但银行值班人员并不记账，而是与企业办理人员约定好上班时间当面拆封，双方核对无误后银行才能记账。如果大会期间遇到汇款业务，也是先接收，等上班时再通过邮政局汇出。当时人民银行的人事归当地政府管理，经常抽调人员，导致人员短缺、业务办理速度变慢甚至停办。

到了"粮食让位，以钢为纲"的时期，为了完成炼铁量任务，我们单位甚至将库房的铁拉门都拆下来去炼铁。当时业务全面停止，所有人员24小时轮流值班炼钢，累了便睡在草堆里，有时候甚至累得站着都可以睡着。我作为当时的会计，严格遵守制度，严把制度关，也因此落了一个"叶制度"的绰号。

"为人民服务"和"一切相信群众"

在"城乡并治"的时期，由于县支行的会计人员业务不够熟练，基层银行和信用社出现了账务不平的情况。为了整顿银行业务，我和同事们花了几个月的时间，才把账务核对清楚。为了更好地为人民服务，加快业务核算，人民银行延长了服务时间，放弃午休，组织人员加班加点推进核算进度。与此同时，人民银行还建立"平凉地区区辖往来联行核算"制度，至此以后六县一区的账务核算再不需要中转，从而改进了通汇条件，加快了通汇速度。

虽然在那个时代，各种运动一茬接着一茬，但是人民银行的会计核算从来没有停滞或者发生过差错，即使在人民银行交由财政部门管理的那段时期，平凉人行的账务报表依然准时、完整、准确地上报人民银行甘肃省分行。这也为后来拨乱反正、恢复生产打下了良好的基础。

咬定青山不放松

原人民银行庆阳地区分行总稽核 郑裕铨

1952年，我在上海公私合营银行工作，听到人民银行总行动员银行职工支援西北建设的号召后，心情十分激动，抱着祖国需要我到哪里就到哪里的信念，毅然报名参加。当年10月，坐上开往西安的火车奔赴大西北，在西安停留两天，又坐上卡车去甘肃陇东。车过永寿县，地势越来越高，卡车一路向上，在爬上高原后，面前呈现出一大片绿油油的麦苗。同行的大都是未到过农村的城里人，不认识五谷，有人惊呼"高山上的平原还种那么多的韭菜"，引起了大家的一片笑声。到达庆阳后，我被人行西峰中心支行分配到合水县支行工作。从繁华的大城市到西北的小县城，巨大的落差带来了生活上的诸

1952年郑裕铨（左一）从庆阳地区西峰镇赴合水县途中

多不习惯。没有电灯、楼房和文化娱乐场所，没有南方人要吃的大米、青菜，副食品也很少。语言和吃住的差异，使我很难接受。在经过一段时间的磨炼后，我克服艰苦生活带来的困难，逐步适应新的环境。

1952年郑裕铨（三排右三）参加公私合营银行苏州干训班学习

顶住压力，坚持革命理想不动摇

十多年的基层工作，我的生活很充实，工作不断进步，但随着1966年"文化大革命"开始，我的厄运随之而来。十年动乱时期，我都在苦难中度过。

运动进入揭批阶段，晚间有人在房门外偷听我的动静，次日就贴出我利用"收音机发报，里通外国"的大字报，说我是隐藏在革命队伍里的阶级敌人。事情的起因是，我花了40元从熟人手里买了一台二手半导体收音机，由于质量陈旧，调台时会发出吱拉吱拉的电波干扰声和尖叫声，就因为这些不正常的声音，就认定我是和台湾发报联系，作为我进行反革命活动的罪证。同时，否定我历年的工作业绩，说我是"假积极"、"知识越多越反动"、"地道的资产阶级知识分子"。又说我调到西北工作是因为在上海犯了错误，是下放到基层来改造的有问题分子，一些捏造的帽子、莫须有的罪名铺天盖地而来。除没完没了地检查交代外，还遭受捆绑辱骂。红卫兵抄家时把许多书籍、笔记都拿去检查有无反动言论。在看到一本笔记本上印有一幅世界地图时，竟然认定我企图外逃，成为"叛国投敌"的罪证。在清查我本人的同时，我的爱人方福坚也受到了牵连，因为查不出有什么问题，就利用家庭历史做文章，在外调历史问题时，把别人曾当过国民党省厅厅长的历史嫁接到我岳父头上，进而认定我爱人隐瞒家庭历史，欺骗组织。

此后，我被关进牛棚，隔离审查8个月，多次作为牛鬼蛇神游街。带着二尺多高的纸帽子，上写"里通外国"反革命的大字，打着锣，走在当时被打倒的县委书记后面，一长串被整的干部、群众，从街头到街尾走着，接受人群的唾骂。在关押期间，我爱人天天来给我送饭，并鼓励我要坚强地活下去，"咱们没有干反党的事情，就什么都不怕"。因为我涉嫌反革命活动，一些同事、朋友怕受牵连，都避嫌不敢接近我，但不少人相信我是无辜的、被冤的，主动告诉我要相信群众相信党，终有一天会真相大白。附近的一位农民对我说，你们的问题大家都清楚，假的真不了，你们没有里通外国不用害怕。一位红军时代的退休老干部告诉我一些延安整风的故事，并勉励我要坚持实事求是，顽强地活下来。刚从牛棚放回家，就有已调任外县工作的老行长专程来看我，坚持在我家吃饭，表示对我的信任，并告诫我要顶住压力相信组织会正确处理。领导和群众的信任，让我在黑暗中见到了一丝曙光，打消了绝望的念头。

1969年我和爱人恢复工作后，负责管理贷款和会计工作。8月，县支行掌权的造反派以全县造反组织需要活动经费为由，提出以"革命的名义"向银行借款2万元，用白条顶库，对此违法要求，我俩执行银行规章制度，坚持原则，恪守职责，坚决顶住不办，维护了国家资金的安全。到1969年冬季，支行革委会要我下乡锻炼，接受再教育，分配我到板桥乡催收贷款，接到这个任务后，我心中忐忑不安，我从未下过农村，对乡里生活一无所知，也从没有到农村收过贷款，心里没底，压力很大。到农村后，发现面临的困难远比想象的要大，仅生活方面的就有五怕：一是怕走夜路、雪路。乡里开会，都在半夜，而我眼睛不好，一到夜间就辨不清方向，没有人陪同就寸步难行。遇到雨雪天，道路泥泞，有很多农民住地坑院，要下坡道才能到家里，而坡道有雪，泞滑难走，需旁人搀扶才能下去。二是胆小怕狗。农户家的狗很凶，见生人就汪叫猛扑，即使手提挡狗棒也不敢走近，没有主人挡狗就无法进去。有几次已进了窑洞，而狗在院里卧着，就不敢出来，像坐禁闭一样，很是尴尬。三是怕睡热炕。农民好客，见来人就多加柴火把炕烧得很热，这对睡不惯热炕的我是个苦难，有时只好把被子垫在身下，上冷下热，迷迷糊糊地睡到天亮。四是怕窑洞坍塌。有的农民家里窑洞时间长，窑顶裂缝很宽，土块破碎，在窑洞里吃住，心中不安，生怕会掉下土块伤人。五是怕人生地不熟吃不上饭。我工作的板桥乡地广人稀，居住分散，下乡时生怕走错路，找不到人，没有村干部派饭要挨饿。

下乡收贷时，虽然面临不少困难，但我没有气馁，没有退缩，在基层银行职工和群众的帮助下，我把每一次下乡活动都当作一次战斗、一次锻炼自己的机会。

1981年郑裕铨（右一）与合水县收贷组同志

到板桥乡工作时，我协同基层信用社职工，对全乡经济活动和生产队社员的经济收入情况进行调查研究，发现各队、各户除有粮油收入外，还有畜牧、烟叶、白瓜子、黄花等经济作物收入，部分贷户在信用社有储蓄存款，有归还贷款的能力，但因基层信用社职工忙于参加"文革"活动，无人下乡收贷，使工作处于自流状态。针对这一情况，我们深入到村到户召开贷户会做思想工作，广泛宣传"兼顾国家、集体、个人三者利益"和"有借有还"的收贷政策，和贷户一起算收支账，动员贷户积极还贷，支援国家经济建设。经过多方努力，收款效果很好，全乡共收回集体和个人贷款13000多元，完成收贷任务的120%，受到县支行的表扬。

咬定青山不放松

感谢党的信任，加倍努力工作

1976年10月，"四人帮"被粉碎，举国欢庆，随着党中央拨乱反正的步伐，中共合水县委为我们落实政策平了反，恢复了名誉。我心中很激动，是党的实事求是思想路线解救了我，使

1987年郑裕铨在家中学习

我们重见天日。党的信任、十一届三中全会以来的大好形势，像股热浪温暖了我的心，激发了我为人民多做工作的积极性，决心加倍努力，做出贡献，来表达我对党和人民的感激之情。

1976年秋天，我参加全省金融工作会议，得知总行要求职工学好业务技术、发挥银行职能作用的号召，这对我触动很大。想到"文革"中受极"左"路线的干扰，学习业务技术被污蔑为业务挂帅，导致老手不敢抓、新手不想学的局面。而今有了学习机会，却因缺乏学习资料和教材，青年职工在学习中对一些银行术语和名词都弄不懂，影响学习进度，于是我决心编写一部简明、实用的工具书，供职工学习时参考。在工作空隙，我大量收集整理银行常用名词和术语、行话，分类归纳，逐一进行浅易注解，白天时间少，就晚上加班干。由于多年政治动乱，原来一些学习资料丢失不全，编写时困难很大，一些名词看起来很简单，可以意会，要写成文字来解释却很困难，一个浅显术语往往要想几个晚上。我到处搜寻资料，同一些熟悉业务的同志研究，坚持一个一个地啃，不搞清楚不罢休。当时我已年过半百，患有胃病、肠功能紊乱等疾病，但我坚持克服困难，日夜写作。

在行领导和同志们的支持下，经过一年四个月的努力，与我爱人方福坚同志共同完成的近6万字的《金融术语及名词浅解》一书终于印刷出版，作为学习资料发给庆阳地区银行职工。省刊《财贸战线》报道了这本书的消息后，全国有近百个兄弟行来函索要。

1980年12月，我又撰写了第二本工具书《有关银行业务计算公式》，汇集了有关银行货币流通、信贷结算、利息计算、经济核算等方面的119个计算公式，印刷成册，供银行职工参考使用。1981年，人民银行甘肃省分行金融研究所抽调我参与编写《金融词汇》一书，全书700多条词目中，经我执笔起草初稿的有420条8万多字，1981年，该书经兰州大学经济系审查后出版6万册在全国发行。1983年下半年，中国金融学会和人民银行甘肃省分行筹写《金融业务工作手册》，指定我撰写工商信贷基本知识问答部分，共39条2万多字，编成后印发6.5万册，成为金融系统一本较有影响的辅导教材。1988年，金融体制改革进入高潮，金融系统开拓了不少新的业务领域，增加了不少新的业务内容，为适应这一新情况，我与其他同志共同编写《新开金融业务知识简明问答》一书，涉及金融市场、金融管理、票据、信息、证券等18个方面300多个条目，发行4000册，成为当时金融职工学习新开业务的教科书，获甘肃省金融学会优秀成果二等奖。

我在职工教育方面的贡献和多年来的工作业绩，得到了党和人民的肯定和鼓励，1984年和1986年，两次被评为"全国金融系统劳动模范"。1986年评为"全国优秀工作者"，荣获全国"五一"劳动奖章。1979年和1986年我参加了中国金融学会和全国金融系统劳模表彰大会，并在首都人民大会堂受到了党和国家领导人的接见，见到了邓小平、李先念、邓颖超等老一辈领导人。这一系列的殊荣，使我深深感到实事求是思想路线的伟大，是其光辉照耀着我，使我在劫后人生中对党和人民有了点滴的贡献。

当年发生在甘南草原的那些事

——原人民银行夏河县支行行长 茹立太

人民银行夏河县支行 布贵臣采编

我是1952年响应党中央支援充实基层的号召,从陕西长安到甘南草原工作的,几十年来,无论是机构分设,还是业务变更,我都同甘南金融发展风雨同行,直到1993年办理退休。今天回忆这段往事,真是历历在目。

初到草原

1952年8月,我从"西北保险公司会计学校"毕业,被分配到了"临夏专区保险公司"工作。次年1月,我被抽调到"甘肃省夏河县保险公司"工作,初次来到了

茹立太

甘南草原。由于我在学校学习的知识和在临夏的工作经历,单位让我担任会计一职,那时候业务主要是到草原深处为牧民群众办理牲畜保险,坐着牛车跑一趟业务往往需要几天,食宿更是没有保障,除了随身携带的干

粮,吃得最多的就是好心的牧民群众送来的青稞糌粑,我虽然是外地人,但是看着同行的同事们吃得津津有味,我也慢慢地习惯了草原上藏族群众的饮食。这份工作干了不到一周,我就被高原上的骄阳晒得脱皮,加上高原反应,人也瘦了一大圈。但是艰苦的工作环境不但没有打倒我们,更造就了我们吃苦耐劳和无私奉献的精神,凭借着对党的事业的一腔热血和年轻人特有的活力,我逐渐成长为单位的业务骨干。

新旧币兑换

1954年末,保险工作划归财政系统,我也随之被调到人民银行夏河县支行工作。初到人民银行就赶上新币发行和旧币收兑工作,为保证新版人民币1955年3月1日在全国统一发行,我们把银行所有存款、储蓄、贷款等账册,按1:10000的比价,把旧币数目折成了新币,并向使用支票的存款单位发出对账单,保证折算一致。我们在分理处设立了兑换专柜,成立了流动兑换组深入农村,登门兑换,把宣传与收兑结合起来,大大方便了群众。1955年新旧币兑换有序完成,那些用大帆布包两人抬着到银行缴存款的现象不复存在了,我们的工作量锐减,营业间也总是充满欢声笑语。

创办流动银行

深入草原牧区调研

为了做好农牧区的金融基础建设工作,我在夏河阿木去乎、阿一山、王格尔塘的储蓄所都呆过一段时间,在这期间我主要的工作是储蓄所的储蓄业务。当时各乡镇的营业所都是新建不久，每天都会遇到不同的难题，我们没有任何可以借鉴的解决方法，也没人有过类似的工作经验，再加上牧区的居民住的都是流动性的帐篷，居住较为分散，我们通过创办"账房银行"、"挎包银行"、"马背银行"等流动银行向他们宣传国家政策，并做好寺院僧侣的思想工作，同时我和藏族同事一起编出宣传歌谣、顺口溜，耐心地给群众讲解，取得了不错的效果，为今后发放贷款打下了坚实的基础。

新办公楼

1986年12月，根据政策和上级文件，"人"、"工"两行机构要分设，我被任命为行长。知道这个消息的时候，我来不及激动和兴奋，因为摆在眼前的是一穷二白的状况，几乎一切都需要从零开始，我感觉到了从业以来从未有过的压力。压力是前进的动力，困难激起了我的斗志。单位当时一穷二白，第一个需要解决的就是办公楼问题。我清楚地记得那是1987年4月18日，当时我们租用工商银行的3间房屋进行过渡，正式挂牌成立了"中国人民银行夏河县支行"。随后我就开始没日没夜地联系工程师设计人民银行的新办公楼，联系工程队谈价钱、改方案、选材料，经常忙起来都忘掉了吃饭的时间，饿到胃酸了才发现已经从早上忙到快天黑了。直到眼看着大楼即将竣工我才松了一口气。可是后来修楼的经费发生困难，院子硬化无法进行，我刚放下的心又提了起来，没有经费，单位院子里几百平米的硬化只能发动行里的职工自己做。那段时间，全行职工的休息时间都用在了单位的地面硬化上，我们一次又一次的去桑科草原上拾石子回来自己铺院子，全行职工的积极性都很高，看着他们年轻而充满活力的脸庞，我们辛苦劳作的疲倦似乎都一扫而光。终于工夫不负有心人，在全行的共同努力下，新办公楼于1990年初竣工并投入使用。在当时，全县大部分单位都在平房办公，街道上办公楼并不多，看着自己一手操办的大楼屹立在县城中央，我心中充满了自豪和成就感。这期间由于在机构分设和新单位成立中全行职工的无私奉献和我的努力，1988年我被甘肃省人民银行树为全省人行系统先进个人。这份荣誉不仅是对我工作的一种肯定，也是激励我继续保持斗志的动力。

新办公楼的落成标志着人民银行夏河县支行的工作一步步进入正轨，

但是由于当时成立人行时职工仅有 7 人，而且有一半是没有工作经验的年轻人，开展工作还是十分困难。我带着几个老员工从打算盘、记账等这些基础知识开始，一步步教会新职工办理业务。分配来的新员工都是从学校刚毕业的年轻人，看着他们，就像看到自己年轻时的影子一样，除了平时的工作，我也常常给他们讲一些 50 年代我在乡下储蓄所工作时的趣事和甘南藏区的特色民俗风情，整个单位在我的带动下气氛融洽得如同一家人一样，大家干活也都特别积极，职工们在单位都有一种主人翁意识，对辖区内经济金融事业的发展都有无私奉献不计得失的宝贵精神。这种火热的干劲和吃苦耐劳的精神现在每每回想起来还是那么令人热血沸腾。

　　回顾我的工作生涯，我的青春和精力全部都投入到了我热爱的这片土地，可能是因为我经历了人民银行夏河县支行的从无到有，也一手操办了她的成立和起步，我对人民银行，总是有一种特殊的情感。她不仅曾是我的战场，也像是我的孩子，更是我一生的骄傲！

小陈入职记

——原人民银行舟曲县支行副行长 陈连举

人民银行甘南州中心支行 桑田采编

旅　程

1963年6月，我初中毕业，在毕业典礼上，学校政务主任对我们讲"建设美丽的甘南，到甘南去，到祖国最艰苦的地方去"，于是我和15名同学就在分配志愿书上填写了自己的名字。不久，便和其他青年打好铺盖坐上解放车来到了甘南藏族自治州——陌生而充满神奇的美丽大草原。第二天，我们被州委组织部分配到各个部门，我很荣幸被分配到了州人民银行。记得我在州人民银行报到的那天，接待我的是刘建邦副行长，他对我说："你到舟曲上班吧，舟曲那里很需要人。"开了介绍信，我再次卷起铺盖赶往舟曲。

那时候交通很不方便，从州府所在地合作到舟曲县全是土路，早上7

陈连举

点坐上汽车，下午5点才到迭部县。由于坐了一天的车加之又是土路，汽车颠簸得我浑身散架，困乏不堪。为了节约5角钱，我在汽车站候车室打地铺。那时我们国家不富裕，人民生活很困难，虽然在候车室睡觉的人很多，但我不一会就进入了梦想。不知过了多久我被嘈杂的声音吵醒，一看天刚亮赶紧爬起来，打好铺盖。看到候车室门口有卖饼子的，于是在内衣层掏出两角钱买了两个大饼子，再到售票口买好票，狼吞虎咽啃着饼子坐上开往舟曲的车。一路颠来倒去，翻山越岭，经过8个小时的奔波，下午4点终于抵达舟曲县。我背着铺盖，打问着找到了县人民银行。

当时是一位叫黄玉候的股长热情接待了我，他接过我的包裹说："路上不好走，你辛苦了！"接着又是给我沏茶，又是端水让我洗脸，随后，人秘股的同志将我安排在客房休息。6点钟下班后，黄股长带我来到职工食堂，食堂门前已有职工端着"老三篇碗"，碗里是白菜洋芋烩菜汤，啃着"标准粉蒸的馍"。正当我东张西望时，黄股长给我端来一碗烩菜，上面还有几片香喷喷的肥肉，筷子上串着两个蒸馍，热切地对我说："快端上，趁热吃，今后我们就在一个锅里吃饭了。"我赶紧接过碗和别的同志一起蹲在屋檐下，这时我确实也饿了，三下五除二就吃了个底朝天。第二天上班，黄股长带领我到各办公室转了一圈，算是让我和同事们见见面、认识一下，就这样我踏进了人民银行这扇大门，成为人民银行的一名员工。

学　习

那时候人民银行不光承担国家银行的职责，还办理各种存、贷款业务。黄股长对我说："小陈，你就在营业室上班，跟李主任好好学，让他带你。"随后对李主任说了啥，我没听清楚，在我忐忑不安的时候，李主任笑着对我说："小陈，不要紧张，更不要害怕，万事开头难，只要认真学，哪有学不好的。"随后他就给我一把算盘和一本算盘口诀，接着说："打算盘首先要背口诀，口诀要死记硬背，你先练算盘，只有把算盘打好，以后才能做到账杆子清。"看到老同志噼里啪啦拨弄算盘和熟练地点钞，我很是羡慕，心想一定要打好算盘、学好业务。就这样一边跟着李主任学记账、点钞，一边抽空努力学习《会计出纳工作条例》、《会计核算基本规程》、《出纳制度》、《信贷员职权条例》等业务知识。在老同志的传、帮、带下，凭着自己对工作的一股激情，我做到了银行"三铁"标准，从一名刚从学校出来的青年，成为一名国家银行干部，自己的人生又向前迈了一大步。

工　作

在国家体制大一统的年代，1965年国家撤销了农业银行，业务并入人民银行。因此，每年11月，行里都要组织职工到农村农户中催收贷款，每次我都去开展调查和收贷款。舟曲县是一个山大沟深、物资贫乏、自然灾害频发的国家级贫困县，全县最偏远、条件最艰苦的山后六乡很多村子路都不通，村子都在山顶上，只能步行进村入户，开展工作难度之大可想而知。很多农民把国家发放的贷款看成是国家的救济款，因此很多贷款都成了呆滞贷款。敲开农民家的门，我说明来意，很多农民都不理我，态度稍好的给倒碗水喝。有"好心人"劝我："陈干部，行了！款又不是你放的，收不回来就收不回来，又不是你家的，何必呢？"可钱是国家的，再难也要想办法收回来，于是，我就挨家挨户给农民讲解国家的信贷政策。经过我们不懈地努力，农民对还款从不理解到理解、最后到还上款，化解了很多不良贷款。那时收回的贷款都是现金，钱都是放在挎包里，晚上把挎包抱在怀里睡觉，待返回单位把钱交给出纳时，才感觉到很困很累……

说说发生在电厂分理处的那些事

原人民银行宁夏分行总会计师　刘忠朝

三年自然灾害，国民经济建设严重受挫，在中央提出"调整、充实、巩固、提高"的经济方针下，大批建设项目停建下马，我工作的石嘴山化工厂也关门停产了。1962年6月，我改行调入人民银行石嘴山市支行，一干就是38年直到退休。

二人分理处　新兵初长成

1962年6月的一天，我带着介绍信背着行囊从市支行出发，徒步7公里来到银行电厂分理处。

座落在石嘴山市北郊7公里荒凉中的电厂所在地，当时没有一条像样的道路，更谈不上公路和交通了，出门办事基本靠步行。银行电厂分理处安置在有一千多人聚集的电厂职工家属区，它与商店、粮站、邮局比邻，这些服务性行业，是专门为电厂而设的，因为当时的石嘴山电厂是宁夏回族自治区的重点企业。

银行电厂分理处，就是一间约18平方米的土坯房，一眼望去，门口放着两张旧办公桌，左侧靠墙放着一个保险柜，右边是一个用砖砌的土炉子，最里边放着两张单人床，床下塞满了空白凭证、会计档案和私人用品，剩下不大点的空间就是办公活动区了。我目睹此景顿觉心凉半截：这么简陋是个单位吗？看来不得不做好过艰苦生活的准备了。

"既来之，则安之"。马上就要调往支行的周文礼看过我的介绍信后说："你来接我的出纳，咱现在就办交接手续吧！"我心想，一路风尘仆仆，还没喘口气，就要接工作，难免缺少一点人情味吧！我提出让他晚走两天看行不行，也好让我熟悉一下周围的环境和业务，不然我银行业务一窍不通怎么接呀？老周说："话是没错，可是我不交，你晚上睡哪儿？"无奈之下，只好硬着头皮办理了交接手续。话说回来，稍有银行工作阅历的人，当个出纳是再简单不过的事了，可对于我来说不简单，钱放在手上不知如何摆弄，一时紧张得连一把、一捆到底是多少金额也算不过来了，点来点去总跟库存账簿数字对不上，站在一旁监交的老黄同志，看我的确不行，就替我盘点，待库款同账簿相符后，三方盖章完成交接。在交接过程中，浑然不觉很丢人，真是隔行如隔山啊！但从那一刻起，我就是银行的一名正式员工了。

刚开始临柜，我在老黄同志的耐心帮助下，完成了每一笔现金收付业务，先从点大数，然后清点细数，整钱、扎把、上捆、轧库学得是不厌其烦，他手把手地教我单指、多指点钞方法和扎把技能，我虚心认真地学。可我总在心里嘀咕：收、付款有没有少收多付呀？一天几次的轧库，生怕出错。下班后，拿上一沓钱苦练点钞基本功。经过不懈地努力，各方面有了明显的进步，自己完全可以独立工作了。

漫漫调款路　意志再磨砺

那个年代，电厂交通极为不便，每一次到支行调款都很伤脑筋。幸好有电厂到煤矿拉煤的车子可搭乘半截。调款时，会计留守照常办公，我拎个麻袋站在电厂门口，等着搭车，车到煤场后，我下车再走约两公里路才能到支行，办完提现手续把钞票装进麻袋里顺势甩到背上，弯腰驼背一步一步大口喘息着艰难地向煤场走去。八九十斤重的麻袋背在身上，刚开始感觉还行，走着走着觉得麻袋越来越沉，步履开始踉跄，气喘嘘嘘，体力不支，可是路上又不敢多停歇，生怕发生意外，硬是咬紧牙关坚持着到了煤场，我已是大汗淋漓，上气不接下气，连带着麻袋就地瘫软的倒在地上。口干舌燥、喉咙像着火似地难受，边擦汗边等着搭煤车回电厂。车来了，我就在工人师傅的帮助下，把麻袋抬到煤车上，一步不离麻袋随之上了车。一路颠簸、尘土飞扬、煤灰迷眼地回到分理处，一照镜子，自己都吓一跳，浑身邋遢，满脸黢黑，人也像井下的煤矿工人了。

有时，偶尔也能借到自行车，那就方便多了，省时省力，最主要是人稍微能干净点。一次，骑着后坐驮钞票的自行车，行驶在坑坑洼洼、高高低低、忽儿上坡、忽儿下坡的沙土路上，不知是太颠簸还是没有捆牢的原故，麻袋滑落到地上，这下可麻烦了，破自行车又缺少后支架无法立住，环顾四周，连一棵能靠的树木或破败的矮墙都没有，要想把沉甸甸的麻袋放到自行车后坐上我一个人谈何容易。没办法，只能等行人路过帮忙。原地站着等了大约半个多小时，终于有人来了，在别人的帮助下，费了好大的劲总算把麻袋抬到了车上重新捆好。路人在抬麻袋时还问呢，这麻袋真够重的，方方正正的装得是什么东西呀？我也不敢说麻袋里装得是钱，搪塞地回答，我是新华书店的，里面装得是书。

调款本是银行正常业务，现在条件多好，路程近的话，一个电话，几分钟的时间，武装押运的运钞车就开到行门口，既方便快捷又比较安全。可在那个年代，由于交通闭塞，本单位没有配发任何交通工具，只能不顾个人安危和国家财产有可能蒙受重大损失的情况下铤而走险。

我在电厂分理处当出纳，经常发生这样的事。按银行规定，现金必须当面点清，出门概不负责。可当时分理处根本坚持不了，原因是商店、邮局、粮站都缺人，凡电厂给职工发工资的日子，各个单位包括银行就忙碌起来了，不能按时上下班，各单位因离不开人，到银行交

1985年作者（前排右一）与同事在人民银行石嘴山市分行营业部楼前合影

款也成了问题，往往是办事人员匆匆忙忙拿上钱和进账单，进门朝你桌上一放说，我那边忙着呢，你慢慢点，多退少补，掉头就走了，或着到晚上

说说发生在电厂分理处的那些事

九十点我们关门睡觉了,有人敲门交款,你也得爬起来办业务。不用说这种做法极其错误,可是那个年代就这样做了,还把它说成是全心全意为人民服务的好事,你看,那时候的人就这么单纯,互相信任,从不猜疑。现在有时想起当时调款、收款的情景,仍心有余悸。

岗位新挑战　重压成栋材

紧接着,让我为难的事又来了,比当初接出纳更难。出纳干得正顺手时,一天,陈志仁同志从支行回来,转达支行领导意见,意思是他要调回简泉农场营业厅,这里的会计由我接替。

陈志仁来电厂分理处才一个多月

1984年作者(后排左一)与同事合影留念

的时间就要回去,紧跟着老黄同志也调回了支行。这对于我来说,太突然了,思想上毫无准备,再说会计工作从技术、政策性等方面都比出纳难得多,我一阵紧张,心想,让我干,不捅娄子才怪呢?那时就是这样,岗位调整事先没人找你谈话,部门间也缺少沟通,领导的决定下来你无条件服从就是啦。思前想后,横下一条心干就干呗!

第二天,梁自立来分理处报到,我把出纳交给了他,随后我接老陈的会计,当初接出纳时我就糊里糊涂,现在懵头懵脑地又要接会计,站在一旁的梁自立也不懂会计,无奈又无助,一切只能听从老陈的摆布,我记得当时盖了不少章,就算把会计接了过来。不到一个小时,我从出纳变成了会计。老陈临走时,给我撂下一句话,记住啦!会计的原则是"有借必有贷,借贷必相等"。话虽然入脑了,什么意思我不明白。

晚上躺在床上,翻来覆去睡不着,明天上班营业可咋办?思前想后没

175

有招，心里空落落的，一夜未合眼。第二天早上，一上班，办事人员拿着这样那样的凭证：有单位之间转账的，有汇款到外地的，还有上缴款的等等，我看着各色凭证犯了难，左看右看，看不懂。唉！事情总得办，好让办事人员走。没法子，只能跟来办事人讲实情。幸好平时碰面比较多彼此都很熟悉，他们告诉我应该退哪联，哪联应盖什么样的章，照办事人员的意思弄好，总算把人打发走了。下班后，桌子上堆着的凭证，哪些是要记账的，哪些是转外地的，我浑然不知，看着凭证心急如焚，真难呀！在苦思冥想中，灵机一动，能否参照会计档案试一试，立马拿出档案放在桌上，一边翻看，一边把当天凭证和档案对照。分理处毕竟业务量小，二三十张凭证照猫画虎、比葫芦画瓢几经模拟试算，费了九牛二虎之力，终于把当日账结平了，虽然带有偶然性，但离必然性就不会太远了。这次的成功增强了我的自信心，且一发而不可收。在此基础上，以档案为师，急用先学、学用结合，边学习边梳理：各类会计报表上报时间、数据来源、各类存贷款计息方法、计算时间及存贷款利率、日常柜面工作中需要掌握的财政金融政策、规定等等，一一做到心中有数。通过翻看会计档案和我不懈地刻苦专研，终于达到了银行会计人员应知应会的程度，并且在日常工作中遇到问题，能够找到正确地处理和解决的方法。在我当会计期间，从未发生过会计报表漏报、误报和错报的情况。虽然从接手会计到年终不足3个月，但是1962年银行年终决算，全行十几个基层单位，电厂分理处第一个上报年终决算报表，经核查完全正确无误。当时支行也感到吃惊，原本的担心变成了放心，我也得到上级行领导的表扬，这对于我来说是莫大的鼓励和肯定。

要干好会计工作，单凭实践经验，没有理论基础是不行的，那时知识贫乏，凭经验办事，想学习会计理论，找不到专业的会计书籍。一次偶然的机会，有位支行同志送我一本《人民银行会计核算》。我如获至宝，如饥似渴、废寝忘食、点灯熬油、反反复复地不知学了多少遍，从知其然到知其所以然，再把实践经验和会计核算理论有机结合，我的会计业务水平有了较大地提高，在工作中改进了分理处存在的不符合会计核算的做法。从此，分理处的会计核算工作走上了规范化的道路，核算质量显著提高。后来，我逐渐成为了支行会计队伍中的"行家里手"。

两人分理处，工作生活异常艰苦，我把它当作磨砺意志，修身养性的地方。支行明文规定,"两人处所,就地休息",意思是上班营业,下班守库,我们就是全天候工作的"公家人",没有星期天、节假日,不付任何报酬,不能串门留客,上下班离不开这间小小的土坯房,当时连台收音机都没有,常年在这种枯燥、单调、寂寞,有时甚至有些恐惧的环境下死死地守着一个保险柜,老实说,初来乍到时,心真的没法静下来,那是一种比肉体疼痛还要痛苦的精神折磨。在那倡导以苦为荣,到艰苦的地方去锻炼的年代,既然组织叫我在这里,我就要为维护银行"铁款、铁账、铁算盘"的信誉尽职尽责,要为分理处的安全而坚守,我牢记"责任"和"坚持",所以,在工作中始终保持高度的警惕性,忘我工作,认真负责,兢兢业业,一丝不苟,任劳任怨。

弹指一挥间,50多年过去了,当年风华正茂的青年,已是76岁白发苍苍的老人,但回想起在电厂分理处工作的3年,依然心潮澎湃,浮想联翩,心情久久不能平静,酸甜苦辣咸五味杂陈尽在不言中,有许多感人的故事仿佛就发生在昨天,让我永远不能忘怀!因为它是我从事银行工作的起点,我在那里生活、工作、学习和成长,经受了风雨、挫折和坎坷,身心得到了历练,成为了一个真正意义上的"金融人"。

▶▶▶足迹

惜别调统

——记人民银行石嘴山市中支调统科 程 飞

人民银行石嘴山市中支 杨惠芳

今天，我的搭档程飞离开调查统计科去了新的岗位，她在部门的微信群里发了四个字"别了，调统"，并配以微信大哭的表情煊染着她对调查统计工作的依依不舍之情和面对新岗位的忐忑期望，作为她24年调查统计职业生涯见证的我，不由感慨万千，提笔写下了这篇激情岁月的点滴记忆。

2006年向定点企业发授"中国人民银行景气调查定点企业"标牌（左一为程飞）

别了，调统

1992年，程飞从原陕西财经学院（现并入西安交通大学）统计学专业毕业，分配到人行石嘴山市中心支行（原石嘴山市分行）调查统计部门工作，作为人行石嘴山市中心支行自她入行以来至2015年唯一一位统计专业毕业的大学生，她在此岗位上一干就是24年，也是宁夏人行系统从事统计岗位年限最长人员之一。

初入行时，因她瘦小、精灵、可爱的模样，被现在科技科工作的闫保平趣称为芭比娃娃，但就是这个看似玲珑剔透、娇小柔弱的芭比娃娃，日后为石嘴山市中支的调查统计工作撑起了一片天。二十几年来，她经历了单位400余名职工因机构改革、岗位调整等因素的人员数次轮换、变动，依然选择默默坚守统计工作，笃定的信念中无处不倾注着她对央行统计工作的由衷挚爱。

24年前的央行更多承担的是货币政策、金融监管、国库代理、货币发行等职能，那时的调查统计工作并未充分显现它的重要作用，在某种程度来讲只是货币信贷计划政策职能发挥的从属地位，作为一名地市中心支行少有的高校专业人才，她责无旁贷地担负起了石嘴山市中支统计工作的铺路石。在经济发展主要依靠资源开采性的工业及农耕发展的信息不发达年代，货币信贷政策的运用多是依赖头寸调剂来实现，当时的调查统计工作数据采集及汇总基本是靠手工填报来实现，统计工作数据信息的传递主要依靠政府、企业及各金融机构从业人员以自行车为交通工具，调查统计工作的时效性等职能发挥尤为受到限制。我和程飞同住一个单身宿舍，记忆中的她每天总是持着塑料长尺比对着统计报表，静静地重复着同一动作的简单计数劳动，一张张精确的报表就从她细嫩的小手中流淌出来。也许是因为统计工作的特性，炼就了相对文静、淡然、耐心、坚强、执着的她，寡言少语却又总是一语中的，每当我们打趣她为"鼓捣陈芝麻烂谷子的账房小先生"时，她白里透红的小脸总是装作嗔怒而又欲言又止的样子，使同为女人的我至今回想起来甚是心动。

1994年之后，政府主导下的计划调控经济逐渐在中国大地由沿海向内陆演变为市场为主导的自由经济，计算机逐渐在行业中普及，调查统计工作也进入到信息自动化汇总时代，统计数据的重要性更是被工业景气调查及经济运行分析报告等央行职能内容体现。我经常看到她踮着小脚的灵巧身影跟跑在各类调研、业务检查的队伍中，像只可爱的小蜜蜂采集着金融统计信息工作的精华汁液,并滋润着货币信贷政策支持石嘴山市经济发展决策末梢的每一根细微神经。

1992年至2002年这10年期间她因为工作出色,多次代表石嘴山市中支参加全区的各项统计及综合业务比赛,并作为选拔队员之一参加了宁夏辖区入围总行复赛的集训,那也是宁夏人行系统首次以全国前六名的身份入围总行决赛,虽然最终她没能参加总决赛,但在当时引起了宁夏人行系统职工心灵的大震动。记得那几年因此掀起的各类业务比赛此起彼伏,作为竞赛组织部门的一名工作人员我也因此熟知了全区各地区的业务精英,为他们的出色表现服务并快乐着,直至自己作为一名吉它手也参加了全区文艺汇演比赛而画上了圆满的句号。

1998年全区文艺调演乐队成员及参赛歌手合影(第二排左一为程飞)

进入21世纪,由于央行职能的重新定位及部分监管职能的分离,调查统计及经济调查分析工作作为央行的数据支撑效能逐步凸现出来,相当一部分统计工作人员因为调查统计工作的琐碎及繁重选择了离开,而程飞依然选择了坚守,此举也被行内职工汪学忠在历次单位用人调整之后,面对岗位依然没有变动的她调侃道:"调统,调统,我看你是掉到桶里出不来了。"她呵呵地乐着,仍然兢兢业业地在工作岗位上精细地计算着每一项统计指标。2015年我因工作岗位调整再次有缘和她一起并肩作战,她倾

别了，调统

其所能对部门6个岗位4名新兵的统计工作起到了传帮带的作用，带领大家创新式地开展了"三期叠加"背景下老工业基地转型探索研究的重点行业监测制度，工作成效在总行调查统计司网站得到了肯定，开创了石嘴山市中支金融统计工作的新天地。

2015年召开重点行业工业企业经营及融资情况联席会

接到她调离调统工作岗位的当天，她笑着对我说，调统工作是她在央行青春、中年及至人生暮年永远美好的记忆，这一天真正来临时，本应感到轻松的自己心中全是割舍不下的情结。交接工作的当天，她将积累在电脑中十几年的资料详细做了备注及查找路径，继续展现着一个金融统计人员的细致、悉心传业、毫无保留的完美人格。我因出差在外担心工作衔接，叮嘱她部门的几项紧急工作事项，她在微信中俏皮地回复我："放心，我会站好最后一班岗。"这屏幕上的一行字我看了足足有10分钟，心中的柔情瞬间被股股热流激荡：小精灵呵，是什么让你如此执着地坚守，唯有一个对央行调查统计工作的"爱"字才能诠释你深远的真情；虽然你离开了调查统计岗位，但央行的调查统计工作会永远印有你的身影，你看———如今每月央行面向社会公布的金融统计数据及各类运行分析调查报告，人们由不知统计类别的计数报表到几乎人尽皆知的GDP、M2、……，国家各类经济政策的出台，哪一处不印证着你精彩的点滴人生。

从"单机"到"网络"
看人民银行业务系统的变迁

人民银行石嘴山市中支　闫保平

今天的人们，对"网络"一词已是耳熟能详，人们随便就能说出几个甚至几十个网络应用实例，但今天的网络也是在过去单机的基础上发展起来的。人民银行的业务系统同样经历了从单机处理到网络集中的过程，笔者有幸经历了这个过程，见证了人民银行电子信息化发展，从"单机"运行到联网集中的整个发展历程，回顾过去的20多年，往事历历在目。

不会打算盘也能进银行

算盘做为中国人发明的计算器，自古到至今都是钱庄（银行）必不可少的工具，在银行"三铁"中占有一席之地，但随着电子计算机的出现，算盘在银行中的"三铁"地位受到了挑战，银行中除了需要会打算盘的人之外，会敲键盘的人也成为急需的，笔者就是因为会敲两下键盘，成了银行所需的人。还记得到银行参加考试的情景，在原人民银行宁夏分行三楼的会议室内，聚焦了全区的应试者，专业考试考的编程序，3个小时的答题时间，十几道编程序试题，考试结束后，人整个都懵了，脑海里全是编程语句，什么条件判断、转折、循环的，全汇到一起。虽然考试过程很辛苦，但没有那次考试，笔者这个会敲两下键盘的人，无论如何也不会成为人民银行的一员。

从"单机"到"网络"看人民银行业务系统的变迁

把微机当成宝贝

　　当时的计算机有着大大的脑袋（显示器），笨拙的身躯，由于比较稀缺，人们都把它视为宝贝，小心翼翼地伺候着，指定专人管理，配备了专门的房间，安装了空调，制做了防尘布衣，每天小心地开机关机，操作时那个认真呀，就像大姑娘绣花，生怕哪点不小心给伤着了，给它的待遇要比人高得多。它也给银行人带来了新奇和无限的遐想，它一闪一闪的光标，像聪慧儿童的眼睛，蕴含着无限的希望。快捷的运算速度和处理繁琐账务的能力，为整天爬在柜台上打算盘记账的银行人带来了脱离苦海的希望，梦想着有朝一日自己能有一台这样的机器，不用再打算盘、写账页，而是敲几个键就能把一天的工作完成了。

走上讲台当老师

　　当计算机多起来后，人们的操作技能又显得不足了，有了计算机，大部分人不会操作，计算机的作用发挥不出来，操作培训成了当务之急，为此，我这个从未上过讲台的人，只能硬头皮上讲台，当起了老师，虽然做了充分的准备，但讲课面对一双双渴望的眼神和行

2006年8月作者在网络知识培训班讲课

级领导，自己还是有些发怵，讲课时出现了磕磕巴巴的现象，而听课的人面对抽象的计算机操作命令，依然认真地听课、仔细地记着笔记，有的还课后提出问题。行里职工认真的学习态度、刻苦的学习劲头，给我留下了深刻的印象，也鼓舞了我讲好每个命令的信心。通过几期培训，使行内员工对计算

183

机有了全面的认识，操作水平有了显著的提高。

科技处长装网线，网络时代来临

1995年，网络走进了宁夏人民银行，当时，人民银行宁夏分行决定在区分行、石嘴山分行（当时名称）建设计算机网络，用一根网线，将多个计算机串接进来，就像串糖葫芦，这样，联网的计算机就可以相互传递文件，共享打印机等硬件资源。网络走进了石嘴山人行，当时人行宁夏分行科技处连纪仁处长到我行指挥建网工作，科技科的工作人员自己在墙上打眼装网线，冲击钻震动扬起的尘土和汗水拌和在一起，让我们个个脸上蒙上一层泥土。就在我们打完一个眼休息的间隙，只见连纪仁处长跳上桌子，拿起冲击钻，开始打眼，我们立刻起身劝阻，但连处长还是开动了电钻，冲击钻剧烈的震动带动了他整个身体在晃动，钻出的尘土撒在了他的上衣、裤子上，我们也在劝连处停下，但连处还是坚持将那个眼打通，当时连处已年近五旬，而打通一个眼需10分钟以上。

2008年5月科技科成员在中心机房合影（右二为作者）

从"单机"到"网络"看人民银行业务系统的变迁

"网络到县",宁夏辖区的计算机都上了网

1996年实施的"网络到县"工程,将区人民银行的计算机联成了一张,建立了覆盖全区的信息传输通道,业务数据、统计报表等利用传统邮路传送的东西,不再写信封、送邮局,拆信封、填数据,而是坐在办公桌前,敲几下键盘,打一个回车,就能送到目的地,上级部门只要几分钟,就能将下级单位的信息汇总到一起。公文传输系统上线后,上下级行之间的公文,只要几分钟就能送达,而且还是红头红章。

天上三秒,地下不再三天

我行卫星小站建成后,异地资金汇划不管多远,只要3秒就能到达,但是资金落地后,还需要票据交换到开户银行,才能到客户手中,有时还需要3天,而解决"地上三天"问题的关键就是建立横向联接的金融城域网,即人

2016年5月作者在中心机房网络间工作

民银行与各金融机构联网,在配置金融城域网的关键设备防火墙时,我作为网络管理员,虽然一遍遍地检查了所有的命令语句,但总是打不开信息传输的闸门,模拟账务就是不能通过防火墙传送到商业银行的系统中,看着业务人员期待的眼神,我的额头上渗出了细汗,同事们加班加点地准备账务、一遍遍地发送,商业银行的同志也在机器前等了几天,我唯一能做的就是尽快调通设备,我又开始重新阅读参考资料,突然一行小字引起了我的注意,我突然觉得我先前的理解还不够,其中还有另外的意思和参数,重新调整参数后,堵在防火墙后面的账务数据"哗"地一下全送到了

商业银行的系统中。"地上三天"的瓶颈瞬间化解了。

　　20多年过去了，央行的业务处理方式由"单机"到"网络"，再到数据大集中，网络带宽也由当初的9.6K提高现在的8M，提高了833倍，高速通畅的网络，每天都能将各级人行的会计、国库等业务数据汇集到人总行，正在为央行的大数据和云计算奠定基础。

我从支行来

人民银行石嘴山市中支　郭　妍

时间过得太快，快得有些让人不知所措。草长莺飞，花开花落，蓦然回首间不觉已参加工作 24 年了。这 24 年，又以工作调动为节点，分成了特色鲜明，截然不同的两部分。可无论怎样，总也忘不了我踏上工作岗位的第一站——平罗县支行，这是我从青涩走向成熟，从懵懂趋于理性的起点。

1992 年 7 月 15 日，带着些许不安和期待，我踏进了支行的大门，开始了我的职场生涯。

当时县支行人工两行分设没几年，支行新建的办公楼落成搬迁不久。

1996 年中国人民银行平罗县支行首届职工代表大会

▶▶▶足迹

刚结束了寄人篱下的状况，大家的精神头十足，全行30多个人，有人工两行分家时划分过来的"老"员工；有社会招录人员；有复转军人，有院校毕业生，就是这样的一只杂牌军，逐渐成长为基层央行履职的生力军。

支行第一任行长黄成权严格要求大家苦练基本功。从珠算、数码字、会计传票、会计报表抓起，并挑选有一定写作能力的人员成立了专门的信息写作小组，组织开展调研。多年以后，这些同事都成长为支行的业务骨干，而严格的人行培训为他们日后的发展进步奠定了坚实的基础。遗憾的是，我进行时老行长刚刚退休，无缘接受他的谆谆教诲。但他严谨的管理理念得到了传承，使得我在进行之初就接受了正规的业务培训。小到印章、算盘等办公用具如何摆放，数码字、珠算每日必修，大到每周二、四各项业务规章的学习，使我深刻领会了银行的"三铁"制度。

1995年全县金融系统金融法规知识竞赛，人行代表队获得第一名佳绩（左一为作者）

彼时，县支行以崭新的面貌履行着职责，恰似一个朝气蓬勃的少年，一切都是崭新的，一切都是欢欣鼓舞的，一切都充满了希望……在这段时间里，县支行经历了很多。1988年的通货膨胀，1990年之后的3年调整，1992年的进一步改革开放，1993年的治理"金融三乱"，1997年第一次全国金融工作会议对金融体制的调整，一直到2003年银监会分设。县支行逐

我从支行来

步积累经验，对中央银行基层机构加强货币信贷政策管理、加强金融监管、提高金融服务水平有了更深刻的理解。而我有幸处在这样一个变革的期间，并参与其中，和支行同成长，共命运。

犹记《中国人民银行法》、《中国商业银行法》颁布后，全县金融系统通过上街游行、知识竞赛等方式加大宣传学习力度，向社会公众普及法律知识。

1998年开展的贷款真实性检查，全行抽调业务骨干组成了3个检查小组，历时近一年，对各机构的信贷资产真实性、业务经营情况真实性进行了检查。通过耐心细致地工作，发现和纠正了商业银行的许多问题。

在支行工作期间，我先后从事过金融统计和稽核等工作。从事金融统计的8年里，我经历了从手工编制信贷、现金、五行归并报表到系统录入生成再到数据自动采集；数据报送从最初的电话报数到打包邮件传输再到系统联网上传。更为难得的是，从统计科目的变化中，见证了人民银行职能的转变。"粮食供销专项贷款"、"老少边穷专项贷款"这类政策性业务专用名词也伴随着人民银行职能调整永远地留在了历史的印记中。在稽核股工作的两年里，人民银行的监管职能不断加强，多次参加现场检查，使

2003年支行7名女同志合影（图中后排右一为作者）

我一步步熟悉了业务流程，积累了实践经验。

当时的县支行属于宁夏分行直管，支行的队伍不断壮大，人员多达40多人。各项工作由于基础扎实、业务规范，一直都是全区县支行学习的榜样。翻开支行的荣誉册，那一张张发黄的奖状，一项项荣誉的记载，都是对全行职工精益求精、认真严谨的工作作风，吃苦耐劳、乐于奉献的工作态度最好的褒奖。而被大家戏称为"七仙女"的7名女同志也不甘落后，在各自的工作岗位上挥洒着汗水，用柔弱的肩膀撑起了支行的半边天。

工作之余，我们的精神生活也充实而快乐。每年年末，都会利用业余时间排练节目，组织开展金融系统文艺汇演。至今难忘，《脚铃舞》、《黄河古谣》等经典节目一经上演，很快会被县域其他单位争相模仿，在小县城风靡一时。

2003年人行、银监分设，我也在2004年3月调入市中支，离开了平罗县支行。

在那段日子里，机构分设，支行撤并，人员分流，发行库撤库等一次次冲击，恰似一个个漩涡，引起一番躁动后终于在改革的大潮中归于平静，而支行的辉煌似乎戛然而止。人员一度减少到20余人，伴随着监管职能的分离似乎失去了工作的抓手。那段日子，支行的同志们是迷茫的、困惑的。而支行也在业务、职能不断地调整中重新寻找着定位。由于有支行工作的经历，最能体会他们的无助，当时我写了一篇支行人员思想状况的调研文章，真实地反映了支行人员的心声。之后，每一次代表组织去支行宣布人事任免或召开民主生活会，坐在主席台上，看着那熟悉的环境不复当年的红火；台下熟识的面孔已然呈现出沧桑和衰老，心里总是充满了说不出的酸涩。

近年来，县支行方向不明、定位不清、重点不突出、治理不到位等问题得到了总行的高度重视，加强县支行建设的各项举措逐渐落实到位，县支行又一次迎来了发展的春天。而我的人生也因为特殊的际遇与支行有了再次的重叠。

2011年，我被组织任命为平罗县支行行长，带着组织的重托和领导的厚望，我又一次回到了熟悉的地方。过去的老领导、老同事用火热的胸怀接纳了我，以积极的工作热情支持着我。两年多来，我和支行全体员工一起克服了人员老化（全行职工平均年龄48岁）、人手紧张、经费不足等问题，较为圆满地完成了各项工作任务。在平罗县作为全国土地产权改革试点的基础上，人民银行上下级联动，及时跟进，开展了农村产权抵押贷款工作，创造了在全国具有借鉴和推广意义的"平罗模式"；农村信用体系建设试点、改善农村支付环境试点等工作也逐步推开，在全区人民银行系统内形成了示范效应。

尽管再次离开了县支行，但由于工作的缘故，中支货信部门依然在县支行的支持下，进一步疏通货币政策传导渠道，增强政策执行效果，共同承担多项上级行改革创新任务。支行在人民银行体系中的基础作用越来越重要，在地方经济发展、金融稳定中的职责也更加突出，支行在县域的社会地位不断提高，话语权不断增强。支行的同志们用扎实肯干的工作作风，默默奉献的工作态度，继续传承发扬着基层央行干部的职业素养和良好风范。

缘起缘落，我和支行注定有着千丝万缕的不舍缘分，看看支行新招录的大学生充满朝气而稚气尚存的面孔，常常想起我在支行度过的青葱岁月。多年以后，回想起曾经在支行度过的那些年月，也许许多记忆都已模糊，但不变的是，我从支行来，它曾经培养了我，这终将成为我生命中的永恒记忆。

正如那首老歌中唱的那样：也许忘了歌词，也许忘了旋律，忘不了的是，它曾感动自己。

承载造币硕果　镌刻历史辉煌

人民银行吴忠市中心支行　傅永霞

生命中，30年应该是一段值得纪念的时光，记载难以忘怀的青春，见证刻骨铭心的精彩；30年应该有一个美丽缤纷的梦想，为绚烂夺目地闪耀，为五彩斑斓地绽放。

30年很长，伴随生命从诞生到成长。30年又很短，不过历史长河眨眼的一瞬。而30年对中国普通纪念币发行工作来说，有太多值得讲述的故事。

三十年——记录成长　见证荣光

傅永霞（摄于2006年）

方寸之间显乾坤，一枚纪念币就是一段历史，它承载着一个国家特定时期国际、国内政治、历史、文化等方面的重大事件、杰出人物、名胜古迹、珍稀动植物、体育赛事等，是由国家授权中国人民银行指定国家造币厂设计制造、由国家统一计划发行的法定货币。它包括普通纪念币和贵金属纪念币。

说起普通纪念币，不得不从中国最早的普通纪念币——"中华人民共和国成立35周年纪念币"说起。为庆祝新中国成立35周年，经国务院批准，中国人民银行于1984年10月1日向国内外发行了第一套具有流通和收藏双重功能的"中华人民共和国成立35周年"普通纪念币。

全套3枚，分别是"开国大典"、"民族大团结"和"祖国万岁"。这套珍贵的纪念币不仅奠基了我国流通纪念币发行体系，更见证了

承载造币硕果　镌刻历史辉煌

中华人民共和国成立三十五周年纪念币

1949年10月1日那一辉煌的时刻，毛泽东主席在天安门城楼上向全世界庄严的宣告中华人民共和国成立了。为了这个值得庆祝的纪念，多少志士仁人奔走呼号、殚精竭虑，多少革命先烈前仆后继、浴血奋战。

同样，纪念币也见证了祖国的振兴强盛，国运兴，体育兴。

20世纪下半叶，奥林匹克运动会迎来了一个从屈辱中站起来的巨人。2008年8月8日，当雄伟壮观的"鸟巢"燃起熊熊奥运圣火的时候，全世界几十亿双眼睛通过北京奥运会的信息传播，共同感受到了古老中国和现代中国的非凡魅力，人们看到了一个走过59年建国、30年改革开放的光辉历程的人民共和国，释放出和平发展的巨大能量！为见证中华民族百年奥运圆梦，中国人民银行自2006年开始发行的3套北京奥运会普通纪念币，这组纪念币的发行，见证了一个古老国度由贫穷虚弱走向伟大复兴，

193

永远铭记着这个让中华民族激动、振奋人心的历史时刻,是一个民族大家庭命运变迁的缩影。

三十年——沧桑巨变 见证发展

光阴荏苒,沧桑巨变,今年已是新中国成立67周年,而普通纪念币的发行工作也是硕果累累。迄今,已累计发行纪念币70余套100多枚(张)。这一枚枚主题突出、内容鲜明、寓意深刻、表现丰富的普通纪念币,犹如一部微型的百科全书,蕴含着政治、经济、历史、地理、人文、社会、科学、自然等方方面面,将共和国成立以来的辉煌成就和重大历史事件浓缩于方寸之间。

每一枚纪念币就像一件袖珍艺术品,折射出祖国天翻地覆的变化和辉煌灿烂的成就。从"中华人民共和国成立35周年"到"中国共产党成立90周年",回顾了党和共和国的成长历程;从"长城、兵马俑"到"龙门石窟、颐和园",讲述了五千年文明古国的文化底蕴;从"宋庆龄诞辰100周年"到"邓小平诞辰100周年",缅怀了具有划时代意义人物的丰功伟绩;从"大熊猫"到"中华鲟、金斑喙凤蝶",展示了祖国的地大物博;从"香港特别行政区成立"到"澳门特别行政区成立",彰显了祖国和平统一的决心和魄力;从"西藏藏族自治区成立20周年"到"广西壮族自治区成立30周年",见证了党的民族政策的全面发展……

三十年——承载梦想 见证辉煌

30年，是历史长河眨眼的一瞬间，却是人生事业追求的全部。从事货币发行工作的同志，为了弘扬我国钱币文化，展现中国人民智慧和造币业发展水平，丰富人们的文化生活，付出了艰辛的努力，积累了宝贵经验。

郑忠，就是奉献于西北边陲少数民族聚集区的一名普通的发行工作者。4年军人生涯，促使他养成了吃苦耐劳、坚忍不拔、令行禁止的优良作风；27年央行生涯，在管库员这个岗位上，凭借着对工作的满腔热忱和执着追求，他一干就是27个春秋。27年里，日出而作，日落而息，他与金库的那把锁结了缘；数来盘去，扛上搬下，他送走了一个又一个管库员，却始终坚守在苦、脏、累、烦、严"五味俱全"的管理发行库岗位上。干净整洁的库房有他辛勤的身影，码放整齐的钱垛有他挥洒的汗水，完善健全的制度有他付出的智慧，他是吴忠中支"最美基层央行人"。

这位处于货币发行神经末梢的"最美基层央行人"，只是央行事业中沧海一粟。每次发行纪念币，从题材的选择到主题画面的设计审定，从材质的选择、鉴定到冲饼、清洗，从模具设计到压印，从保护与包装到调运发行，每一道工序，每一个环节，每一步步骤，都凝聚着像郑忠同志一样普通一员勤勤恳恳、无私奉献的勤劳和智慧，承载着他们的责任和汗水，饱含着他们的热情和美好憧憬。

"成就载入史册，征程未有穷期"。普通纪念币的发行工作已翻开新的篇章，踏上新的征程。展望未来，我们相信，随着社会的进步、科技的发展，货币发行工作者将会呈现给我们主题更加鲜明、设计更加精美、制作更加精细的普通纪念币，将继续经历与成长，见证灿烂与辉煌。

我的会计人生

人民银行中卫市中支　王建春

不知道自己如何这么快就变老了,竟然稀里糊涂地步入天命之年,回想一生所从事的职业生涯,在基层会计工作岗位工作的时间占了我的大部分。自从1986年入行从事人民银行工作以来,我"三出三进",总没有从"会计"这个"包围圈"中突出去,原因自然有许多。每每碰到和自己同年参加工作、在会计岗位工作过的领导和同仁,他们总是调侃地说一句:"你还在那个地方?"是的,还在,只能呆在那里了。

2013年10月,中卫市中心支行营业室全体职工合影

这是我的实话,搞会计的人,形成了一个习惯,别的说不好,只会说实话。长期的会计工作,连说话也染上了职业习惯,说话做事不会拐弯抹角,凡事只认"死理"。应该说,搞过会计的大多数同仁都有这样的秉性,

我的会计人生

做事一丝不苟，不会弄虚作假；做人不会搞阴谋诡计，我想这也许是从事会计工作最好的收获吧！

　　说到我与会计"突围"的事，还真的不知道怎样来表达我的心情，第一次调动是1991年，计算机技术刚刚推广应用，支行那时缺少搞计算机的人员，领导派我去参加上级行的计算机培训班，回来我就成了支行的一名计算机人员，那时会计核算工作还是继续依靠手工核算，到了1992年便是单机版核算，我所学的计算机知识只是用来输入数字，做一些会计报表，没有什么大的变化。在计算机岗位干了一年多，我觉得这个工作不适合我，计算机知识将来是一个技术性、专业性强的学科，单凭我这门外汉，恐怕不能胜任这科技含量高的事业。我清楚自己的本能，尽管流水账、传票，那些堆积如山的账表、严格的内控制度……让我有时烦，但每天流水账似的生活就是我们普通人的人生履历，点点滴滴，客观公正，也马虎不得。每天账平表对时，心中长吁一口气，那种愉悦和释然，也是干会计的乐趣。于是我主动请求领导再把我派回到营业室。

2012年3月，中国人民银行中卫市中心支行营业室组织集中学习

我在会计岗位不知不觉又干了 11 年。这期间不停地轮换着人行会计、国库会计。2003 年，因为人行与银监分设，一起从事会计工作的同事各奔东西，还有的调到了商业银行和其他金融机构，干了多年会计工作的我也厌倦了乏味、机械的数字工作，也很想换换工作。于是给领导建议，领导立马答应把我调到综合业务部门，从会计岗位出去，我觉得再干其他工作，轻松自如，虽然也有写写材料、报告之类的工作，不会像会计工作时效性强，责任大，也不会像会计工作呆板、机械，没有这样那样的刚性制度约束。不知不觉，我在业务部门干了 5 年，这 5 年中，我所在的县支行升格为中心支行，我在业务岗位干得惬意、干得得心应手，对会计工作再不思也不想，心想我再不会在每月月末为做不平报表而烦心，也再也不会在每年新年的钟声敲响时做着"承前启后"、科目结转、没完没了的年度报告工作……

　　可是，命运有时会和你开一个意想不到的玩笑，到了 2007 年底，中支组织部门一纸命令，让我到营业室任职，我心中不快，为什么我总突不出这个地方呢？私下探听消息，有人说，你干过会计，噢！干过会计就离不开是吗？

2011 年 4 月，中国人民银行中卫市中心支行营业室开展应急演练

就得守着了，心中一肚子不合时宜，无处诉说，只能认命了。

　　会计，恨你，恨得咬牙切齿，恨得无所适从，但我还得与你为伴，去完成我人生的不能如愿的选择。我不禁想到了著名学者余秋雨先生曾写过一篇文章《苏东坡突围》，立即找来看，我的经历与苏东坡不可同日而语，他一生贬官十几次，却是一个乐天派，从一个流放罪犯走出去，"带着官

场和文坛泼给他浑身脏水走来"(余秋雨语),一路经历着凄苦的挣扎和不屈的奋斗,最终从腐败官场突出去,成就了著名的《赤壁怀古》的伟大诗篇,成就中国诗词史上的辉煌。今天没有人硬强迫着我,亦没有什么政治压力,我有什么理由去抵制神圣而又伟大的会计工作,况且这是组织和领导信任和提拔呀!说明你还有一技之长,说明你还有用武之地,不要自以为是,不要自不量力。于是,一鼓作气、高高兴兴去胜任我的工作。

时光如梭,时隔 5 年,科技进步的确让我应接不暇,各业务系统可谓变化多多,现在的核算系统的先进和便捷已经把会计人员从繁重的核算中解放出来,核算组织形式由分散到集中;账务组织由双线核算式向单线核算模式发展;会计凭证由原来采用单式凭证发展到使用复式凭证;单讫记账改为双讫记账;出现了纸质凭证与电子信息同时存在的情况……中支成立后,大、小额支付系统上线,实现了会计核算集中。强大的支付功能可以满足同城、异地的资金汇划需要,资金实时到账,变化真可谓日新月异。我自知,作为营业部门管理者,需要不断更新知识,自己那点老"本"根本不能适应新的工作,从会计基本制度到内部控制制度,从人员的合理兼岗到操作规程的落实,从业务核算到风险的防范和控制……我每天思考的问题就是把会计人员带好,把工作干好,不能出差错,还要干出个样来,不辜负领导的期望,让金融机构满意。2008 年至今,我所从事的营业室会计核算已连续 5 年实现"零差错、零风险、零失误",在会计这个岗位,我有幸又经历了一次 ABS 会计系统到 ACS 会计系升级,会计系统日新月异,数据更加集中,会计管理更加精细,基层人民银行会计人员所经历每一次变化,都是国家经济实力的表现,那些变化的数字像音符一样,诠释着祖国经济的繁荣发展……我想这也是我和我的团队从事会计工作的意义。

前国务院总理朱镕基一生很少题字,但在他任上却唯独给一家会计事务所题匾——"不做假账",可见一个国家领导人对从事会计人员的期望。人的一生的确很短暂,能够做到堂堂正正,没有瑕疵实属不易。会计工作整天和枯燥数字打交道,没有鲜花和掌声,但实实在在的过程却也使人充实。我突然感觉到"会计"如人生,从起始到结束,资产、负债所有者权益要平衡,而平衡所反映的内容就是生命赋予事物的玄机。天地万物,日月星辰,日有日的光辉,月有月的光亮,星有又星的荣光,"核算平衡,

199

天人合一"也是会计文化的内涵。这也是干会计工作给我的悟性，坚守的一种客观公正的信仰，坚守会计工作实事求是的原则，你也能从中受益，也不断从幼稚走向成熟。

　　如今，步入天命之年的我又干上了工会会计，这也许是上天有意的安排，我深知我的职业生涯离不开会计，在这块神圣的地方坚持到底的不是我一人。当我看到白发苍苍的老领导，当看到默默无闻的同龄人，在平凡的会计岗位上依然坚守着阵地，我由衷地感到欣慰。祖国经济的晴雨表里有我们会计人员的汗水，那些宽敞的马路和广场，那些拔地而起的高楼，那些奔驰的列车……都与我们的工作息息相关，各行各业都离不开会计，各行各业都有平凡敬业的会计工作者，而作为基层央行的一名会计人员，每天所从事的工作与当地的经济发展一起进步，当感到莫大的荣欣。因为那些跃动的数字，那些花花绿绿的票据，随着我们的手指在键盘中串联成美丽的乐章……

　　每一个科目的变化，都如变幻季节，每一天的账表变化都与众不同，那些数字就是会说话的精灵，延续着我们的生活，延续着祖国日益强盛的新气象，做一名会计工作者是我无尚的光荣。

与延安有关的日子

原人民银行青海省分行党委书记、行长　付　敢

我叫付敢，男，汉族，1931年12月出生，陕西省大荔县人，中专文化，1949年2月参加革命工作，1951年3月加入中国共产党，1998年3月11日光荣离休，离休前系中国人民银行青海省分行党委书记、行长。

付　敢

北上延安

1948年10月，小小的大荔县城，大街小巷到处是荷枪实弹的蒋军士兵，随处停放着美造军用卡车，美式吉普呼呼疾驰，跑来跑去横冲直撞，气氛紧张而恐怖。城外激烈交火，炮声隆隆，枪声爆炸声不断，人心惶惶不安。学校停课，商店关门，市民不敢出家门，学生不敢步出学校——这就是解放战争期间，西北解放战场著名的荔北战役。荔北战役是西北解放大军，为了阻止胡宗南援助太原和中原战场而精心设置的战略安排。这次战役粉碎了胡宗南部援战太原的企图，达到了预期目的。

当时，大荔有3所中等学校——大荔中学、同州师范（大荔曾称同州）、大荔农校，学生多为周边县乡的农家子弟，我在大荔农校就读。荔北战役后，国民党当局对城区特别是学校的管制更为严格了，多个学校都

▶▶▶▶ 足迹

作者代表青海省分行向总行陈元副行长汇报工作

驻派蒋军军官，表面上是军官，实际都具有特务身份，教学都增加军训内容，对学生的言行举止进行严格监视，严防学生投奔解放区。有一天我和几个要好的同学李志杰（后改名李昭）、张豫文（后改为张钟）3人聊天，谈到时局、国家命运、个人前途等问题，一致认为国家被蒋家王朝拖入水深火热之中，民不聊生，怨声载道，跟随蒋家王朝没有前途，当即3人商定北上延安，寻找光明。我清晰地记得，那时是1949年的1月，天气还十分寒冷，我们3人背着简单的铺盖行装，偷偷溜出学校出城，踏上北上延安的行程，一路上躲过蒋军盘查的站点，趁天黑通过封锁线，经过4天不间断地步行到达了韩城县，当时韩城县已经解放，我们在得知延安大学在韩城设立分校后，立即找到学校招生处，说明了我们迫切要求参加革命，希望到延大学习革命理论、报效祖国的强烈愿望。于是在学校安排的政审及文化知识考试合格后，我们3个人同时光荣的成为了延安大学的学生。

延安大学的学习

延安大学的学习紧张有序，课程安排注重向新学员讲述共产党是怎样的政党；与国民党有何本质区别；中国共产党与国家前途等。设置的具体课程有《目前的形势和任务》、《新民主主义论》、《中国革命与中国共产党》。这些课程分班级由学校派教师讲授，然后分组讨论。学校随时召开时事报告大会，由学校领导做形势报告，讲全国形势、解放军的胜利消息等。除了讲解理论知识和形势政策外，还配合阶级教育，召开诉苦大会，有的同学控诉其家人遭受国民党特务机关残酷迫害、地主恶霸欺压的罪行，激起了同学们对万恶旧社会的无比仇恨，特别是在我新的人生观形成过程中给予了很大启发。

学校条件差，没有大礼堂，农民打碾的麦场就是我们的会场；上课也没有板凳，学校给每一个人一块长方形木板、一个小木凳、一支笔、一个笔记本。上课时坐上小板凳，膝上放木板就是小课桌，但是这丝毫不影响大家的学习热情，讲课时大家静心听讲，认真记笔记，晚上各宿舍的学员，席地而坐围在小油灯下校对笔记，同时进行讨论加深刻理解，消化课堂学习内容。

延安大学的生活

延安大学的生活是艰苦的，学校条件差，没有完整的校舍，数百师生分散居住，有的住在当地一所学校，有的住在庙宇，有的住在老百姓家中。我和李昭、张钟、崔荣、崔思敏等同学住在当地老乡一间小房屋里，这就是我们生活学习的阵地。当时，我们都是十七八岁的毛头小子，还不懂注意身体的保健，有人发生感冒头痛身体不适，大家都关心爱护，问寒问暖寻医问药，使我们感受到大家庭的温暖。团结紧张、严肃活泼是我们学校军事化管理的另一个显明特点。清晨天不亮，听到哨声起床，带上洗漱工具列队跑步到城外河边洗脸刷牙，洗漱完毕后又迈开整齐的步伐，唱着"三大纪律、八项注意"歌曲返回学校吃早饭。一日两餐，全是小米干饭，一周吃一次黑面馒头，吃饭没有餐桌，8个人蹲在地上围成圆圈提一桶开水一桶小米饭，中间放一盒凉拌菜。饭量不限，虽然清淡，吃的也很香甜。

在柴达木参加储蓄工作会议

西北解放

1949年3月，革命形势飞快发展，吹响了解放西安、解放大西北的号角。中国人民解放军第十九兵团，从禹门口渡过黄河，浩浩荡荡进军西安，威严的军姿、雄壮的步伐经过韩成，全校师生和当地群众，一连3天夹道欢迎；同学们准备笔记本、铅笔等小礼品，群众准备开水、煮鸡蛋、馒头等争先恐后送给解放军官兵。此情此景与电影中的场面一样，老百姓迎接欢送子弟兵的那种感人场景，使我感受到，有这样被人民群众热爱的军队，什么样的敌人都能打垮，什么样的艰难险阻都能被越过。战争进展神速，捷报频传，胜利的消息一个个传来。1949年6月，韩城迎来了解放后的第一个麦收，全县党政机关干部，我们学校全体师生，帮助老乡割麦，深受群众欢迎。老百姓反映，从没有过这样关心群众的政府，公家人为老百姓收麦，历朝历代都没有过。我听了无比欣慰，更为高兴的是，经学校多方筹措，为学员筹来服装、鞋袜等发给学员。服装是灰色土布军服，鞋袜是用粗布手工做的，很结实。大家兴奋极了，这是我生平第一次享受国家提供的统一制服，我高兴的心情可想而知。

1949年8月兰州解放；9月西宁、银川、乌鲁木齐也相继解放。大西北的解放，同学们无比高兴，自发敲锣打鼓庆贺，期盼早日能奔赴解放区，投身到祖国的社会主义革命和建设中去。

西安解放后，学校一边进行正常教学工作，一

在延安古文化节与老红军赵楚同志合影

边积极安排迁往西安的准备。7月，全体学员步行奔赴西安，大家背着行装，整队行进西安。天气炎热，汗流浃背，但谁也不甘落后，一路欢声笑语，经4天的行进到了大荔，又休整数日，又走了两天到达渭南，然后搭乘西去的闷罐车到达西安，下了火车背起行李，徒步到西安西门外一废旧纺纱厂，大厂房就是课堂兼宿舍，地上铺上干草，这就是师生们休息的床，四五十人大通铺。这时校名改为西北人民革命大学，生活学习与韩城一样，我们的伙食就是把小米换成面粉。10月份，学校又迁至泾阳县永乐店。经过一年多的学习，提高了我的政治觉悟，增长了知识，初步树立了革命人生观和为人民服务的思想，并加入了新民主主义青年团。对我来说这是政治生命的开始。1950年3月学习结束毕业。这时，全国形势一片大好，西北五省区全部解放，我们恨不得马上投入到火热的革命斗争和建设洪流中去。就在这时，学校挑选了600名学生派往青海，作为其中一员我和大家一样兴高采烈，终于使期盼早日建设祖国的愿望变成了现实。

光阴似箭，寒暑来往，我在青海雪域高原工作生活了半个世纪，2000年回到西安。每当回忆起60年前的延大学习生活，总是感到无比激动。回忆走过的路，内心感到没有虚度年华，活得充实而有意义。

难忘的金融工作岁月

原人民银行青海省分行会计发行组组长　赵　楚

我叫赵楚，男，汉族，山西省平遥县四区西泉村人，高小文化，1916年2月4日出生，1935年12月参加中央红军，1937年2月加入中国共产党，1979年10月10日光荣离休，离休前系中国人民银行青海省分行会计发行组组长（现享受副厅级待遇），现在中国人民银行西宁中心支行东关大街88号家属院安度晚年。

赵　楚

票　券

1935年12月，中央红军来到陕北后，我参加了刘志丹领导的红28军。参加红28军后，组织分配我为林伯渠同志喂养了一段时间的马匹。后来组织上发现我多少还认识几个字，就把我分配到陕北瓦窑堡中央财政部当了一名保管员，主要负责当时陕北红军在苏区发行使用新票券（现人民币的前身）的保管、发放工作。1936年6月，组织上将我调到陕北保安县中央印刷厂（陕北苏区的印钞厂）当了一名票券印刷工人，开始了印制钞票的工作。1937年陕北保安县中央印刷厂又整体搬迁到了延安清凉山，改名为延安中央印刷厂，这时我们的印刷任务仍然是印制苏区的新票券（纸币）。

随着技术的不断提高和工作的需要，1939年10月，组织上把我作为印刷厂的技术骨干，从陕北延安中央印刷厂调往陕北光华印刷厂当印刷工，一边印制票券，一边负责指导和培养新一代印刷工人。随着陕甘宁边区的逐步扩大，根据地人民群众生产、生活的逐渐恢复稳定和快速发展以及商品贸易市场的繁荣扩大，票券的需求量也逐渐增大，加之根据地票券与国民党时期的旧票券的兑换（当时陕甘宁边区国民党时期的旧票券与根据地发行的新票券可同时流通使用，也是新旧纸币互为转换的过渡时期）量大幅度增加，印钞专用纸的需求量突增，而陕甘宁边区当时只有印刷厂，根本没有生产印钞专用纸张的条件。为解决这一直接影响解放区新钞发行工作的问题，1943年4月，陕甘宁边区银行决定，将我从陕北光华印刷厂派驻到绥德县当了一名采购员，负责在黄河沿岸（石岔、丁家畔、集口等地）流动采购制作印刷票券的专用纸张。

采购员

当时陕北黄河以西是我陕甘宁边区，老百姓称之为红区，黄河以东还没解放，属于国民党统治区，老百姓称之为白区。由于国民党对我根据地实施严密的封锁政策，黄河两岸的物资交流匮乏，特别是对于一些用于制造武器弹药、印刷宣传品用的油墨纸张、有关通信方面的大小器材、原材料等统统实行封锁，以切断我陕甘宁边区在各方面的发展，企图困死我根据地。因此，根据地根本没有卖印刷票券专用纸张的商人，更买不到印刷票券的专用纸。为了进一步巩固和扩大我根据地的胜利成果，加强和发展根据地人民群众的生活、生产和经济贸易，就必须要克服一切艰难困苦，打破敌人的封锁，想尽一切办法要解决好根据地的新钞印制、发行工作。

在陕甘宁边区的几个印刷厂所需的印钞纸，基本上都是我们的采购员跨过黄河冒着生命的危险，从国民党统治的白区和黄河沿岸一带秘密采购而来。那时在延安，虽说是在革命根据地，但到处都有国民党的反动特

在海北工作期间参加全省中支支行长会议

务,无论是在学校里、商店里、茶馆里、公职人员中、流动商人中、乞丐中,甚至在红军队伍中都潜伏有国民党的大量特务人员,真是不计其数。他们以不同的身份和面目随时都会出现在我们面前,使我们防不胜防,难以识破。我们的好多革命同志在硝烟弥漫的战场上,英勇顽强,浴血奋战几十年都没有倒下,但却倒在了隐蔽在我们身边的这些国民党特务的冷枪之下。特别是我八路军首长、政要人员、我党的地下工作者、交通员、联络员、红军印刷厂采购人员及负责我红军后勤给养供给的人员等,都是国民党特务专门打探和暗杀的对象。

在组织上调我去当采购员之前,我们中央印刷厂就已经有7名优秀的印钞纸采购员,先后在根据地和白区惨遭国民党特务的杀害。

陕甘宁边区银行之所以让我担任采购员工作,正是由于我在参加红军前多少有一些经商经历、经过印钞岗位的实践,又能鉴别出印钞纸的质量好坏,加之我讲话是山西口音(当时山西经商人员在这一带较多),平时又很少在外露过面。因此,组织上让我以经商人员的身份,秘密出现在根据地和白区采购印钞纸,这样既容易蒙蔽国民党特务,又能完成采购印钞

难忘的金融工作岁月

在青海省湟中县多巴镇工作期间的合影

纸的任务。

　　在干印钞纸采购员的几年里，我以纸商的身份，带着国民党旧币跨越黄河，来回穿梭于根据地和白区做纸张"生意"。那时无论是在根据地和白区，交通都极为不便，而且还没有便利的交通工具。陕北多为山区，老百姓称它为"黄土高坡"，唯一的一条大路，漫长而遥远，我们每每出去做"生意"，为了节约时间和经费，大多是走崎岖的山间羊肠小道。那时，由于国民党的严加封锁和国民党特务的打探盯梢，工作的危险性很大，加之衣食住行各方面的环境条件十分艰苦，想要做成一笔"生意"，哪怕是一小笔"生意"，都是很艰难的。就是在这种艰难困苦的情况之下，一想起组织交给我的采购任务，我就什么困难也不怕，什么危险也不顾了，一心只想着怎样避开国民党特务的打探盯梢，与白区的纸张商贩接触洽谈，做成"生意"。每当与那些纸商们谈"生意"时，一定要保持高度的警觉，十分注意观察对方的一举一动，特别是要注意对方在谈业务过程中的商人用语（即行话）。国民党特务化妆的商人毕竟在洽谈生意时用语生疏，肯定有破绽。绝对不可以掉以轻心，万一遇上国民党特务化妆的假商人，那就要掉脑袋了。白区的纸张商贩什么纸张生意都做，只要能赚钱，至于你买什么纸张，他不闻不问。在看好质量、定好数量、谈好价格、决定好秘

209

密交货的具体地点后，我就立即返回，准备接运的经费、人员、车辆马匹等，按时接货。我们选择的地点和具体时间是绝对保密的，基本上都是由供货商护送到黄河对岸靠根据地这边，经我们验货后货款两清。我和供货商们之间仅仅是生意之交，双方都是两耳不闻窗外事，只谈生意，不谈国事、政治，彼此坚守商贸诚信，互相信任，这样就确保了我的"生意"很兴隆，也保证了供货商的人身安全。

在两年的"生意"中，我始终是商人打扮，以生意人的身份，骑着一匹组织上专配给我的骡子，走南闯北，经历了不少的风风雨雨，吃了不少的苦。走累了天当被子地当床休息一会，饿了啃一块干粮充饥，渴了喝一口山泉水。有时干粮断了，就到老百姓家讨上一口。风餐露宿、挨饿受冻是家常便饭。但想到我每次不管大小都能揽到一些"生意"，保证我们的印刷厂能印制根据地新钞的时候，我的心里就感觉到踏实和欣慰。记得有一次，我做完一笔"生意"后在返回的路上，突然发现我身后有国民党的七八个特务一直保持100米的距离跟着我。我意识到在近两年的采购"生意"中，估计已被特务打探盯梢了，很有可能我的"生意"秘密被他们发现了。我一直佯装不知，继续牵着骡子朝前走，当我走到有几个小山的弯道处时，趁特务看不见我的机会，立即骑上骡子，扬鞭奋蹄一溜烟跑向前去。特务绕过小山头发现我已骑着骡子跑远了，就向我开枪射击，但我已远去，他们根本打不到我，就这样我顺利地跑了回来。

人民银行

后来，组织上考虑到我的"生意"活动有可能已被国民党特务识破，不易继续再做了，就于1945年2月将我调往陕甘宁边区银行陇东分行（现甘肃省庆阳县）干出纳工作；1946年1月又调入延安陕甘宁边区银行总行当保管员；1947年1月重新调入山西临县洪涛印刷厂当印刷工人；1948年1月调入陕北延安光华印刷厂继续当印刷工人。1950年2月，经人民银行西北区行决定，把我调入到青海省乐都县人民银行乐都县支行、并任乐都县县委委员。

刚到青海省人民银行乐都县支行时，由于青海省解放才5个多月，乐都县的经济金融十分的落后，市场萧条；人民群众的生活相当贫困，吃不

难忘的金融工作岁月

苦中作乐的革命乐观主义精神

饱,穿不暖;工农业生产力水平低下,根本没有像样的工厂、企业;杂乱的县城街道两旁只有一些铁匠铺等之类的小作坊,只生产一些简单的像铁锅、镰刀、锄头、铁锹、镐头等常用的生产劳动工具;另外就有一些小杂货铺,买一些自产和自制的生产、生活用的东西。人民银行乐都县支行也是从国民党时期的西北五省区行政长官马步芳手下接管后改制的。当时的行长是原马步芳设在乐都县的银行的行长,我任副行长。当时别提营业所,就连行长的办公场所都没有。人民银行乐都县支行改制初期,我们首先开始设置内部机构,设立了文秘、会计、出纳、信贷等几个股室,租了当地老百姓的几间土坯房,打理收拾了一下,找了几张破旧的木桌凳、几把破算盘就开始挂牌营业了。因为刚解放不久,人民群众的生产生活还没有在马步芳及其手下兵卒闻风逃跑时抢拿老百姓财物时的慌乱中恢复过来,人民群众的生活贫困潦倒。所以,人民银行的业务量不大,好几天没有一笔业务往来。我们的主要任务,就是想方设法帮助人民群众尽快稳定生活秩序,恢复农业生产,帮助他们解决衣食问题;解决农业生产资料的购置等工作;深入到农户家中了解情况,发放贷款,解决面临的困难。

1954年11月，组织上将我调到青海省海北州（现门源）中心支行当行长。当时门源县地区经济以农牧业为主，经济十分落后，仅有为数不多的国营商店、供销社、合作商店和个体商贩，农牧区多数农牧民生活极为贫困。期间，我们针对当时的具体情况，带领全行职工骑马下乡访农户、过草原进帐房发行货币；办理机关部队经费业务、发放少量商业贷款，促进物资交流，积极发展生产，为门源金融业的发展培养干部。当时，开拓业务同样挎枪跃马，贷款现金装在马背上褡裢里，翻山谷、进草原，深入群众串帐篷，访贫问苦，积极开展农、牧区扶贫贷款工作。在做好宣传鼓动工作的基础上，该贷款的就贷款，该救济的就救济，贷款手续简便，当场付现，当场购买牲畜、粮食等生产、生活必需品，解决贫困农牧民生产、生活中的困难，扶助发展家庭生产，初步打开了当地的金融工作局面。按照组织的安排，1965年我调入人民银行青海省分行，从事会计发行等工作。

　　回忆我这一生，虽然没有像其他红军战士那样，经历过枪林弹雨；没有爬过雪山、走过草地，没有吃过草根树皮。在红军时期，大部分时间是在陕北苏区从事印刷钞票和采购工作，但同样是在艰苦的环境下，为了中国人民的翻身解放，为了劳苦大众过上好日子做出了不懈的努力。我的一生大部分时间都是在人民银行工作的，对金融工作有着特殊的感情。我在人民银行工作的日日夜夜，令我终生难忘，铭记在心！

唤醒"沉睡"的国债收款单

——原人民银行黄南州中心支行主任科员 马 义

人民银行黄南州中心支行 程朵采编

马义，回族，1991年进入中国人民银行黄南州分行工作，1998年进入国库科工作，曾经是青海省人民银行系统国库战线的一面旗帜，也是人行黄南州中心支行的一个先进标杆。他在国库岗位上一干就是15年，于2013年因病提前退休。今天，我们把他请回曾经工作过的办公室，向我们讲述他和国债收款单的往事。

马义同志荣获2000—2005年度人总行国库系统先进个人（图为颁奖现场）

国债收款单是国家为筹集建设资金，于1982年至1988年以收款单形式向企事业单位和个人发行的国债。这些国债的兑付形式是自购买第5年起每年7月1日按购买金额的20%还本付息，分5年偿还。按照偿还时限，这些国债应当于1997年全部兑付。但因为各种原因，截至1997年，黄南州还有55笔国债收款单尚未兑付。从1999年11月1日起，商业银行把未兑付的国债收款单移交人民银行集中保管，统一兑付。马义就是当时接收国债收款单的当事人之一。在他和同事们刚接手保管国债收款单时，他们对这些国债收款单进行了认真分类，按年度对这些国债收款单进行登记造册。马义和他的同事们望着这一沓收款单犯了愁，因为他们深知眼前这些纸张泛黄的收款单可不是一堆废纸，它代表着国家的信誉，是国家对国债购买人的庄严承诺。

　　他们决定动员各方力量寻找购买人，让购买人早日兑付国债。马义说："记得那时的国库科科长是张君晓，他有一辆红色的嘉陵摩托车，那辆摩托车就成了我们的交通工具，我俩骑着这辆摩托车跑了好多地方。"记得一次，他们打听到一名购买人当时在隆务寺做僧人，当他们找到那位僧人，在别人的翻译下告诉他们的来意，向那位僧人描述他持有的那一联的样子，那位僧人才恍然记起好像有一张这样的"纸"，才知道这原来是一笔钱。拿着兑付的钱，这位僧人握着马义和张君晓的手连声说"瓜珍弃"（藏语"谢谢"的意思）。还有一次，他们两个人到离州府50多公里的兰采乡去寻找一个购买人。在回来的路上，下起来了大雪，山高路滑，两个人从摩托车上摔了下来。一天都没怎么吃东西的两个人又渴又饿，推着摩托车走了大概有几公里的路才看到一个藏族老乡的家，便去讨了块馍馍，喝了碗水。虽然那次他们没有找到购买人，但他们

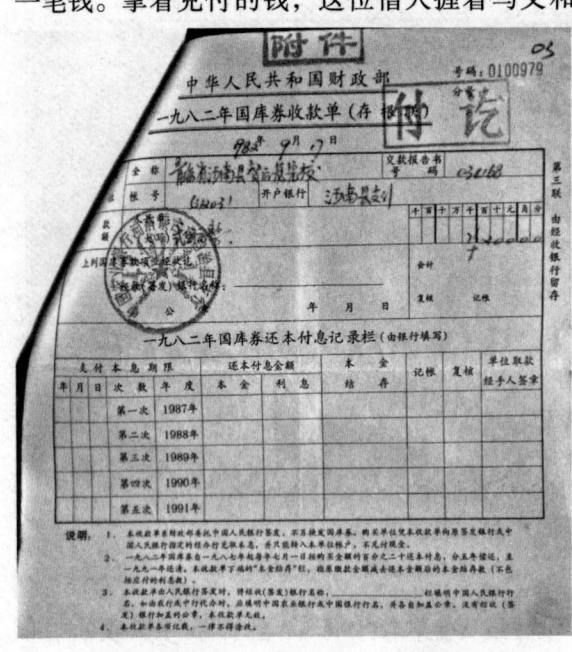

未经兑付的上世纪80年代的国债收款单

唤醒"沉睡"的国债收款单

心里还是很满足。"那时也没想别的,就想着能找到一个就兑付一个,就想着不能让老百姓觉得国家借了钱不还。"马义说。

就这样,他们陆续兑付了个人购买的所有国债收款单。但一些购买单位是企事业单位的却实在是无法兑付,如有的收款单购买单位一栏只写着汽车队、电影公司、维修社、家属队等,从经办银行的盖章上才能隐约辨认出这些购买单位是哪个县的。但当他们赶到各个县上去查找时,这些大部分属于当时的集体性质或国有性质的"厂",经过20多年的"岁月流转"与经济体制改革,大多数已经更名改制或关停,购买时的存根联已无从查找。于是,52张国债收款单就此"沉睡"。

这些"沉睡"的国债收款单一直是马义的心病,每当作为会计主管的他清查重要空白凭证时(按制度,国债收款单要作为重要空白凭证管理),总会一遍遍抚摸着这些泛黄的纸张,不由得在心里念叨有什么办法能让这些钱回到购买者的手中呢?

机会终于来了。2012年,人总行下发了《中国人民银行国库局关于开展国家债券收款单集中催兑活动的通知》,集中对这些国债收款单进行清查、催兑。马义作为黄南州中心支行国债收款单催兑小组的成员再次参与了国债收款单的兑付工作。从2012年9月份起,他和主管国库工作的副行长张永平、国库科副科长韩叔仲决心利用此次机会彻底唤醒这些"沉睡"了26年的国债收款单。他们在《黄南报》上刊登了催兑公告,开展了大规模的催兑宣传活动,扩大催兑工作知晓面。考虑到当时的国库券收款单持有单位都已自行解散或是兼并,其历史遗留的债权债务关系单位已并入当地财政局承担,

人行黄南中支开展藏汉双语国债收款单催兑宣传

215

▶▶▶足迹

他们在与财政部门积极协商，征得上级国库部门的同意后，采取由县级人民政府出具债权债务归并证明、财政部门出具兑付证明和承诺书，统一兑付，统一将兑付本息款项划入地方财政库款的做法。为确保兑付工作顺利进行，他们还对兑付手续和业务操作进行了规范，在整个兑付工作中做到严格审核国库券收款单存根联与相关资料的完全一致，兑付手续严密，业务操作规范，确保资料合法有效，利息计算准确无误，账实、账表、账账全部相符。同时，他们还严格执行《青海省国债管理工作细则》等监督规定，对国库券收款单兑付工作的全过程实施监督。经过3个多月的艰苦努力，"沉睡"了26年的国债收款单全部得到兑付，兑付本金142908元，利息68282.12元，他们的做法得到了上级行、持券单位、政府部门的认可和好评。

"我在人民银行工作了32年，有15年的时间都是在国库岗位上，国债收款单兑付工作几乎伴随着我在国库岗位工作的这些年，在退休之前我看到这项工作彻底完成了，我也很心安，他们再也不会承担这样的工作了。"马义边看着新加入国库岗位的年轻人，边语重心长地说。是啊，现在的国库业务已经进入了无纸化操作的时代，国债收款单完成了它的使命正式退出历史舞台。如今，电子式国债已成为国家发行国债的主要形式，国债的购买、兑付凭借现代化的支付清算网络更加安全、快捷。但不管时光如何变迁，不管国债的形式如何变化，国债以国家信用为基础，作为被公认的最安全的投资工具的身份依然没有改变。每当看到新发行的国债被投资者热捧的新闻，我仿佛透过"金边债券"的光环看到了一代又一代的国库人，看到了他们历经20余年唤醒"沉睡"的国债收款单的种种努力……

经多方努力成功兑付国债收款单

我的调统工作情缘

——原人民银行阿勒泰中支调查研究与统计科科长　戴源洪

人民银行阿勒泰中支　戴源洪、王丽丽采编

1964年9月，我从上海高中一毕业，就来到了美丽辽阔的新疆维吾尔自治区支边，在这里工作生活了42年。经历了农七师奎屯干校、人行奎屯支行、农七师129团连队、兵团农行北屯支行、上海农学院农村信贷干部大专班23年的工作、学习和生活变迁，于1987年8月回到兵团农行北屯支行继续担任副行长，并主持工作。刚汲取完新知识、新管理、新理念的我回行后，带领支行及辖属10个团场营业所160余名干部职工勤奋敬业、扎实苦干、开拓进取，农行北屯支行于1987、1988连续两年被新疆维吾尔自治区评为自治区一级企业。

1989年1月，由于工作需要，我调至中国人民银行阿勒泰地区二级分行（以下简称"二级分行"）担任调查研究室（1992年5月后改为调查研究与统计科）主任，我的调统工作情缘就从这里开始了。

从1989年至2005年10月我退休，17年的时间里，从事调统工作13年，担任地区金融系统金融续志编委会常务副主任兼金融续志编辑室主任4年。期间，值得难忘的人和事实在是太多了。印象最深刻的是，我遇到了开明智慧的行领导和相互支持提携的同事们，特别是时任二级分行党组书记、行长的李超英同志，时时处处全力指导和支持，给了大家力量，提供了为推动和发展人民银行调统事业而开拓创新的工作平台和良好氛围。

多方筹措资金　保障畜牧收购

1989年，我们在调研中了解到畜牧业大丰收，绒毛、皮张等畜产品增加较多，收购任务繁重，但却出现了收购资金供应紧张和销路不畅的新情况，特别是部分县、乡出现畜产品收购打白条的现象。为了消灭白条，保障农牧民切身利益，二级分行及时将有关情况向地委、行署汇报，引起了各级领导的高度重视，地县政府分别组织金融机构、财政、商业供销、畜产品加工企业召开协调会，专门研究畜产品产、购、销事宜，要求各方明确责任，加强协作，同舟共济，共渡难关。地方党政指导有方，二级分行积极担当主动作为，对各专业银行的现金需求和临时性资金困难及时供应和设法解决，同时积极协调各专业银行及时筹措信贷资金，财政部门合理调剂临时资金，商业供销部门及时收购，畜产品加工企业全力配合。经过各方通力协作，畜产品收购提前半个月完成任务，畜产品收购总额累计比上年同期增长了99.5%。上报的《关于阿勒泰地区畜产品收购和调销情况的调查报告》得到自治区人分行大会表扬，并在《新疆农金报》头版长篇报道。

整治"机构大战" 规范金融秩序

1989年，地区各金融机构为了完成储蓄任务，通过采取高息、即时返利、发放物品等诸多不正当手段揽存竞争的方式，引发了扰乱正常经济金融秩序的"机构大战"。二级分行及时组成调研小组，深入金融机构、走访企事业单位及居民储户、向地方党政汇报、组织金融机构联席会议等，多方收集信息，加强组织协调，并积极筹备、精心谋划，安排2人专门督办论文进度，于6月13日至6月15日组织各家金融机构召开了"整顿治理金融秩序专题研讨会"。100多人参会，17篇论文在大会上交流，紧紧围绕如何规范金融秩序、建立金融业良好竞争氛围的新秩序进行了充分讨论，达成了共识，有很强的针对性、时效性和适用性，有效遏制了辖区金融机构无序竞争，规范了金融秩序，受到上级行和地方党政的高度认可。1989年底，地委、行署召开地区信息工作座谈会，指定二级分行就如何开展调研信息工作进行汇报交流，经验材料在地区行署主办的《计划经济信息》全文刊登。

凸现资源优势　发展黄金产业

阿勒泰地区黄金资源相当丰富。但1980年的黄金产量仅为90两，阿勒泰人还是守着个"金山"靠国家补贴过穷日子。1981年至1987年，黄金产量虽然逐年有所上升，但由于"群采"生产方式落后，乱采滥挖，致使山区自然生态环境和黄

1990年7月戴源洪（左一）在阿勒泰市黄金生产采金行业现场调研

金资源遭到严重破坏，走私、倒卖黄金活动猖獗，黄金流失严重，使国营现代化黄金生产企业发展受到重创。掌握这些信息后，我们及时向二级分行党组进行汇报，党组书记、行长李超英亲自带队，组织计划、调研、货币发行等职能部门组成调研工作组，利用一个星期的时间，克服路途艰难的现实，跋山涉水，不畏艰辛，深入到边远山区的岩金矿产企业、沙金采矿区等采金现场，与企业负责人、工作人员深入沟通交流，并实地跟班作业充分考察，掌握了大量的第一手资料，写出了《阿勒泰黄金资源概况及其生产现状和展望》的报告，提出必须坚决取缔个体采金、加强综合治理、整顿黄金生产管理秩序等合理化建议。听取相关职能部门汇报，并进一步深入了解具体情况，地区党政采纳了建议，确定了运用机械化先进技术采金，重点发展国营黄金生产企业，并采取措施加快取缔个体采金的路子。鉴于地区经济发展起步较晚，黄金产业发展基础条件差，二级分行充分发挥基层央行管理和服务职能，坚持贷前调查、贷时审查、贷后检查原则，积极发放黄金专项贷款，支持建成了机械化溜槽、采金船、炭浆厂，构建了较大规模的机械化采金生产能力，使国家黄金资源和自然环境得到

了保护，黄金回收率大幅度提高，从根本上改变了黄金产业发展落后的面貌。

金融与科技相结合，是富国强民的历史选择。1989年初，在富蕴县萨尔布拉克低品位岩金矿首次进行2.4万吨堆浸试验。这个项目是国家重点科技攻关项目之一。二级分行工作组多次深入富蕴县和试验现场进行可行性调研，针对试验急需购置设备、药剂和清理试验场地等缺乏资金的情况，及时向上级行汇报，多方争取并发放黄金专项贷款，确保了实验顺利开展，试验取得重大突破，堆浸的浸出率、吸附率、解水率、电解率、总回收率均达到国际先进水平。堆浸试验当年实现产金产值363万元，创利税253万元，当年还清贷款，为堆浸科技化发展打下了良好基础。深入调研、反复论证，写出的《关于富蕴县萨尔布拉克低品位金矿堆浸试验的调查报告》，被国家黄金管理局《黄金》杂志刊登。

1990年初，在确定低品位岩金矿试验究竟上10万吨还是上5万吨规模的决策过程中，地区有关领导和部门担心资金供应困难，举棋不定，二级分行主动向自治区人行反映情况，得到了高度关注和支持，我们及时向地区党政反馈保证供应10万吨堆浸试验的资金需求，确保该试验项目及时获得国家科委批准立项。10万吨堆浸产金11199两，实现利润1000多万元，使富蕴县当年跨入全国万两县的行例。1991年起，二级分行持续发放黄金贷款，进一步支持堆浸法科技成果的推广和运用，支持建成了吉木乃县布尔克斯岱金矿、哈巴河县赛都金矿、福海县阿克希克金矿等5个堆浸场，黄金产业持续、稳定、健康发展，成为阿勒泰地区的支柱产业之一，人民银行的黄金专项贷款回收任务年年较好完成。上报的《在经济腾飞的突破口上——阿勒泰人民银行支持黄金生产纪实》、《阿勒泰黄金资源概况及生产现状和展望》分别被《新疆经济日报》和《新疆投资》刊登；《战斗在黄金生产第一线》被《中国金融》刊登。

加强分析预测　服务地方发展

二级分行和县支行处于宏观和微观经济金融的结合部位。充分利用调研统计涉及面广、深、直接到县的有利条件，加强宏观经济金融形势分析预测，为上级行和地方党政领导当好参谋助手至关重要。从1989年至

我的调统工作情缘

2000年,地区和各县人行调统部门通过对辖区工农牧业生产和国民经济主要经济指标的增减分析,对市场货币供应量、信贷总量、贷款供求和投向、存款的增减、金融机构货币经营状况的分析比对,对辖区宏观经济金融运行情况变化规律的分析研判,掌握真实资料,撰写分析报告,针对突出问题提出对策建议,积极服务地方经济发展。针对1992年地区经济低速低效、兵团农十师亏损继续扩大、金融机构存款增势滑坡、借差增势扩大、货币投放势头较猛、资金紧缺矛盾日益突出的现状,二级分行调研小组深入实地调研,分析原因,查找症结,提交了《阿勒泰地区经济金融形势综述》的报告,提出:加快企业经营机制转换,积极试行企业股份制和合作制改革;加强农牧业基础地位,加快发展乡镇企业;继续整顿金融秩序,规范银行揽存,加强审核提高信贷资金效益等一系列符合地区经济金融发展的建议,以进一步适应市场经济改革的需要,引起了地方党政、农十师和金融机构的重视,并采纳了建议,为各级决策提供了重要资料和依据。

1996年8月,戴源洪(左一)组织调统科部分工作人员召开工作会议探讨工作

理顺统计归属　畅通信息渠道

金融统计是人民银行基础工作的重中之重。1992年5月前，新疆人行辖区二级分行的金融统计归口计划部门，调研与统计是脱节的。实践证明，金融调研与统计是一个整体，缺一不可。调研与统计分散不同部门，机构设置上下不对口，不能很好地发挥调研作为中央银行制定和实施货币政策重要根基的作用，完善和改革调研和统计机构设置势在必行。我带领科室人员深入二级分行相关科室、辖区各县支行及金融机构，收集资料、发放问卷、座谈讨论，1992年初上报了《地区和县级人民银行金融和调研信息工作现状和对策》的报告，引起自治区人分行领导和调统处的高度重视。4月份，自治区人分行举办了"宏观经济分析培训班"，我和博州、阿克苏二级分行调研室主任分别作了重点发言，发言中我提出建议：希望上级行尽快完善业务对口设置，将计划部门的统计业务归口调研部门，由于

1998年3月23日，戴源洪（一排左五）与阿勒泰地区二级分行金融统计监测管理信息系统培训班学员结业合影

论证充分、条理清晰、符合实际，自治区人分行采纳了建议，专门下发正式文件，决定统计业务归口调研部门，从此调研室改为调查研究与统计科，各地州二级分行积极响应，认真落实移交工作，理顺了关系，促进了工作。

构建调研网络　工作取得突破

我刚到调研室时，由于各种原因，二级分行调研工作在全疆人行系统处于下游。为改变现状，在二级分行党组和李超英行长的鼓励和支持下，配备了专门的资料室和资料柜，增订了多种经济金融类报刊杂志，购置了中央银行、专业银行业务书籍。为了扩大调研信息资料来源，与地区党政、各专业银行、全疆各地州二级分行建立起信息资料交流互换关系，重点建立了三个层次的调研网络。一是建立和发展人行系统内部各科室与县支行共同参加的调研网络；二是建立了与各专业银行联系和协作的调研网络；三是建立了与地方党政相关部门联系和协作的调研网络。促使二级分行调查研究工作全方位、多层次开展起来。

面对困难，迎难而上，带领全科6名员工紧紧围绕为中央银行制定和实施货币政策提供决策依据这一职责定位，结合实际制定工作计划，定人定岗定责，明确目标任务，规定完成时间，细化奖惩措施，狠抓任务落实。坚持按月、按季、按年报送宏观经济金融分析报告；走访调查、收集整理经济金融资料，针对典型问题和阻碍经济发展症结，写出《阿勒泰地区信贷结构现状、问题

1990年8月，戴源洪在二级分行主办的计算机培训班上作动员讲话

和调整意见的分析报告》，受到地方党政和金融机构的关注和重视，为地区金融机构合理调整信贷结构提供了重要参考，被自治区人分行专题研讨会评为5篇优秀论文之一。

1992年二级分行创办了《动态反映》和《金融调查与分析》，1993年各县支行也办起了这两种简报。我们紧紧围绕各个时期经济、金融运行中的新情况、新问题，及时深入地区党政各有关部门、工矿企业、各县、各级金融机构、农十师各农牧团场，开展调查研究，及时收集整理信息资料，严格审核，通过《动态反映》和《金融调查与分析》上报上级行和转发地区党政、金融机构，反映情况实事求是，报送的资料具有一定参考价值和使用价值，成为各级领导、各级机构决策的参谋。1994年采写的《春耕、备耕中存在的问题及建议》被人总行内参刊登。

通过领导的支持，大家的努力，整体力量作用有效发挥，汗水换来了成果，1989年底，自治区人分行调研系统综合评比中，二级分行获得第5名，初步改变了调研工作的落后局面。

狠抓重点课题　加快职能转换

为进一步发挥调研促进地方经济金融发展的重要支撑作用，二级分行高度重视围绕不同阶段热点、难点，加大重点课题研究力度。

1993年底，中央决定人民银行分支机构实现职能转换。结合自治区人分行指导意见，经二级分行党组研究，决定开展"分支机构职能转换和社会集资"的重点课题研究，计划在阿勒泰市召开专题研讨会。在自治区人分行调统处、金研所的关心指导下，二级分行认真组织，精心筹备，于6月20日至22日在阿勒泰市成功召开了"人行分支机构职能转换和社会集资问题研讨会"，地委行署领导、地区经济综合部门、金融机构、部分地州二级分行代表共130多人参加，收到论文46篇。会上，地区行署副专员、金研所所长李超英、金研所陈艳樱、调统处巴提汗分别讲话和发言，30位代表进行论文交流，论文分析精辟，观点鲜明，对策建议切合实际，可操作性强。与会人员围绕人行分支机构职能转换，为什么转？转什么？怎么转？等展开激烈的讨论，达成共识，将工作重点转换到金融监管和调统监测上，有利于促进金融机构稳健经营，更好地服务地方经济发展。

我的调统工作情缘

《新疆金融》专题报道此次研讨会,获奖的30篇论文中13篇被《新疆金融》刊登。同时,汇总研讨会的积极成果,由我行牵头,哈密、喀什二级分行参与,合作完成的《新疆社会集资情况的调查》和《人行分支机构职能转换的若干问题思考》两篇重点课题,被自治区人分行《金融调查与分析》采用并上报人总行。

为进一步加快人行分支机构职能转换,1995年4月,二级分行作出了《关于成立阿勒泰地区人民银行大调统领导小组和大调研体系的决定》,计划下半年召开"阿勒泰中央银行大调研讨论会",得到自治区人分行指导和支持。二级分行及时制定《中央银行大调研讨论会的安排意见》,分别在全行大会、行务会、支行长会议及各专业会议上进行动员部署,强调大调研的重要性和必要性,号召全辖职工特别是中层以上干部和专业技术人

　　1995年9月5日-7日,阿勒泰地区二级分行调统科作为牵头部门,积极配合分行党组成功举办阿勒泰中央银行大调研讨论会

225

▶▶▶ 足迹

1995年9月7日戴源洪（左一）参加《阿勒泰中央银行大调研讨论会》座谈研讨

员积极参与其中，并将此作为干部行政职务考核、专业技术职称评定的依据。研究确定重点课题，制订调查提纲，从二级分行领导班子成员到各县（市）支行、各科室负责人，再到各职能部门的业务干部，128人参与调研写作，占全行总数的41%，提交论文132篇。其广泛性和群众性、文章内容涵盖领域之广，创造了二级分行调研之最，大调研格局初步形成。1995年9月5日至7日，在地委行署、自治区人分行和新疆金融学会的大力支持和自治区人分行政研室、金研所、调统处的关怀下，同时得到乌鲁木齐市人分行、巴州人分行积极配合，二级分行成功召开"阿勒泰中央银行大调研讨论会"，地区经济部、农工部、社科联、计委、经委、统计处、财政处、体改办、地区各金融机构代表共195人出席会议。地区行署副专员亲临大会指导，并做了《理论联系实际，发展金融科研，推动阿勒泰地区经济发展》的重要讲话；自治区人分行副总经济师、新疆金融学会秘书长全秉中做了《深化金融体制改革 抑制通货膨胀》的精彩学术报告；自治区人分行金研所李超英所长就进一步转换人民银行职能进行了指导讲话，调统处吴洪车就进一步加强调统和大调研工作发表了很好的意见。大会收

我的调统工作情缘

到论文134篇，33篇论文作大会交流，紧紧围绕"人行分支机构职能转换，进一步增强中央银行履职意识，提升执行货币政策的自觉性，实施大调研和大监管工作，规范银行业经营行为，高效支持地方经济发展"等进行了广泛深入地研讨。《新疆金融》出版了《阿勒泰"中央银行大调研"讨论会》论文专集，收录论文58篇计20多万字。研讨会的成功召开和论文集的出版发行，在社会各界引起广泛好评。

从1989年至2001年，我行调统工作不断发展和进步，在全疆人行调统系统综合竞赛评比和专业单项竞赛评比中，持续保持了名列前茅。这些都得益于上级行及本行党委（党组）的正确领导和全行干部职工的齐心协作、团结奋斗、脚踏实地，是我们基层央行人深一脚、浅一脚摸索前进，一步一个足迹苦苦走出来的。在二级分行这个集体中，调统科就像突击队，勇于创新、攻坚克难、敢闯敢干，在不断取得新成果的同时，调统科工作人员自身也得到了锤炼和进步，收获了人生的价值和尊严。10多年中，包括调出调进的职工在内，先后有1人担任正处级领导，2人担任副处级领导，7人任科长，3人任副科长。其中：1人晋升为高级工程师，1人晋升为高级经济师。我于1996年被阿勒泰地委、行署联合聘为地区专家顾问团成员。

2005年10月，我光荣无悔地退休了，告别了工作、生活和足迹几乎踏遍阿勒泰地区每一个乡村角落的42年的大美新疆，回到可爱的故乡黄埔江边，安享老有所学、老有所乐的晚年生活。退休11年来，每当夜深人静的时候，我就会回忆起曾经在奎屯、在129团、在北屯、在阿勒泰的同事和朋友们，有时梦里仿佛又回到了天山脚下、农场连队、军垦团场、阿勒泰山的森林、草原矿山、二级分行的办公室……回首往事，依稀有些恍惚，而在那片充满神奇土地上的最后17年，特别是从事调统工作的13年，始终是我的不了情缘。

▶▶▶ 足迹

用汗水串起数字人生

——记原中国人民银行北屯支行行长 胡建勋

人民银行北屯支行 宁泰祯、赵瑞青采编

他是金融战线上的一员老兵，从风华正茂到年过半百，直至退休，把人生最宝贵的岁月全部献给了他挚爱的金融事业。在银行这片沃土中，用辛勤的汗水书写了一串平凡而又闪光的数字人生。他就是原人民银行北屯支行行长胡建勋。

与人民银行的最初情缘

胡建勋 1946 年出生，他父亲是 20 世纪 30 年代中期的老铁路工作者（铁路四建），50 年代初的老共产党员。说来，胡建勋跟人行有缘，1962年 6 月，中共中央、国务院发出了《关于改变中国人民银行在国家组织中地位的通知》，重申中国人民银行是国家管理金融的行政机关，是国家办理信用业务的经济组织，被授权在全国实行现金管理、信贷管理和信贷监督。为了更好地发挥中国人民银行在国民经济中的积极作用，重新明确了中国人民银行在国家组织中的地位。中国人民银行各级机构和职工队伍得到了恢复。正是在这种大环境下，人民银行向铁路部门要人，机缘巧合，1962 年胡建勋在乌鲁木齐铁路中学初中毕业，就和 3 名同学与铁路四建的几个干部一同被分配到人民银行石河子支行（人民银行石河子支行当时归乌鲁木齐人行区分行直管）。父亲把他送到人民银行石河子支行工作的第一天，再三嘱咐他说：在单位做人要老实正直，干工作要不怕苦不怕累，为人处事可以吃亏，不能贪小便宜。

228

胡建勋记着父亲的嘱托，刚分配到人行石河子支行时，还不满16周岁，身高1.54米，穿着皮大衣只有99斤。因为年龄小，行里的人都非常关心他，人与人之间关系很和睦，工作起来心情舒畅。特别是单位里有位叫马兰根的会计，现在说起来，可以算是他的师傅了，给了他一本有关业务的书让他学习，尽快提高业务技能。

有一次结账时，胡建勋发现多了4元钱，心里很怕又不敢跟马兰根师傅说，便悄悄把钱放在一边。后来有人来找，才知道是给客户的利息少付了4元。这件事对他触动很大：父亲的教导非常必要，银行工作一定要有认真严谨的态度，尤其是干金融会计，账务上哪怕是一分钱都要核对清楚。

在人行石河子支行工作学习了一个月后，胡建勋被分配到石河子南山储蓄所，担任外勤工作。当时到各个单位跑外勤办理储蓄业务，要么是搭便车，要么靠步行。记得有一次红沟分矿发工资，去给他们送款，当时正值寒冬，又没车，胡建勋身上背个包，里面装有两万多元钱，步行了18公里，途中遇上寒流，他咬牙坚持到了红沟分矿，耳朵都冻肿了。红沟分矿的炊事班长见此情景，赶紧用冰水为他擦洗，总算把耳朵保住了。

胡建勋回忆，他刚走上工作岗位，遇到的同事好，遇到的行长也很好。有一次行里需打土块盖办公室，因为他年龄小，身体也瘦小，行长辛壕文看在眼里，就每天陪胡建勋打土块，当时的辛壕文行长已经50多岁了，是一位当年在解放区就从事金融工作的老金融了。据胡建勋本人说，正是由于他当初遇到的这些正直善良的好人，影响了他的一生。在南山储蓄所工作两年后，胡建勋不仅身高长到了1.74米，体重也增加到112斤，特别是业务素质得到了很大的提高。

亲历人行与农行的渊源

1964年11月，当胡建勋从储蓄所又调回人行石河子支行时，当时的人行石河子支行已更名为农行石河子支行（那时兵团都是农行），到1965年农行石河子支行又改名为人行石河子支行，还是归乌鲁木齐人行区分行管理。1967年"文革"期间，石河子发生"12.6"事件，社会秩序较乱，当时给营业所每年调款2—3次，没有运钞车，运钞出现问题。一次给石河子148团营业所送款，经跟团里沟通后，最后派了3辆油罐车，胡建勋和1名警卫班长、1名财务科工作人员一同押运。早晨不到7点就出发，91公里的路原本两个小时可以到达，但由于延途有不同派别的关卡，团领导再三交待，不到万不得以不能暴露武器，一路上担惊受怕，最后走了近4个小时，才算有惊无险地完成了押送任务。

1970年8月，乌鲁木齐人行区分行将胡建勋从人行石河子支行调到人行北屯支行，在行政股担任稽核员。由于他勤奋刻苦，很快成为业务骨干，并经常深入基层团场营业所查账，同事之间或各营业所工作人员有什么账务上的问题，大家也都爱问他。

1971年1月，他在北屯与上海支边青年张芳结婚。张芳是1964年从上海支边被分配到人行石河子支行的。1970年，跟随胡建勋从人行石河子支行调到人行北屯支行。几十年来，他们夫妻互敬互爱、互帮互学，成为一对金融战线上的模范夫妻，在人行北屯支行乃至辖区金融系统被传为佳话。

1987年胡建勋（左三）在布尔津县农行工作期间，与同事下乡开展调研

我国实行改革开放政策以来，全国出现了金融机构多元化和金融业务多样化的局面。1979年1月，为了加强对农村经济的扶持，恢复了中国农

业银行，同年人行北屯支行再次更名为农行北屯支行，由阿勒泰地区农行管理。1987年2月，胡建勋被调往农行布尔津县支行任副行长并主持工作。阿勒泰地区农行行长李荣库、副行长黑德尔拜一行送胡建勋到布尔津农行宣布上任后，又一起返回北屯。路上遇上了暴风雪，车行驶到半路实在无法继续前行，只能往回返，一路上风雪交加，只能是人下车挖一会雪，车走一走，人再下车挖一会雪，车再慢慢前行一点，本来1个多小时的路程，走了六七个小时才又平安返回布尔津县城。

当时阿勒泰地区各县金融机构储蓄竞争很激烈。胡建勋在农行布尔津县支行工作期间，各家金融机构为争取存款，甚至采取了了不正当的竞争手段。胡建勋主动与时任工行布尔津县支行行长的张慕廷和时任建行布尔津县支行行长的翟建华沟通，最后决定采取公平竞争的方式，即在各家金融机构的营业柜台上均摆放三家的宣传单，让广大群众自己选择在哪家银行储蓄，避免了恶性竞争，维护了金融秩序。

1982年7月14日，国务院同意并批转中国人民银行《关于人民银行的中央银行职能及其与专业银行的关系问题的请示》。中国人民银行在该请示中提出："中国人民银行是我国的中央银行，是国务院领导下统一管理全国金融的国家机关"。1983年9月，国务院作出《关于中国人民银行专门行使中央银行职能的决定》。1989年3月，本来阿勒泰农行要派他去石家庄干校学习深造，可是由于阿勒泰地区人民银行二级分行要恢复成立第二批县级支行，组织上就改变了决定，安排他于当年4月筹备北屯支行成立事宜。1989年9月，人行北屯支行恢复成立，胡建勋正式被任命为人行北屯支行行长。

与人行北屯支行同成长

1989年，刚恢复成立的人行北屯支行只有7人，均是从当时的农行分过来的。除胡建勋行长外，还有一名副行长，只有会计发行股和综合业务股两个部门。没有办公楼，借用当时北屯建行家属楼的几套房间，既当办公楼又当宿舍楼，发行库在兵团农行的库房，主要由兵团农行的人员守库。虽说，当时的人行北屯支行主要业务只有票据交换、现金供应和金融统计，但面对各项业务急需开展，还是显得人员太少。胡建勋虽然是行长,有时也要兼职出纳,如果值班人员不够,他也要值班。他任行长期间,为了支行其他职工能与家人团聚,每年的大年三十都是他亲自值班。

1989年人行北屯支行成立,胡建勋(后排左一)与支行全体人员在办公室门前合影留念

到了90年代初,随着我国金融业的发展,人民银行金融服务工作有了较大的发展。1990年,人行北屯支行办公楼项目开始投建。人行北屯支行处于兵团农十师师部和北屯镇所在地,所处的地理位置比较特殊,同时受地方和兵团两家管理。办公楼审批、图纸设计、施工现场等,他主动与地方、兵团两家管理部门及相关单位进行联系沟通与主动协调,坚持做到一手抓支行办公楼工程建设不放松,一手抓支行业务发展不放松。

为了保证新建办公楼按期完工,同时保证质量,他更是一天工作长达十几个小时,不论是夏日炎炎的中午还是秋风瑟瑟的夜晚,他都在施工现场亲自监督。他白天黑夜忙个不停,从来没好好休息过一天,每天基本上都是最后一个离开。还经常自掏腰包,为加班干活的工人师傅们买一些食品、饮料,调动工人师傅干活的积极性。当年北屯的交通环境还不是很好,一天深夜,当他最后一个离开工地骑着自行车回家时,由于没有路灯,掉进了路边的深沟里,摔伤了腿。可没几天,他又一瘸一拐地出现在工地上。同事们都劝他多休息几天,他淡淡地一笑说,资金来得不容易,

用汗水串起数字人生

1994年人行北屯支行召开第二届职工大会，时任行长的胡建勋（一排中）与全行职工合影

都要用在刀刃上，工程质量至关重要。

在他的带领下，人行北屯支行新办公楼于1991年底正式竣工并投入使用。每天早晨，他总是第一个来到办公楼，把办公室打扫干净后，就到院子进行清扫。冬天下雪扫雪更是一马当先。他就像一面旗帜，不用过多的言语，用行动影响着、感染着同志们。

那几年，人行北屯支行陆续调来了10多人，最多时达到25人，多为20岁左右的年轻人，股室也由以前的两个增加到了4个，即：会计发行股、综合业务股、保卫股和办公室。新来的行员们大多跟他的孩子年龄差不多，他对待年轻人更多的时候像是一位父亲。记得有一年端午节，他和爱人一起包了一大锅粽子拿到办公室分给员工们吃。现在很多同志回想起那粽子的味道还很有感慨，其中的温暖与美好是不言而喻的。多年来，在他的领导和示范带动下，人行北屯支行就像一个和睦的大家庭。

进入21世纪初，辖区金融机构以"三个代表"重要思想为指导，紧紧抓住西部大开发战略机遇，强化发展意识、稳定意识和服务意识，认真执行稳健的货币政策，积极调整信贷结构，大力支持辖区农牧业、工业等的发展和建设。他带领全行员工齐心协力、尽职尽责履行好央行职责。

"态度决定一切"。他的态度就是责任心。责任心对工作质量、对事业的成败起着决定性的作用。缺乏责任意识，心思和精力不用在工作上，即使能力再强、水平再高，也不可能把工作干好。有了强烈的责任意识，就会有使命感，对自己高标准、严要求。态度不一样，精神状态、工作标准和工作质量也不一样。胡建勋行长在多年的工作中，关心别人、体谅他人，用一种豁达的态度去温暖每一位员工，和同志们建立了深厚的感情和友谊，确保了人行北屯支行工作不断进步。在他担任支行行长期间，北屯支行曾连续3年获得自治区级先进单位荣誉称号。

胡建勋在人行北屯支行行长的职位上工作长达17年，可是在支行全体员工的眼中，他更像一位长者、一位兄长一样，没有架子、不摆派头、亲民和气，大家都乐意与他交往、与他交心。

一个基层支行的干部，他没有轰轰烈烈的壮举，没有震耳欲聋的豪言，一辈子用自己的实际行动诠释着"奉献"和"责任"，用辛勤的汗水串起了自己的数字人生。虽然在人民银行基层央行的工作画上了一个圆满的句号，但是退休后迁回内地定居10多年的老人，把对人民银行的热恋却永远烙在了心里，他经常会打电话询问支行的发展情况，因为他已经和北屯支行深深地融为一体。

扎根基层四十载　伉俪情深央行缘

——记原中国人民银行伊犁州中心支行稽核科科长　廖江礼

人民银行伊犁州中心支行　陈静、张琳采编

1956年，祖国大西北正急需金融干部，新疆人民银行到广州梅县招生，正值青春年少的廖江礼和一批满怀青春抱负的青年一起被招录进央行队伍，从南国的广东梅县来到素有"塞外江南"之称的新疆伊犁。时光如白驹过隙，往日刚来到自治区分行报到的情景还历历在目，转眼，廖江礼同志已退休19年，回忆与爱人在基层央行共同度过的岁月，不禁感慨万千。

一路波折到新疆

由于新疆和广东两地相去甚远，1956年，新中国各项建设事业方兴未艾，当时的交通条件非常不发达，4000多公里的路程一

1957年，廖江礼进新疆后在伊犁州银行干校学习时照片

路走来，廖江礼同志与同伴们先坐火车抵达甘肃张掖后又乘坐拉货车来到酒泉，在酒泉住了几天后，乘车来到了人行新疆维吾尔自治区分行。一进分行大门，门口立着的黑板上赫然写着"欢迎广东学员来疆生根、开花、结果"几个大字，顿时让大家感受到了来自央行大家庭的温暖。后来，自

1957年，廖江礼（第一排左一）在伊犁州人行银行干校和同学合影

治区分行将来疆的学员分成两路，一路到北疆，一路到南疆，到伊犁的大概有90多人。这支庞大的队伍乘坐拉货车一路颠簸从乌鲁木齐来到伊犁，这段现在大概需要10个小时的路途，当时却足足用了3天时间。当时的公路凹凸不平，坑坑洼洼，货车颠簸摇晃，乘车人来回在车厢里面滚动，时间一长浑身酸痛，像散了架一样。白天还好，到了晚上，看到茫茫戈壁滩如此荒凉，大家心里难免有一丝酸楚。但是廖江礼心里有一个念头，既然选择来到了新疆，就要坚决服从组织安排，克服困难，迅速融入环境，为新疆金融业的复苏乃至腾飞贡献自己的力量，正是有了这样的信念让廖江礼有了扎根西北边陲的信心和决心。

"文革"期间两三事

1958年"大跃进"期间，国民经济遇到了暂时的困难，金融工作也遇到了一些问题，金融秩序被严重扰乱，银行主要为满足城乡居民收入和支出安排，为活跃城乡经济，商店经营、小商小贩的营业收入都要交到人民银行存起来。廖江礼到伊犁后被分配到人行特克斯县支行营业室工作，就连晚上也要营业。1966年"文革"开始，当时有"造反派"和"保皇派"两个派别，经常搞运动。有天晚上廖江礼正在营业室收款，就听到外面有吵闹声、喊叫声，他当时不知道什么情况，心里就想着赶快把钱款数好锁进柜子里面，等他处理好钱款出来的时候，才知道是两个派别搞武斗，正在打单位里的另一个同事，廖江礼还没有弄清怎么回事，也被抓起来一起打了。第二天，县上的好多人都知道他被打的事情，纷纷谴责打人的人，说你们怎么打红眼了，连廖江礼这么老实本分的人都打，两个派别的人都表示打错人了，可想而知当时的局势有多么混乱。以后他每次上夜班的时候，妻子在家里都很担心，好在这样的事情没有再发生过。

"文革"期间，廖江礼同志任特克斯县人民银行会计股股长，主要负责账务工作，银行账务工作讲究日清月结，要做到定期查库。有一天，查库时竟发现短款一千元，一千元在当时的经济条件下可不是个小数目，廖江礼赶紧叫来另一个同事，把发行库打开，将所有的钱又重新点了一遍，还是短款一千，由于款项经过了会计、出纳好几个人，具体的原因出在哪个环节也查不出来，经过开会研究大家协商由当时的出纳赔偿，出纳将家中的地毯、家具等贵重物品变卖了才将款项赔偿上。后来，为了杜绝出现此类现象，廖江礼同志想了个办法，两个人交接工作时，支票后面必须详细地标注上10元钱有几张、2元钱、1元钱有几张等，交接时复核一下，从这个规定实行以后，短款、长款的现象就没有再出现过。后来，这个规定在银行系统被实行下来，支票后面专门印刷了一栏要求备注票面金额张数，这也算是廖江礼同志在业务工作中的一个小创新吧。

稽核岗位责任重

1988年，廖江礼由特克斯县支行调到伊犁州分行稽核科工作，由于他干过多项业务，对人民银行的各项工作都比较熟悉，对于稽核出来的问题令人心服口服，廖江礼同志也因此被评为总行"稽核工作先进工作者"。对他印象最深的就是稽核农行的一笔款项。由于改革开放，私人企业建厂的比较多，有的企业不按自己的财力衡量，当时有个回族老板要建立皮鞋厂，需要贷款，当时廖江礼在农行任副行长负责贷款工作，县委书记亲自授命贷款，当时贷款需要向银行提供财务情况、报表、生产销售计划等，廖江礼经过调查，这个企业不符合贷款条件就没有给发放贷款，县委书记因为此事还到行里来和他吵架，廖江礼依旧坚持原则没有发放贷款。不久后廖江礼调入人民银行工作,后来的农行行长审批通过了这个贷款,结果这个皮鞋厂不到两年就倒闭了。廖江礼在人民银行负责稽核工作时还专门稽核过这个贷款,但是最终没有将此项贷款追回,由此给国家造成了一定的损失。

与妻子的"约法三章"

上世纪80年代,廖江礼、吴银芳夫妇合影

廖江礼的妻子吴银芳也是人民银行退休干部,他与妻子1964年结婚时,爱人还在其他单位工作,当时的物质条件极其匮乏,没有婚礼仪式,也没有俗称"三转一响"的城市生活的四大件(收音机、自行车、缝纫机、手表),单位给安排了一间不足20平方的住房,已经让他们感觉到了组织的温暖。吃得还是黑面馍馍,干部职工的生活待遇也很低,但是当时没有觉得日子过的苦,精神上很富足,从来没有争取过什么补助。刚一结婚,他就与妻子约定三条:一是不要问银行的工作;二是不要做影响邻里团结的事情;三是公家的东西一分一毫也不能拿。在工作和生活中,廖江礼和妻子也是这样身体力行的。刚结婚那年,行里让廖江礼出差到乌鲁木齐去买算盘,算盘买好后就寄走了,当时买算盘的经费还剩余50多元钱,由于当时的工资低,身上带得钱少,到伊犁的时候,廖江礼和妻子回特克斯县的路费钱都不够了,他当时根本没有先垫用一下行里买算盘结余经费的想法,而是到伊犁毛纺厂的广东同学那里借了钱当路费回到了特克斯县。这件事一时成了周围同事们的笑谈,很多人都觉得廖江礼太死板,后来慢慢大家理解了,银行的干部坚持原则和制度

扎根基层四十载　伉俪情深央行缘

是第一位的，这个要求什么时候都不会过时。

廖江礼和妻子都是南方人，以前没有架炉子生火的经历，新疆的冬天漫长而寒冷需要架炉子生火，妻子对生火不熟练，廖江礼从来不让她拿单位院子里面盖房子留下的刨花，而是让她自己想办法生火。刚开始，妻子

2015年，廖江礼、吴银芳夫妇合影

还挪揄他太认真，慢慢地，她也认同了廖江礼的做法和观点，真正当好了"贤内助"，无论与汉族邻居还是少数民族邻居，邻里关系都处得非常融洽、和谐。

光阴似箭，日月如梭，弹指一挥间，回眸往事，为了响应国家支援边疆建设的号召，廖江礼抱着扎根边疆、建设边疆的想法，千里迢迢来到了新疆，投身金融工作40余载，他的妻子也在央行工作了27年，他们共同在第二故乡伊犁工作、生活了60多年。2014年，儿女们为他们夫妻俩举办了"金婚"庆典。他们的3个子女也都在新疆的金融系统工作，成为廖江礼同志金融工作经历的延续。情注天山、壮志酬边，一切都是为了边疆这片厚土的建设和发展，工作40余年，廖江礼和妻子为成为伊犁央行人、为伊犁的金融事业、经济发展贡献了力量而感到骄傲和自豪。

琐忆当年事　往日趣乐多

——原任中国人民银行新源县支行股长　徐金园

人民银行新源县支行　魏民采编

2016年，徐金园退休生活照

我于1943年出生于天津市，徐金园，这个姓名源于父亲依我属相羊，排金字辈取义园，意义为羊在园中有草吃以生存和发展。金园之名听着和金财有关，也许是上天之意，以后便和钱财——货币打起了交道，进入银行工作，天天和钱接触。

1964年，新疆银行到天津招干，报考后经批准加入了新疆农业银行，被分配到新源县农业银行工作，当时叫"支边"。1964年7月2日，我刚刚20岁出头，从天津乘专列进疆，从1964年7月2日至8月14日一路旅途到达新源。

曲折的工作历程

来到新疆后，本以为能顺利地参加银行工作，结果中间却出现的一个曲折的经历。上小学时，我和几个小伙伴模仿电影里的情节组织了一个叫

"海河兵团"的小组织玩军事游戏，这个组织无目的、无宗旨、无纲领，无非就是小孩子的瞎胡闹，可是我的同学用肥皂刻了几个章子，刻上"军用""军需"等字样拿来胡盖，被当地的派出所发现，经他们调查了解，并无任何反动行为和破坏社会治安行为，经教育就自行解散了这个组织。这件事非常平常，不料它却成了我"有重大历史问题"的问题。

1964年刚工作，伊犁州银行从各县抽调人员在伊宁市举办了第一期所谓的"法治训练班"，在学习班上，我提到了参加"海河兵团"的问题，学习班的领导在既不调查研究又不深入了解问题的基础上，以"有重大问题，不宜在银行工作"为由，将我清除出干部队伍，一晃就是十几年，直到1981年，新源县支行在落实干部政策时，才对我予以平反，同年重被调回银行工作。恢复工作回到银行后，当时是人民银行与工商银行为一家，我被安排在稽核股，负责银行的办公楼、宿舍楼的施工，为甲方代表，由于工作认真负责圆满完成施工任务，被领导任命为行稽核股负责人，后来因工作需要，负责代理人行业务工作，退休前调综合股任股级稽核员。

难忘的工作经历

当时的新源县除了有几幢土房和一幢县委政府办公室，几乎没有像样的建筑，街道是土路，电灯到夜间12点就不再供电，银行只一家，坐落在街区的中心，前后两院，前院为一座办公室加营业厅，后院为职工住宅和马号，十几匹马是银行调运货物和出差的交通工具，条件非常简陋。那时候社会形势没有这么紧张，一个人骑马送钱、调款，走几十里路也不用担心。老式的银行没有钢筋栏杆，就一齐腰高的木制或泥柜台。顾客来了探头就和里面的人不过尺多的距离。那时社会治安真好，好像还没听说哪儿有抢钱的事发生。哪里要头寸了，一个电话，近的背上帆布袋子骑上单车吹着口哨就送到了。离得远的则骑上马、挎上枪、马背上驮上钱袋子独自一人执行送款任务，那时解决头寸就像上街买菜那般简单。当时入行后，我被分配在信贷股，当信贷员，老师就是行里的老员工，没有专业知识更没有业务技能，先学会打算盘再学算利息，总之老师教得简单，自己学得随便，基本上能应付几天才有的一笔小小的业务，谈不上什么规范，也没有成型的制度，记得新办的贷款业务多则200元，少则5元钱，这就是当时银行的信贷雏形，没有什么贷款三查制度，只有1个月最多3个月回收贷款，计总结账。

1964年，天津进疆工作的知识青年分配到各县市银行工作前在伊犁州分行部分领导合影留念，徐金园为第二排左三

那时人民银行还办理居民储蓄和信贷业务，条件可比现在差远了。但我仍然感觉很温暖，生活有滋味。最让人感觉温暖的是那尊被烧得通红的铁炉子。每天早上来上班的第一件事就是砸煤生火，尽管弄得满屋烟雾缭绕，一脸眼泪鼻涕，黑乎乎两手，但见到透红的炉子和屋外烟囱袅袅的黑烟，就着暖融融的感觉把一杯滚烫浓茶递到刚进门的师傅手中，那简直比吃了大碗肉还有成就感。柜台上没有顾客时，锁好抽屉，转过背来就可脱去棉鞋，看着一缕青烟从脚趾头上冉冉升起，边烤着臭脚边与同事聊上几句天。如果谁的脚臭便会遭到姐妹们的围攻和怒骂，因此至今养成了袜子一天一换的良好作风。

那时候没有电脑，一切都是手工。一支笔，一个算盘，几大叠厚厚的账本。银行被人尊为"铁账铁款铁算盘"，所谓的"三铁"信誉。我的师傅是位开朗的中年人，平时喜欢开玩笑，决算那几天只要有他在，呆板的数字似乎不再冰凉冰凉，营业间也总是充满欢声笑语。那时我是储蓄员，

琐忆当年事　往日趣乐多

每天重复着抽卡、记账、算息和收付现金。记得刚进行时，我最臭的是算盘慢，最怕的是通打余额，因为算盘不准，一组分户账打下来在传票背面写了一串数字，竟没有一组数字相同，因此没少挨师傅臭骂。后来硬是逼得收敛很多玩性天天

80年代，到牧区宣传业务，受到牧民热情招待，中间为徐金园

练习，才见到师傅脸上的笑容。师傅说，嫩骨头的毛小子就是要逼，不打不成才。直到后来我当会计股长，过年到师傅家去看他，他还老是不忘给我一记重重的巴掌然后说你小子有今天都是老子敲打出来的。我也总是嘿嘿一笑，一边大声呼唤师傅一边忙把手上的几瓶好酒塞到师傅手上。

快乐的年终决算

年终决算是行里最重要的大事，也不知道什么时候就有的规矩，有如候鸟随季节迁徙一样准确，决算工作很早就要准备了。从进入年底开始，也没有谁指示谁安排谁布置，更不用像现在层层开会层层发文层层动员，师傅们就要忙着为决算操心了。那时候还把决算叫盘点。从账到款再到库存再到该要归档的资料，一切都要仔细盘查清点得清清爽爽。

最令人温馨和最让人高兴的是决算前的那顿晚餐。因为一年的最后一天是决算日，因此会餐改在决算的前几日。那时不像现在，聚餐往酒店一进，吃完了抹抹嘴巴走人。全行聚餐是一年到头的特等大事，全部都是行里自己操办。由于聚餐一年只有一次，所以早几天就要抽人成立炊事班子，掌勺的、采购的、洗菜的、跑堂的都要齐了。待正式会餐的那天，从各家各户搬来桌椅，凑上十桌八桌，每桌10碗大菜，数碗凉盘，鸡鸭鱼肉

243

应有尽有，白菜萝卜样样齐全；冷盘热菜排队上桌，酸辣苦甜搭配适口。到了岁末的最后一天，人们再次恢复了平日的忙碌。用不着谁安排，人们都会把自己的事做得干干净净了，行长只等着最后那个数字出来。这一天除了食堂安排的流水席，晚上一般都是包饺子或包包子。等到了晚上12点左右，领导们带着人马将热腾腾的包子、饺子和西红柿蛋汤送到各个网点，看着大家满意地吃完，年终决算已近尾声。当寒夜的天空现出鱼肚白时，那一缕缕金灿灿的稻谷已经颗粒归仓了。

  时代发展得飞快。人民银行新源县支行过去的三层小屋已被高楼大厦淹没，过去的木柜台已换成了防弹玻璃，过去的算盘已被电脑取代，过去的破单车已换成轿车。回顾过去办公条件落后，再看现在办公的现代化，单从一个会计年终决算说起，过去12月31日这天，全股人员忙了一天一夜，还不一定能够完成，时代发展得飞快，过去的算盘已被电脑取代，电脑不但及时可以完成还绝无差错，这个变化之大是不可知的。

  改革开放后，人民银行发生了翻天覆地的变化，我们在银行工作了几十年，深深地体会到这一切的变化，我们退休了，享有极好的待遇，这一切全归于我们的国家、我们党的政策、开放的好政策，我们感谢国家、感谢党，我们人虽退休了，但我们时刻关注着行里的工作，只要行里需要，我们会全力支持，人老了，但我们会保持我们的晚节，对社会、对国家、对家人、对自己负责到底。

依勒山下的金融岁月

——原中国人民银行新疆塔城托里县支行行长 穆沙·吐素甫

人民银行托里县支行 阿丁·哈别多拉
人民银行塔城中支 李娟娟 采编

我出生在新疆塔城地区托里县多拉特乡阿勒马勒村，1989年7月中国人民银行塔城地区托里县支行成立时，我调入人行托里县支行任支行副行长，是一名哈萨克族人民银行的基层领导干部，1996年退休。虽然在人民银行工作仅有短短的7年，但在基层人民银行工作的点点滴滴却使我久久难忘。

穆沙·吐素甫

调运发行基金勇闯老风口

我美丽的故乡托里县位于新疆维吾尔自治区西北部，是一个以哈萨克族为主体的少数民族聚居区。它边远、闭塞、落后，但却因老风口而闻名全国。老风口是省道221线通往塔城的必经之地，长达20多公里的老风口路段，常刮起10级左右的大风，最大风速达40米/秒，"风速之高、移雪量之大，世界之罕见"。我所在的托里县要到塔城调运发行基金，老风口是必经之路。夏季是飞沙走石，冬天是"白毛雪"，能见度不到1米。因此，在当时的条件下，往塔城调运发行基金就变成了极具危险性的一项工作。现在的发行调运工作都相当规范了，有押运人员、有专配的发行车，而当时我们的调运装备是十分简陋的，一辆212车，押运的两名工作人员及司机。记得有一年的冬天，快到哈萨克族的传统节日"古尔邦节"了，为了保证各族人民过上一个快乐祥和的节日，由我亲自押运到二级分行塔城（旧称）调运发行基金，下午4点多从塔城出来时晴空万里，可刚到老风口路段，就刮起了遮天蔽日的大风，风卷着白茫茫的雪横扫着车窗，能见度基本为零，司机打开车灯，趴在方向盘上，小心翼翼地向前行驶，可是由于路窄、能见度低，车子还是滑下了路基。为了保证发行基金的安全，我们安排一位同志在车上看管着钱，其余的同志都下车挖雪，推车，当时我们戴着皮帽子、穿着皮大衣，可是不一会的时间，风雪还是穿透了衣物，在零下20度的风雪天里，我们的手脚很快都冻僵了，但为了发行基金的安全，我们硬挺着，机械地、瑟瑟地挖着雪、推着车，经过一个多小时的奋战，终于将车推上了路基。到了托里已是晚上9点多，从塔城到托里近150公里的路，我们走了5个多小时，一位押运同志的手和脚都冻坏了。这种情况在当时都是常有的事。但凭着对人民银行工作的热爱，同志们从来没有叫过一声苦和累，每次发行基金的调运都积极参与，从未发生过资金安全问题。现在回想起来还十分后怕，现在看到支行的发行调运设备十分完善，老风口也因为国家的治理得到了改善，调运资金再也不用为穿越风区而提心吊胆，做为一个老央行人，我感到十分欣慰。

收购黄金深入矿区

上世纪90年代初刚成立的托里县支行还有一项重要任务就是为国家收购黄金。当时托里县有哈图金矿、辉绿山金矿、包古图金矿等大小金矿80多家，最大的金矿年产量黄金也不超过10公斤。

为了完成上级行下达的黄金收购任务，我们经常安排工作人员到离县城有三四百里远的矿区收购黄金。记得1991年8月，上级行加大了黄金收

依勒山下的金融岁月

深入矿区进行金融知识宣传

购任务，为保证完成收购任务，由我亲自带队，组成驾驶员、安全员、黄金收购技术员为成员的小分队，到主要矿区开展黄金收购工作。当天早上从托里县城出发，下午两点到达主要矿区；因为矿区与矿区之间距离较远，气候条件恶劣、路况很差，而我们使用的交通工具是一辆破旧的吉普212，那一次的黄金收购我们在山里待了整整一个星期。那时候，矿区没有食宿的地方，因此吃住都得靠我们自己解决。当时车上还带着大量现金和防保工具，因此为保证安全，吃饭就在车上解决。饿了就吃我们带的哈萨克族制作的"塔巴囊"，渴了就喝矿区里的水，累了就到附近冬窝子的牧民房子去轮流休息。就这样一个星期内我们共收购了500多克黄金，平平安安地回到托里县城，没有出现安全事故。当年在山路上，212车爆胎、出现大大小小毛病，在半路上过夜是经常的事，现在回忆起当年我们经历过的各种安全隐患都后怕。

翻译业务书籍普及银行知识

穆沙·吐素甫辅导同志学习金融业务

我们哈萨克族有一句谚语是这样说的：骏马要看到一双眼睛，勇士要看走过的脚印。托里支行成立之初加上我只有8名职工，并且5人是少数民族。内设一股一室，办公条件简陋，交通工具是自行车，主要业务是经理国库、货币金银、支付结算业务等，职责单一，但是要求"铁规章，铁账簿、铁算盘"，当时记账都是手工账，操作手册也都是汉文版，这对于少数民族来说有一定的难度，为解决这一问题，我充分发挥自己在大学里学汉语言文学的优势，把《支行奖惩条例》、《支部工作细则》等规章制度，《牧业生产与银行信贷》、《申诉书》、中等银行学校教材《工商信贷》（第七章、第八章）等课本内容进行翻译，抽业余时间教少数民族干部银行业务知识，由于我能熟练地驾驭汉、哈两种语言，无论是汉族同志还是少数民族同志我都能用通俗易懂的语言进行教授，使他们在很短的时间内就掌握了银行基本业务知识，强化了少数民族干部的学习和纪律性，便利了工作，提高了效率和服务。随着时代的发展，支行的业务和人员也在不断扩大，到1996年我退休时，托里支行的在职职工由最初的8人发展到26人，由最初的一股一室发展为三股一室。支行的各项工作从小到大、从弱到强，在党建工作、文明建设、党风廉政建设、安全保卫、计划生育以及各项事业活动中取得了斐然的成绩，多次受到上级行及当地党政团体的高度赞扬。干部职工中也涌现出一批自治区级三年、五年无差错先进个人，在我工作的7年间，托里支行无治安事故，并获得了"自治区文明单位"。

忆往昔岁月，思绪万千，党的好政策不断深入人心，我作为一个金融工作者、见证者，西域边疆的建设者，能为建设美好的托里，为托里县10万各族中华儿女服务，感到骄傲和自豪。

习勤劳以尽职

——原人民银行博州分行助理调研员 王文章访谈纪实

人民银行博州中心支行 许斌采编

王文章

1960年，王文章只身一人从湖北支边来疆，此后就在博州扎了根。从青春年少到满头银发，王文章老人亲历了新中国成立后博州金融行业的风雨变迁，见证了人行博州中心支行的沧桑巨变。

一

上世纪50年代，博州大地上先后成立国家金融机构——人行精河县支行和温泉支行。

1960年春天，冰雪还未消融。怀着支援祖国边疆建设的一腔热血，18岁的王文章来到了大河沿子银行营业所，当时营业所里加上他只有4个人。上班第一天，时任营业所主任赵汝礼拿来一把算盘和一叠钞票，让王文章学习打算盘和点钞票。一周后，王文章正式上岗。

那时营业所的主要工作是办理对公对私存贷款和储蓄业务。白天工作时间，王文章和同事一起上班，晚上有时还要到周边农场本着"存款自愿、取款自由"的原则，吸收工人工资收入的30%，作为银行储蓄。那个时候工资比较低，人民币的面额还比较小，都是你存5块，我存10块，老百姓的存款意识也不强。此外，在那个缺衣少食、交通极不便利的年代，马匹成了当时重要的交通工具，营业所的同事们还要为上级行种植饲草料地。

营业所人少，每个人都身兼数份工作。王文章一人既当出纳，又兼外勤，每月还长途跋涉到几十公里外的农场和公社进行收储工作。如今，已74岁高龄的王文章老人，还清晰地记得当年一次去五台收储的经历，当时的情景让老人刻骨铭心，今生难忘。

那是1962年的春天，4月份的天气依然寒风割面，王文章要去30公里外的五台收储，早晨天还没亮，他装上5个馍馍就出发了。完成收储任务返程时已是下午7点多。为了抄近道返回，回来的路多了泥泞和沟坎，而这时天气骤变，大风卷起黄沙漫天飞舞，吹得王文章的眼睛、嘴里全都是沙子，每走一步都格外艰难，可他口袋里却紧紧揣着国家的储蓄款，不敢有丝毫懈怠。走着走着，天色慢慢暗下来，王文章在漫天黄沙的戈壁滩上迷了路，在一块沼泽地前他绕了几个小时。晚上大概12点，天空又下起了雨，漆黑的夜伸手不见五指，此时饥寒交迫的王文章已筋疲力尽，他从口袋里拿出3个又冷又硬的馍馍吃下，继续前行。

大概凌晨3点钟，王文章实在走不到了，就倒在一棵树下睡着了，第二天醒来时，天空飘起了雪花，王文章下意识地摸摸口袋，钱还在，腿却动不了，已经冻僵了。就在王文章感到绝望时，一位放牧的蒙古族大叔骑马路过此地，把他驮回了蒙古包。几大碗冒着热气的奶茶就着馕下肚，王文章的腿渐渐恢复了知觉，稍作休息后，他就踏上了返程的路，把收储回的钱一分不差地交到了营业所。

世上本没有路，走得多了便成了路。在新中国成立初期那段艰难岁月里，有许许多多像王文章一样吃苦耐劳，忠于职守，乐于奉献，视国家财产比自己生命还重要的金融人。正是他们，助推着博州金融行业的发展。

二

1958年至1965年，国营企业流动资金由财政拨给改为由人民银行统一管理。1960年冬，中共中央作出重大的决策，对国民经济实行"调整、巩固、充实、提高"的方针，开始了国民经济的调整。1962年3月，中共

▶▶▶足迹

王文章（摄于上世纪60年代）

中央和国务院作出了《关于切实加强银行工作的集中统一，严格控制货币发行的决定》（即《银行工作"六条"》），中共中央两个决定的颁布，实际上是授予中国人民银行以"尚方宝剑"，要求银行在调整经济的特殊条件下发挥特殊的作用：收回几年来银行工作下放的一切权利；严格划清银行信贷资金和财政资金的界限，不许用银行贷款做财政性支出；加强现金管理，严格结算纪律；控制货币投放，大力组织货币回笼，在加强银行工作的同时，必须严格财政管理。

《银行工作"六条"》颁发之后，中共中央和国务院又颁发了《银行工作条例（草案）》，对银行工作的总则、计划管理、存款和储蓄、工商贷款、农业贷款、现金管理、转账结算、货币发行工作等，作出了具体的规定。人行博州中心支行根据《银行工作"六条"》和《银行工作条例（草案）》的精神，充实人员、改进工作、加强监督。

这一时期，王文章因精湛的业务技能和一丝不苟的工作态度，被调至人行博州中心支行工作，成为博州金融行业的"总出纳"，主管金库和金银收兑业务。

1966年5月份，"文革"开始了，时局动荡，博州金融行业也受到很大影响。王文章也被调离原岗位，去农村搞农经工作，一切从头学起。做农村信贷工作时，王文章经常走村入户，四处奔波，下乡到精河、温泉等地。白天，他都骑着自行车下乡，晚上回来后就写大字报、印传单，整夜整夜地不睡觉。当时王文章心里只有一个信念：无论遇到再大的困难和挫折，也不能倒下。

1972年，根据博州社会经济发展水平的需要，需在博乐县前进牧场

习勤劳以尽职

1965年12月9日参加中国伊犁人民银行和农业银行举办的会计训练班

（阿热勒托海牧场）设立营业所，人行博州中心支行营业所领导第一个想到了王文章。响应毛主席的号召，哪里需要就去哪里，王文章接到这项重任后，就立刻起程投入到营业所筹建工作中。一切工作从零开始，盖办公房、购买设备、建立各项规章制度……3个人开始了营业所的艰难创建工作，并提出"一年打基础，两年有变化，三年开鲜花"的工作目标。当年，营业所储蓄就达88万元，受到上级行和场部领导的好评。3年后，当地的经济发展水平节节攀升，全州金融系统现场会经常在前进牧场营业所召开。

三

1980年以来，随着改革开放的不断深入，社会主义由计划经济逐步向市场经济过渡。博州的金融工作逐渐建立起在国务院领导下，独立执行货币政策的中央银行宏观调控体系。建立政策性金融与商业性金融分离，以国有银行为主体，多种金融机构并存的金融组织体系。随着中行、工行、农行、建行、人民保险公司在博州分别设立分支机构，兵团农牧业保险公司第五分公司、博乐市、精河县农村信用合作社联合社、博州财政信托投资公司、国家外汇管理局博州分局相继成立,博州初步形成了多层次、多形式、多功能、具有中国特色的社会主义金融体系。

这一时期,博州金融工作始终围绕国家各个时期的中心任务,结合当地经济建设各个时期的需要和特点开展金融活动。业务范围也进一步扩大,从主要发展国内金融扩大到发展国际金融;从主要支持工农业生产和商品流通,扩大到其他部门;从主要支持国营、集体企业,扩大到个体企业,有力支持了博州各项事业的发展。

1985年人民银行和工行分家,王文章被调到人行博州分行会计科。1986年,会计科和发行科分开设立,独立设发行科。发行工作难度大,要求高,一个科室就3个人,用王文章的话说就是:"一个科长两个兵,三个民族一条心。"王文章经常和两个科员一起点票、写材料、搞总结,经常忙到12点。一份耕耘,一份收获。当时,博州的货币发行工作均获得自治区和国家级的荣誉。

1992年参加中国人民银行新疆维吾尔自治区分行全疆会计财务工作会议

王文章回忆道,1986年至1995年的10年间,是博州金融行业蓬勃发展,飞速超跃的10年。截至1995年末,全州共有金融机构189个,各项存款余额168585万元,各项贷款余额172195万元。各银行、信用社为适应业务发展需要，恢复和增加了一些新的信用工具。开办零存整取、定活两便、保值储蓄（三年以上居民定期存款）、单位定期存款、信托存款、外币存款以及发行金融债券、企业债券、代财政和企业发行重点建设债券、商品房贷款、抵押贷款、外汇抵押人民币贷款，进行了外汇调剂，增加了信用卡结算和票据承兑贴现、再贴现业务，改进了结算方式。这些信息工具在开拓银行业务中发挥了重要作用。博州的保险业务也在这一时期得到发展，及时帮助受灾地区、企业恢复生产，安排人民生活，使经济损失得到补偿。

10年间，人民银行博州金融监管逐步趋向规范化，对金融机构的设立、业务范围、资金来源、负责人资格进行了清理，加大稽核力度。同时，加快了金融电子化建设的步伐。人民银行于1987年开始先后在系统内逐步运用推广电子化技术，建立了卫星清算中心，开通加入全国电子联行，加快了资金周转。各家银行陆续在柜台、事后监督等环节实现微机处理，并分别建成各自电子汇总网控中心。为了适应经济金融形势发展和国际金融交往的需要，人民银行系统从1993年1月1日起停止使用资金收付记账法，采用借贷记账法。中央银行对专业银行的贷款实行"实贷实存"的信贷资金管理办法。

自20世纪90年代开始，随着我国支付清算体系的高速发展，博州人也深刻体验了金融支付的中国速度，进入21世纪后，多元的储蓄网点已遍布全州乡镇场。

1997年，在金融行业工作了一辈子的王文章退休了，但他依然关注着博州金融业的发展。他始终坚信：一个稳健、宽松的货币政策必将助推中国大地小康梦的实现。

我这辈子的金融生涯很值

——记原人民银行克拉玛依中心支行退休职工　栾作梅

人民银行克拉玛依中支　王赟采编

栾作梅（2016年摄）

题记：坐在我面前的这位慈祥的老阿姨满头银发，带着一幅黑边的老式眼镜，虽年近八十，却目光温暖而有神采。栾作梅——原中国人民银行克拉玛依中心支行金管科科长，1937年出生于山东省青岛市的一个贫民的家庭，1953年参加工作，1960年来到克拉玛依人民银行工作，1992年退休，她见证了克拉玛依金融业发展的历史，见证了人民银行成长壮大的历程，她把自己大半辈子的工作时间献给了克拉玛依人民银行的金融事业。

当我提起采访栾阿姨的要求时，她沉吟了许久，慢慢地，双眼里噙满了泪光，我没有打扰她，待情绪平静后，她缓缓地说："感谢毛主席！他是我的大救星！让我有了现在的好日子！"我听之并未觉得奇怪，因为那个时代的人们都对毛主席有着深厚的感情，没想到栾阿姨接下来的讲述则让我略微惊奇了。

我这辈子的金融生涯很值

我家中有父母亲二人,加上哥哥、姐姐和我共5口人,日占时期,家庭经济主要依靠我母亲给人家洗衣服为生,父亲无职业,就帮助我母亲干些杂活维持家庭生活。我从记事起,青岛——我的家乡,每天都有空袭警报鸣笛,到处人心慌慌,即使这样,为了维护这个家,母亲还是天天躲着日本人的飞机轰炸走街窜巷揽活。1945年,抗战胜利了,可我家的状况却丝毫没有好转,到了1948年,我家生活实在维持不下去了,姐姐在父母再三的说服下,没有办法只好出嫁了,那时她只有16岁。

1986年,栾作梅同志(前排左一)在储蓄柜台工作情景

1949年,青岛解放啦!我和全市人民一起,欢天喜地夹道欢迎人民解放军!新的生活终于要开始了。然而,命运总是喜欢捉弄人,幸福的日子并没有持续多久!有一天,我母亲正在院子里给别人洗衣服,洗着洗着突然就晕倒了,而且还是大出血,母亲情急之下的呻吟声惊动了里屋的我和父亲,当我们跑出屋外,母亲已经倒在一大片血泊中了,我和父亲召唤邻居把母亲抬到附近的公安人民医院,医生进行了紧急治疗后说,病人大出血,病情很严重必须马上送大医院住院治疗!然而,一贫如洗的我们,怎么去住院?望着一筹莫展的父亲,我思前想后终于想起了老师教给我们

257

唱的歌："东方红,太阳升……他是人民的大救星啊!"对!我家有困难了,干嘛不找毛主席呢!他老人家一定会救我们的,于是,我用了一个晚上的时间给毛主席写了一封信,信中描述了我家的窘况,信封上写着"中共中央国务院机要室毛主席收"。第二天一大早我鼓起了勇气,跑到了邮局把信投入了信筒。办好这一切后,我就开始焦急地等,大约有一个月的时间,奇迹出现啦!一天中午,我放学回家,我父亲激动地对我说:青岛市长赖可克派人来接走你母亲到青岛市山大医院住院啦!那一刻,我和父亲都激动地流下了热泪,我对父亲说:毛主席真是我们老百姓救苦救难的大救星!他是我永远怀念的大恩人!我从那一刻起,就坚定了信心永远跟党走!沿着毛泽东思想正确指引的方向不断前进!这一切也成就了我今后对金融财务工作认真负责的态度和永不服输的决心和信念。

1953年,我被分配至莱阳公安专署劳改大队工作。工作期间,无论是独自押送犯人去劳动现场,还是一个人去异地完成教导员交办的任务,我都能坚定信心,克服一切困难,坚决完成组织交办的任务。1956年,我调到人民银行莱阳县支行搞出纳工作,正式开始了我的金融生涯。初到人民银行,我啥都不会,但在单位的前辈指导下,我不怕苦不怕累,每天抽空就苦练点钞基本功,单位领导看在眼里喜在心里,并鼓励我参加全市银行业务打擂比武大会,我初生牛犊不怕虎,在第一次比赛中就取得了名次。

1960年,我随丈夫(抗美援朝转业军人)调到新疆克拉玛依市人民银行发行科做出纳工作。初到大西北,除了要适应气候、生活作息、饮食习惯的变化之外,每天还要面对大量的现金收付工作,克拉玛依是因油而生的城市,驻地各单位商业部门、石油单位的现金流量比我在山东莱阳要大得多。因此,为了提高工作效率,我在工作之余,都要抓

1976年,栾作梅同志苦练点钞基本功

紧时间苦练基本功，不断提高点钞速度以方便客户少等时间。经过一段时间的训练和实际操作，我的多指多张，单指单张点得都比较快了，每小时都超过了上万张，极大地方便了客户。人行克拉玛依市中心支行经常开展点钞比赛活动，我在多次比赛中都在前几名，有一次还获得了全市点钞比赛的第一名，并光荣地在人民电影院拍幻灯照片留影展示。

1968年，我调到储蓄科任主任。为了提高储蓄率，我和科室的员工一起开动脑筋想办法，我在安排好柜台日常工作的同时，决定开展对十几公里以外的外滩区工作的石油工人的现场收储工作。这样做一方面提高了工作效率，另一方面也服务了不便进城交存现金的石油工人储户。那段时间，我和科室的另外一个女同志经常结伴到外滩区收储，没有交通工具我们就骑着自行车去，不分严寒酷暑，不论风吹雨打，哪里有石油工人，我们就跟到哪里。只要是与工人们约定好的工作日子，我们总是按时出现在他们眼前。长年下来，大家都与石油工人建立了浓厚的感情，我说："石油工人辛苦啊，在茫茫戈壁上，一干就是几个月，我们为他们服务再辛苦，再劳累，都心甘情愿！"日子久了，工人们都亲切地称呼我们是"自行车上的银行"。记得有一年，冬天特别冷，天寒地冻零下40多度，我和

1978年，栾作梅（左数第八位）同志与油田工人们建立起深厚的感情，图为应邀参加油田机关的拔河比赛。

一个姐妹按约去外滩区收储,一路上一呼吸鼻子就生疼,用嘴呼出来的热气,刚到睫毛立刻就成霜,赶到地方双脚都冻得失去了知觉。我们刚摆好算盘和账簿,工人们就围了上来,可我的手冻得都握不住笔,为了加快工作我就用嘴哈哈热气搓搓手,搓五六分钟后手才能拿起笔来开储户存单。因为临近年底,单位发了奖金,那天储户特别多,我们俩忙了整整一个上午,过了食堂的吃饭时间,最后就随意就近找个小饭馆,随便凑合吃饱肚子就对付过去了。跑外勤就是这个条件,虽然艰苦,但能为国家多回拢资金,许多年轻同志不愿意来,我就带头去,因为童年艰苦的生活磨炼了我,毛主席的恩情激励着我,为了"自行车上的银行"的名号能够深深印在石油工人的心中,再艰苦我也无怨无悔。从出纳到储蓄工作十几年,我因对工作认真负责、吃苦耐劳,完成任务好,热爱群众,团结同志,多次被评为先进和双文明先进个人。

1986年,我光荣地加入了中国共产党,实现了我人生最重要的一个愿望,1987年我被评为模范共产党员,同年调到金管科任科长。当时,正面临着各大国有商业银行从人民银行职能的分离,克拉玛依陆续成立了中国银行克拉玛依石油分行;中国工商银行克拉玛依石油分行;中国农业银行克拉玛依石油分行;中国建设银行克拉玛依石油分行和中国农业发展银行克拉玛依石油分行,人民银行金管科管理监督着全市的金融机构,我与同志们一道,加班加点,对以上5个分行的下属机构组建手续进行认真地审核,确保每一步的程序和手续真实完整,再往上级报送,并对整个审批程序进行严格的监督,确保其分支机构能够正式营业。试营业期间,金管科全体同志,除每星期五下午学习外,大家自动分别去各分理处、营业所进行

1989年,栾作梅同志认真学习银行新业务,做好知识储备

检查，发现问题及时解决指正，让他们学金融法规、懂法、守法，自觉地维护和保持稳定的社会金融秩序。可以说，克拉玛依现在金融机构的建立、健全有我和同志们的一份功劳。1992年，我到了退休年龄，可是我真舍不得工作了几十年的工作岗位，舍不得和我一起工作的那些老同事们。不过我的孩子们现在都从事财会工作，3个孩子中有两个还在银行系统工作，算是继承了我的事业吧。

　　回忆到这里，采访也到了尾声，我问栾阿姨，您在人民银行工作30多年来，最大的感受是什么？栾阿姨这次没有迟疑，她望着我突然提高了声音说："我这辈子的金融生涯很值！我在人民银行实现了我的价值，我希望中国人民银行克拉玛依中心支行在金融战线上健康地、不断地成长发展！前进！壮大！"

那些年和那些事

——采访原人民银行石河子分行高级经济师 冯茂生

人民银行石河子市中心支行 朱利坤采编

风华正茂的冯茂生同志

采访冯茂生老先生还是颇费了些周折，冯老虽然在新疆工作生活了近60年，但仍然是乡音难改，口音里的"家乡味"极其浓厚，他一则担心我们听不懂他的"乡音"，二则觉得自己的经历很平淡，谈不上激情岁月，所以我们第一次提出和他聊聊就被他婉拒了。而今年春节前薛龙祥老先生（《年轮》里有他的介绍）的离去使我意识到，这些老前辈是我们石河子金融事业的宝贵财富，对我们而言，他们的每一个工作生活的细小片段都应该作为历史被记忆，而我们作为历史的记录和传承者，承担着义不容辞的责任，于是我再一次走进冯老先生的家里。

冯茂生同志1934年8月出生于山西沁县一个普通的农民家庭，1950年12月响应国家抗美援朝的号召参军入伍，进入长沙高级工程兵学校；1952年转业回到家乡学校教书；一年后考入长治地区人民银行，从而开始了与人民银行60年的"缘分"。1955年，他在职考入保定银行学校深造，1958年8月毕业后，又一次响应"到祖国最需要的地方去、到最艰苦的地方去"的号召来到新疆，进入人民银行石河子中心支行（后改为农业银行石河子分行)从事信贷工作,从一名普通的信贷员一路至当时人民银行石河子中心支行仅有的两名经济师之一。1985年7月,他作为组建成员之一再次回到人民银行石河子分行,1993年获得高级经济师,1994年从原人民银行石河子分行稽核科科长的位置上光荣退休。

和冯老先生聊起石河子金融史就离不开人民银行石河子中心支行(后演变为农业银行石河子分行),就离不开石河子垦区创业史上很多的第一:第一座工厂、第一批大型企业、第一座煤矿、第一座水库等等,而第一批大型企业:八一制糖厂、八一棉纺织厂、八一毛纺织厂,这些"第一"正是在冯老先生这样第一代央行人的积极参与下建立壮大起来的。

石河子第一批大型企业

1952年,王震提出在新疆建糖厂,但因财政困难而搁置。50年代中期,垦区试种甜菜成功。1956年5月。自治区和兵团领导接受食品工业部建议,决定建糖厂。11月,国家计委批准糖厂建设方案,其规模为日加工甜菜1000吨、发电3000千瓦时,厂址设在石河子,取名八一制糖厂。1958年7月工程动工,经广大职工艰苦奋斗,克服困难,

1980年冯茂生同志在北京

自制大部分设备,于1959年2月7日建成投产。当年生产白砂糖941吨,产值140万元,利润8万元。以后又对原料进行综合利用,建成酒精、味精、甜菜、右旋塘酐、甜菜丝颗粒干粕等车间。

中共十一届三中全会后,农八师各农牧团场调整种植业结构,甜菜种

植量减少，但八一制糖厂采取预付定金、奖售化肥、补贴种子款、提高收购价、利润分成等措施鼓励甜菜生产。1980年，贷款320万元，利用检修进行扩建，日加工能力由1000吨增加到1500吨，扩建完成后，拥有动力机械总动力19741千瓦，设备1496台。自建厂至1985年，累计投资3967.7万元，形成固定资产原值3683.1万元。职工2626人，分为4个车间、1个味精分厂、6个辅助机构，下辖丝路酒厂、绿洲纸箱厂两个集体企业。1998年以后，由于市场等方面原因，出现亏损。2000年经国家、兵团有关部门批准实施破产。

八一棉纺织厂1958年8月动工兴建，计划总规模20万纱锭。第一期工程规模为51564纱锭，1728台布机，投资2562.82万元，于1960年8月建成投产。投产后，不断增置和更新设备，1975年增添并捻设备7600线锭，改变土法印染加工的生产方式；1982年，投资2200万元续建印染工厂；1984年，建成窄幅纯棉，宽幅涤棉生产线及印花生产线。

20世纪60年代，开始对50年代的国产老机进行更新改造，更新配套设备29台，做部分改造的近7000台次，为产品结构适应市场需要、及时转轨变型创造了条件。60年代以生产平布、纱卡、华达呢为主；70年代以

冯茂生同志在原人民银行办公楼前留影

生产3030细布、华达呢为主；80年代棉纱由低支向高支、棉布由窄幅向宽幅、纯棉向混纺发展。1985年，八一棉纺织厂下辖一纺、一织、印染、机动、二纺5个工厂和1个服装厂、3个辅助机构，职工有6453人，有纺、织、染主副机设备2201台，固定资产总投资9018.2万元，产值6391.78万元，产品有各种纱线35个品种，各种布25个品种，印花布124个花色品种。1960—1985年，累计生产棉纱19.55万吨、棉布8.60亿米，

产值 11.04 亿元，利税总额 3.17 亿元，1970 年，产品开始打入国际市场，累计创汇 4399.91 万元。2001 年，石河子八一棉纺织厂的通过改制，经债转股由中国长城资产管理公司等 5 家公司共同出资组建新疆石河子八一棉纺织有限公司，并投资控股新润气流纺有限公司。

1959 年 10 月，八一毛纺织厂由兵团投资兴建。1960 年下马。1961 年，职工自力更生，土法上马，生产出首批机制毛线，引起上级关注，继又投资续建。1963 年建成，有精纺纱锭 5304 锭、织机 84 台，年产精纺呢绒 15.25 万米、毛线 176.47 吨，产值 425.04 万元，利润 377.57 万元。1972—1974 年扩建 1864 锭毛线车间，1980 年引进意大利纺纱机 3360 锭，1983 年扩建精纺纱锭 1584 锭，逐步形成精纺规模为 12112 纱锭和附属有集体所有制服装厂、羊毛衫厂的全能大型毛纺企业。1985 年有职工 3967 人，设备 1055 台，固定资产总投资 4360.5 万元，年生产毛线 723 吨、针织绒 508 吨、精纺呢绒 174 万米，工业总产值 6760 万元，出口毛布 14 万米，产值 324.4 万元。产品销往全国及当时的联邦德国罗马尼亚、苏联、保加利亚、美国、加拿大、日本等 16 个国家和地区，累计创汇 3079 万美元。2005 年，经上级有关部门批准实施破产。

2008 年冯茂生同志参加同学会

石河子第一代央行人

无论是1958年响应党的号召背起行囊来到当时的人民银行石河子中心支行，还是1985年金融体制改革人民银行石河子分行恢复成立，冯茂生同志都是当之无愧的石河子第一代央行人。他成长的脚步与人民银行亦步亦趋，他奉献的青春与人民银行血肉相连，他付出的汗水与人民银行一脉相承。1958年的人民银行石河子中心支行是简单的两排土平房，工作人员都是20岁上下的年轻人，计算工具是算盘，交通工具是两条腿、是自行车。1985人民银行刚恢复成立时更是艰苦，没有自己的办公楼，只是在当时的农业银行租用了一层用于办公，工作人员却是老中青的结合。1986年10月人民银行石河子分行盖起了自己的办公楼，虽然有一个很大的院子，但是院子是废弃的停车场，里面杂草丛生。第一代央行人利用节假日和休息时间，手持铁锹铲钢渣，自己动手拆危房、打土块、栽树苗、砌花坛、铺道路，到1994年冯老退休时，人民银行石河子分行已经变成了当时石河子市的一景，白色大楼巍然矗立、门口两个石狮栩栩如生，院子里已经建成了4栋家属楼，楼前屋后绿树成荫，鲜花怒放，杨柳依依，小路曲径通幽，环境优美。如今已经80多岁的冯老回忆起当年的经历，往事依然历历在目，清晰可见，充满感情。但是最让冯老难以忘怀的还是60—80年代石河子人民银行助推石河子第一批大型企业快速发展的那些故事。

无悔的青春岁月

60年代是石河子第一批大型企业起步阶段，为了尽快建立起石河子第一批大型企业，冯老每天骑着自行车下企业，跑政府。当时生活艰苦，他经常吃不饱肚子。有一次由于饥饿和劳累，他突然昏倒在去工厂的路上，吓坏了领导和同事，冯老醒过来还不好意思说明原因，后来是当时的行长盛华馨同志一眼看出端倪，让食堂蒸了几笼大包子，冯老一口气吃了8个，那种幸福和满足感只有饥饿过的人才能体会到。70年代，第一批大型企业需要技术改造贷款，为了支持企业持续发展，冯老经常在行长的带领下到上级行要指标要规模，受尽白眼和冷漠，有时候跑一天连一口热水

都喝不上，往往是一顿饭管一天，随便一个木板床凑合一晚。80年代改革开放企业需要转型，冯老作为信贷部门的负责人，经常深入企业车间厂房，和厂长、技术员、车间工人打成一片，共同探讨研究企业的发展方向，为企业的发展出谋划策。1983年，农八师与自治区工业公司联营，兴建八一棉纺织厂第二棉纺工厂，第一期工程需要大量资金，而仅依靠建设银行的投资无法满足企业的资金需求，冯老就和行长、计经委的同志一道到北京，向总行领导汇报，争取到了近千万的资金规模，解决了企业的燃眉之急。回忆起当年的经历，我问冯老是否后悔把自己的一生献给新疆，献给人民银行，老人笑呵呵的说："不后悔！那时候大家都是这样的！"

冯茂生同志近照

岁月荏苒，千帆过尽，冯老今年已经82岁了，老人身体仍然健康，石河子中支组织的老干活动，冯老总是最积极的那个人。我们共同祝愿冯茂生老人身体健康！安享晚年！

我在金融战线奋斗的四十年

——原人民银行阜康市支行会计发行股股长 张万存

人民银行昌吉州中心支行 蒋柳采编

张万存组织会计发行股开展业务比赛赛（摄于1993年）

我是1957年参加工作至1997年退休，在金融战线奋斗了40余年。银行工作的40年中，我经受了党的社会主义各项运动的教育和考验，使我从一个放牛娃蜕变为一名银行中级会计师，这都是在党和组织的教育帮助下成长的结果，也是我自学成才结出的硕果。在成长的过程中，我深刻认识到做好金融工作是社会主义经济建设中的重要组成部分。

1957年我刚踏入银行工作，那个时候，人们都认为银行是神圣的行业，能进银行工作是一般人不敢奢望的事。一入行，我也是从通讯员、勤杂工这些基础工作做起的，在这期间，我勤奋刻苦学习文化知识，练写字码，练打算盘，勤学苦练基本功，在老同志的热情帮教下，刻苦钻研银行各项理论基础业务知识，对银行业务有了初步了解和提高。

1958年组织调配我们基层营业所开展银行实际业务工作，当时的年代是"大跃进"，全民炼钢，各行各业、工人、农民，男女老少齐动员，旨

我在金融战线奋斗的四十年

在为社会主义新高潮的到来多做贡献。新建单位的环境、物质条件都很差，工作、生活也十分艰苦，没有办公室，我们就自己动手修；没有运输工具，就自己背石块，靠两只手，自力更生，创造所需条件。在那个时期，我们充

张万存组织会计发行股进行业务学习（摄于1993年）

分发扬了党的自力更生，艰苦奋斗，勤俭节约优良传统。工作不分上下班，只要有人来办业务，我们就热情受理，勤勤恳恳地做好各项服务工作，为社会主义建设积累大量资金。除做好本职业务工作之外，还要在业余时间参加义务劳动，为多炼钢，背矿石，做贡献。那时条件限制，我们没有交通工具，靠得就是自己的两条腿，除去正常上班之外，还要利用早晚时间背着包包下煤井，到工地、工人宿舍，走乡串户，宣传党的勤俭节约，勤俭持家的优良传统，勤恳热情地为广大人民服务。

1961年，随着国民经济大调整，全民动员，大抓农业，各行各业都要以"农"字当头。为了做好农业服务工作，我服从了组织安排，来到兵团农场筹建银行营业所，并被任命为营业所负责人。在农场营业所初建时期，同样遇到各方面条件差、工作生活艰苦的问题。冬天没有取暖的煤，我们只能到几里远的戈壁沙滩去揩红柳、梭梭柴回来用以取暖。

银行作为派出单位，我们的办公用具、款项调运、生活物品都要在离农场20公里远的县城去办。交通困难，泥土路难行，只能靠唯一的一辆自行车或两条腿做往返工具。在三年自然灾害时期，有人对我说，银行工作没干头，工资少、福利待遇差、生活艰苦，还不如不干，特别是会计工作，"一把算盘两杆笔，会计工作没出息"。但经过反复的思索，我认为生活艰苦、物质条件差这些困难只是暂时的，况且我受党和组织的多年教育，就更应该坚定信心，克服工作生活中的各种困难，努力做好银行工

作。

在农场营业所期间，我们依靠场党政的支持和上级银行的领导，在工作中努力开展各项业务，积极组织存款，不论在炎热的夏天或是寒冷的冬天，我们都要背包骑车或步行，下连队收储蓄存款，为群众的存取款方便服务。把服务工作做到家喻户晓，把积聚资金的工作做扎实，把宣传、服务工作做活，是我们从事金融业务工作的宗旨。由于取得各项存款达到一千多万元的好成绩，工作得到党政部门、上级银行领导的肯定和好评。营业所被评为县级先进单位，我被评为州级先进工作者。在"文革"期间我始终坚守工作岗位，白天上班营业，在基层没有专职行警情况下，晚上还要值班看守金库，确保安全。

我在基层工作的二十几年中，深深体会到，作为一名金融战士，只有努力学习银行各项基础业务知识，踏踏实实的做好本职工作，忠于职守，不断提高工作技能，全面掌握银行各项业务，做一个一专多能的多面手，才是自己成才的根本。

1979年金融机构分设时，我被分配到农业银行阜康支行，在农行工作的10年中，我先后任支行营业室主任、会计股长、信用合作股长、信用联社副主任。新单位、新工作、担子很重，既要做好本职工作，还要担负培养新同志的责任，培养人才是我们老同志的重要责任。没有一代传一代的传帮带思想，就没有今天的业务知识和成才。教育新同志首先要树立热爱党的金融事业、热爱银行工作的思想，教他们银行会计基础理论知识，实际操作基本做法，业务核算技能，带他们在实践工作中干，在干中学，帮他们分析解决在实际工作中遇到的难题，用发生的实际事例做教材，教他们如何认真细致做好制票、记账。使他们能在实践中真正认识到银行会计工作是一门科学，是国民经济中的命脉，会计工作是经济工作中不可缺少的重要组成部分。

在农行工作的10年中，在新干部业务培训时，我编讲了银行会计核算，柜面监督与服务，信用社业务成本核算的做法，做了一些自己力所能及的事情。在实践中发挥自己的专业知识特长。会计工作得到州农行肯定，1987年在上级行业务技术评审时，我被晋升为助理会计师职称。

1989年，县（市）人民银行重新组建时，我从农行调回人民银行阜康市支行，任会计发行股股长。在任职期间，通过学习人行新业务，在实践工作中体会到人民银行会计工作的现实任务，认为人行县（市）支行会计工作使行使中央银行职能的重要部门，其职能不是单纯的内部账务核算，主要任务是承担着管理财政、资金的缴纳、拨付，其他金融系统、金融机构会计核算的监督管理，协调任务。通过监管实现金融宏观调控。

1993年阜康支行张万存（左三）被评为先进工作者

依据《银行管理暂行条例》，县（市）支行会计分支机构行使管理本辖区会计工作的职能，加强会计管理不仅是人民银行的会计职能，也是在新形势下加强金融宏观监管、实现中央银行会计职能的手段。

没有明确的会计管理概念，整天忙于内部事务根本就不可能做好本职工作，我们要深刻理解中央银行会计是宏观金融管理的重要组成部分，会计工作本身不能只限于会计核算，而是要转变观念，适应社会主义市场经济的新形势，服务于市场经济的需要，做金融财务、会计改革的先锋。通过会计核算管理，反映和分析掌握本地区各项业务，资金使用和活动情况，为监控和指导经济、金融工作提供可靠决策依据。

我认为要搞好当时（80年代）的会计工作，必须从会计基础工作抓起。实行县（市）支行会计核算规范化、科学化、现代化管理，要经常对会计人员进行制度教育，要不断学习制度，熟练掌握制度，严格遵守执行制度，养成严肃、认真、细致、高效的工作作风。

会计核算工作处在县（市）支行各项业务的第一线，要有高度的事业心和责任感来完成繁重的会计核算、管理监督任务，就必须把会计核算质量作为长期任务扎扎实实抓好，真正做到凭证制作规范化、账务记载规则化，准确及时，做到会计核算"六相符"，提高银行的"三铁"信誉，发挥县（市）支行会计核算管理、监督职能。

在全体会计人员的共同努力下，各部门齐抓共管，支行会计工作、核算质量有了明显提高。1992年经自治区人分行主管部门的考核验收，取得了会计达标升三级的好成绩，我本人晋升为会计师职称。因组织的安排，工作的需要，1994年我调离会计部门，提任支行总稽核职务，人虽离开会计岗位，但仍然分管会计工作。

我在银行工作的40年中，始终坚持勤奋学习各项业务技能，刻苦钻研金融业务理论知识。俗话说"三人行，必有吾师"，通过老同志的帮教，经自己在实际工作中学习钻研，并拜能者为师，不懂就问，不会就学，终于使自己在工作中能适应各项业务，工作得心应手。我走过了40年的金融工作历程，我的子女也先后走上金融工作行列，继承我未走完的事业。

我深深体会到，做一名基层银行干部，要多学几门专业知识，在工作中，要干一行，爱一行，学一样，钻一样，学中增才智，干中长知识，要具备一专多能的特长，才能真正成为一名优秀的金融战士。

难忘的国库情怀

——记原人民银行巴州中心支行国库科科长 鞠远娜

人民银行巴州中心支行朱龙飞 王桂芝采编

鞠远娜同志1963年毕业于新疆财经学校，1966年参加工作，1986进入人民银行巴州中心支行国库科任科长一职。凭着对国库事业的热爱，鞠远娜同志在国库岗上一干就是16年，直至2002年光荣退休，她把人生最辉煌的16年奉献给了基层央行的国库事业，见证了国库事业的成长、发展、壮大和成熟。

1984年，人民银行和工行正式分家，人民银行正式独立履行央行职责，当时受人员素质、业务量等各方面因素的影响，国库业务由会计部门担任，但随着经济的发展，国库业务独立行使职责越来越迫切，因此，

鞠远娜

1985年，央行自上而下成立了国库科，国库业务正式由会计部门分离出来。当时，鞠远娜同志就任于巴州国酒厂，已经是国酒厂的财务科长，那个时候的国酒厂属于国营单位的铁饭碗，是多少人梦寐以求的好地方，相比较人民银行而言，工资等各方面待遇比人民银行要好很多。1986年，人民银行由于刚刚成立国库部门一年，人才紧缺，急需一位有经验，有着专业会计知识基础的人员，就是在这样的情况下，鞠远娜同志放弃了之前的高薪工作，于1986年正式调入人民银行并担任国库科科长一职。当时巴州

中支国库科只有6人,最高学历是大专,鞠远娜是唯一的一位会计师,在她的带领下管理着辖区7个县国库支库和2个专业银行代理支库(现如今巴州辖区共有中心支库1个,县级支库11个,商业银行代理国库4个)。而在当时巴州辖内国库专职干部只有19人,兼职干部2人,且接受过会计专业知识培训、财经院校毕业的只有鞠远娜一人,工作压力之大可想而知。

鞠远娜同志对少数民族干部进行国库业务知识培训

那个时候的人民银行由于刚刚开始经理国库,很多制度都不是很完善,加之人员又少,工作开展起来很是困难,鞠远娜同志心里想着"既然来到了这儿,就一定要做出一番业绩来"。由于当时条件受限,人员文化水平参差不齐,并且还有少数民族同志,电算化网络还没有普及,各项业务都是由手工记账处理,在那个一切靠手工的年代,记好每一笔业务,算清每一个数字,对好每一笔账务需要工作人员付出更多的耐心、细心和责任心,有任何一笔哪怕是一分钱的差错,全科人员甚至全辖的国库人员都要牺牲大量的时间和精力对账务进行重新核对。鞠远娜同志带领着大家一边工作,一边教会大家怎么手工记账,怎么编制报表,不定期地在科室内部举行业务竞赛,岗位人员定期为科室其他人员开展业务讲座,形成比、学、赶、超的良好工作氛围。正是通过这样不断地努力学习和业务培训,

难忘的国库情怀

才使科室的每一位人员都迅速成长起来,快速进入到自己的工作角色中,巴州中支的国库业务也日趋成熟。

1992年,是巴州中心支行承担国债发行的重要一年,经过紧张的筹备工作,国债发行、兑付工作于7月1日全面在巴州开展。由于各种客观的原因,国库券于7月13日才调运回来,全部到达县支行已是半个月时间过去了,在一个半月的时间里要把1000万元的国库券发行完成并完成款项的上划任务,这在当时简直是个不可能完成的任务,困难重重,压力很大。在这种情况下,鞠远娜同志及时与当地财政部门及各县支行取得联系,掌握发行情况,做到心中有数。由于当时交通不便,信息传播渠道有限,鞠远娜同志就亲自带领科室成员,动员各县支行、金融机构、地方财政,走到田间地里,挨家挨户地向人们宣传国债知识,足迹踏遍了巴州八县一市,行程数千公里,正是前期的宣传准备工作做得充分,加之国库券在群众心中已经有了很高的信誉,当国库券上市时,发行专柜前,人们排起了长龙,争相购买,呈现了国库券供不应求的大好局面,超额完成年计划的108.7%。

1993年、1994年国库券的发行和兑付的工作量是巴州国库建库以来任务最重的两年,那时各金融机构上缴的已兑付国库券都必须由国库部门人员负责验券和划款,遇到兑付高峰期,国库人员常常无法准

鞠远娜同志(左一)为获得1994年国库业务先进集体颁奖

点下班。但是鞠远娜和她带领的国库队伍,对待工作却一直有着极大热情、一丝不苟,对顾客热情周到,也正因如此,她和她的团队,坚持国库各项制度和热情服务得到了同事、顾客和财税相关部门的交口称赞。

▶▶▶足迹

　　1992年，微机进入人们的视野，国库业务电子化成为必然趋势，为了跟紧时代的脚步，尽快落实辖内国库业务的电算化网络，鞠远娜同志和科室其他人员废寝忘食，深入研究，不断的探索，终于在1992年的下半年在全疆各地州中心支行中率先运用微机编制国库报表。1993年，由于当时条件受限，制度的不完善，导致很多国库科目使用不恰当，为了使国库科目的使用更加规范化和合理化，鞠远娜同志积极主动倡导并亲自参与由本行科技部门牵头，邀请部分县支行的微机科技人员共同组成了国库会计电子化核算系统开发小组，在没有科研经费的条件下，历经种种困难和挫折，经过一年的时间研制完成了"国库会计核算系统程序"。1994年通过在巴州部门支库试行后，此研究成果被自治区分行国库处和科技处验收合格并在全疆推广使用，同时也获得国库司的肯定，被列入全国重点联系行。1995年全疆各地州中心支库电算化业务开始启动之时，巴州国库的电算化已进入了由脱离手工操作向微机操作过渡的时期。

　　1994年，鞠远娜同志见证了分税制改革的重要时期。随着财税体制改革的推行，国家预算收支开始增长，征收范围扩大，征收机关增多，国库业务量也成倍增长。为了保证业务不出差错，鞠远娜同志牺牲了陪丈夫和孩子的时间，一心扑在工作的第一线。在她的生活字典里从就没有"节假日"，只要有需要，加班到深夜都是常有的事情，由于常年的高负荷工作使她落下了许多病根。但是，也正是她这种无私奉献的精神使巴州中心支行国库科这个集体获得了别人难以企及的骄人荣誉，连续9年获得自治州县级先进集体、州级先进集体、在全疆国库业务考评中也一直

1994年鞠远娜同志对业务人员进行国库系统微机培训

名列前茅。

2001年，是全国推行国库集中收付制度改革试点的重要一年，也是巴州中心支行清理财政性资金账户的重要一年。由于，当时的财政机关和各预算单位在商业银行开立众多的财政性资金账户，造成财政资金分散、挤占、挪用等情况。为了积极响应国家推行国库集中收付制度改革工作，鞠远娜同志积极向党委报告，与财政机关协商沟通，逐步清理、撤销了各执收单位、预算单位在商业银行开设的众多财政性资金账户，一定程度上解决了政府性资金分散、挤占、挪用等问题，有效推动了基于国库单一账户的国库集中收付制度改革进程。在国库集中收付制度改革成功后，鞠远娜同志也站完了最后一班岗，从国库岗位上光荣退休。

30年，风雨兼程，勇于探索。30年，雨润花开，一路前行。人生有多少个30年，又有多少个像鞠远娜同志一样伴随着人民银行经理国库走过而立之年，进入花甲的人。想默默地对老一辈国库人说声"谢谢"，正是因为有你们的无私奉献和坚守，才有国库事业的辉煌今天。

沿着"西北金融工作队"的足迹 踏上新疆金融事业的征程

——原人民银行吐鲁番地区分行党组书记、行长 黄政邦

人民银行吐鲁番市中心支行 周存胜根据口述整理

黄政邦

新中国成立初期，国家为了加快西北地区的发展，1949年4月15日，人民银行在延安设立西北区行1949年5月23日，西北区行迁入西安。当时西北地区人民银行陆续接管民国商业银行，需要招录银行职员，从那一刻起我与祖国的大西北结下不解之缘。

立志西北

1951年10月，中国人民银行西北区行招干组赴武汉招干。当时我还不满18周岁。为了参加新中国成立初期西北的经济建设，我下定决心，去西北支援大西北的人民银行事业。10月中旬的一天，我到人民银行西北区行招干组报名处填写报名表，正式报名决心参加西北地区人民银行工

沿着"西北金融工作队"的足迹　踏上新疆金融事业的征程

作,加入支援边疆建设的队伍。按照招干组的程序规定,凡是报名的青年都要参加招干组组织的考试,考试合格后参加体检,体检合格后才能被正式录用。10月末,我通过考试、体检,招干组的领导说我合格了,批准我参加中国人民银行西北区行工作。

佩戴胸徽

1951年11月11日,按录用通知要求和规定,我来到"中国人民银行西北金融工作队"报到。报到时,给我们每个人发了一个用小红布条制作的"胸徽"。胸徽上印着"人民银行西北金融工作队"字样。佩带胸徽时我感到十分激动和自豪,我是人民银行的职员了,喜悦的心情难以言表。

告别江城

1951年11月13日,我们踏上去西北人民银行工作的征程。那天中午,被召录的"西北金融工作队"的120多名青年,到"武汉店员工会"

1984年,人民银行吐鲁番中心支行新任行长黄政邦(左二)与前任行长史月清(中)合影

门口集合。武汉市总工会组织了 500 多人秧歌队前来欢送,浩浩荡荡沿中山大道西下,一路上锣鼓喧天,鞭炮齐鸣,夹道两旁的群众不断鼓掌,欢送自己的儿女奔赴大西北。当夜 10:35 分,一声长笛,火车驶出了大智门车站(今汉口车站),告别了——亲爱的江城父老。

  1951 年 11 月 15 日,我们乘坐的列车到达西安车站,下车休息 3 天。在这里有人民银行西北区行在河南开封市招的 140 多人与我们合编为一个大组。11 月 18 日,人民银行西北区行人事部下发"新召录人员工作分配表",指定地点为新疆、青海、甘肃三省。我辈均为工人阶级,胸有"国家兴亡,匹夫有责"之感。血气方刚,立志四方,多数人都只填写"服从分配"四个字。过了两天,公布了分配名单,我等 193 人分配到人民银行新疆分行。11 月 24 日 11 时许,我们分乘 6 辆大卡车,由西安出发踏上去大西北的征程。途经甘肃平凉、兰州、武威、张掖、酒泉、玉门、安西(今瓜州)等城镇,12 月 17 日到达新疆首府省迪化市(今乌鲁木齐),历时 24 天。

扎根边疆

  1951 年 12 月 17 日,我们"西北金融工作队"的 193 人来到迪化市,在人民银行省分行休整了半个月后,1952 年 1 月上旬,分配我和张树节等 10 人到省分行会计科(后为会计处)工作,从此扎根新疆。1952 年 1 月—1956 年 12 月,在美丽富饶的新疆,积极为新疆金融事业努力工作。在老前辈的帮助指导下,很快熟悉了人民银行的会计、结算、货币管理等业

沿着"西北金融工作队"的足迹　踏上新疆金融事业的征程

务。1953年1月我和徐颖同志赴南疆各地银行检查指导新币发行后的会计核算。沿途各县，跨越库尔勒、阿克苏、喀什、莎车、和田等5个专区的30多个县市支行，最远到达和田专区的于田县，长达半年之久。在茫茫的戈壁滩上，在雪山草地，留下了我的足迹和汗水。在这阶段，又增加了很多社会实践和智慧。

锻炼成长

1952年1月—12月，我分别参加了"三反"、"五反"，以及"肃反"运动，使自己受到了教育和提高。1954年，我参加了新疆农业合作化运动，指导农民成立农业互助组、农业合作社到高级农业合作社，历时3个多月，完成了上级党组织安排的任务，使自己得到了很好的锻炼。1956年6月，人民银行自治区分行党委批准我加入中国共产党，预备期半年。入党介绍人是分行会计处副处长秦国栋和马抒智（女）。

1984年黄政邦任职吐鲁番人民银行时的合影

1956年7月，随着克拉玛依油田的发现，党中央和国务院号召全国各行业支援开发克拉玛依油田。自治区党委决定财贸系统积极响应。人民银行自治区分行党组研究决定，由我带领3人工作组到克拉玛依负责组建"人民银行克拉玛依中心支行"和人民银行独山子支行，指导开展各项业务。虽然当时条件十分艰苦，住帐篷和地窝子，但我毫无怨言，积极为开发克拉玛依油田服务。同年10月，人民银行自治区分行决定我和邵成玉同志留在人民银行克拉玛依中心支行工作，我坚决服从组织分配，留在克拉玛依。

1982年4月24日，人民银行吐鲁番中心支行第三期干培训学员合影

在祖国西北的边陲——美丽富饶的新疆，我从走向新的人生道路开始，为新疆的金融事业努力工作，尽了自己的职责，度过了风华正茂的青春年华。我的体会是：虚心学习。通过实践，增长知识。初入银行，业务生疏，但自己抱着虚心学习的态度。当时分配搞审核汇总两个专区辖属20多个支行的会计报表、负债、损益所列数字不懂的地方，就请教老前辈指点。对审核出来的差错，填写《审核差错通知书》，帮助基层行处纠正差错，正确反映银行经营成果。在熟悉掌握银行业务的基础上，认真钻研银行业务理论问题，努力提高自己的政策理论水平。1954年2—10月，人民银行自治区分行按排我去银行干部学校学习，学习的内容是银行的全部业务。培训学习结束后，人民银行自治区分行先后多次安排我代表分行会计部门，分赴吐鲁番、库尔、莎车、和田等专区辖属县市支行检查指导会计工作。1955年6月，人民银行自治区分行指派我带3人检查组到玛纳斯县支行，协助该行清查监守自盗库款案件，受到分行领导的好评。

1984年1月4日，我任中国人民银行吐鲁番地区分行党组书记行长，

沿着"西北金融工作队"的足迹　踏上新疆金融事业的征程

1985年4月调新疆油田管理局经济研究所工作。

安度晚年

　　回忆往事，艰苦奋斗，有得有失。而今我已是鬓发白霜地站到古稀之列，在未来的岁月里还将以各种不同的方式，为社会文明、进步，创建和谐社会，作些力所能及的奉献。为永葆共产党员的先进性，为自身的健康长寿而学、而为、而乐。坚信明天的阳光定会更加明媚灿烂，伟大的祖国更加强大，人民的生活更加富裕美好。

　　附诗一首，赠予西北金融工作队的同仁：

　　　　　　　　五十多年扎根边疆，喜庆看到小康社会。
　　　　　　　　子女献身边疆事业，古稀老人廉洁安康。
　　　　　　　　同窗战友各奔东西，相会相见喜气洋洋。
　　　　　　　　今朝相会各抒旧情，一身廉洁长寿健康。
　　　　　　　　边疆奋斗无怨无恨，祖国新疆团结兴旺。
　　　　　　　　古稀岁月要做奉献，万古千秋代代相传。

我在人行 40 年

原人民银行吐鲁番地区分行总稽核 徐金宝

我是 1956 年 4 月毕业于上海银行学校（原中国人民银行华东区行银行学校，今上海高等金融专科学校）货币流通与信用专业，同年 5 月接受国家统一分配赴新疆参加人民银行工作，5 月 23 日又被自治区分行再分配到基层，即哈密瓜的故乡吐鲁番地区鄯善县支行，在县支行工作 28 年中曾担任过股室负责人、副股长、股长、支行副行长等职务。直接经管办理过信贷、计划、货币流通、现金管理、储蓄、会计记账、联行、报表汇总、出纳、农村金融等业务工作以及行政秘书、办公楼项目建设等。1984 年中国人民银行专门行使中央银行职能，为了加强地区中央银行的工作，经组织

1993 年 12 月，徐金宝同志与吐鲁番地区分行行领导合影

决定,我从县支行调到吐鲁番地区分行工作,曾任调查研究室主任、办公室主任。1991年被自治区分行任命为吐鲁番地区分行总稽核,一直到1996年8月1日退休。在这40多年中,我一直在人民银行吐鲁番地区分行工作。退休后我为地区分行编纂了吐鲁番地区金融志征求意见稿,1999年2月印制成书,全书近40万字。

我的一生是在人民银行这个革命大熔炉中锤炼成长的,人民银行是我的老师,是我一生的朋友、伴侣,她培育了我,考验了我,锻炼了我,关怀照顾着我。1987年我被总行批准为高级经济师,1985年和1991年两次荣获自治区级的先进工作者,多次荣获地、县级先进工作者。在人民银行40多年的工作经历中,我得到了行领导的关心和爱护,重用提拔,使自己学到的基础理论知识得到了充分的利用和发挥,为边疆金融事业的发展做了大量有益的工作,也做出了一定的贡献。

由于在学校学到的都是实用的、有用的、切合实际的基础理论知识,加上有丰富经验的老师深入浅出的耐心教导培育,通过在上海杨浦区办和江苏常州支行的两

1993年9月,徐金宝同志给吐鲁番分行文秘人员授课

次生产实习以及在银行学校自设的实习银行进行模拟的操作实习,进一步丰富了自己的智慧,牢固掌握了已学到的金融理论的基础知识和业务工作实际操作能力,使自己一踏上工作岗位就能牢牢地掌握工作中的主要环节,能独立胜任自己所担负的工作重任。1956年我到鄯善县支行,县支行当时只有会计股、农金股、办公室和刚成立综合业务股。我分配在综合业务股上班,业务股主要是经办信贷、两大计划的编制、执行、总结、货币流通、城镇储蓄、现金管理等工作,并宣传推行新的粮食国营商业企业、

供销合作放款、非现金结算，托收承付结算等办法。我经常背上背包到机关、企事业单位和居民家中宣传爱国储蓄的意义，开展储蓄工作。我在参加工作的第一年就为综合业务股写了年度总结报告，受到好评，第二年我就写全行性的总结报告了。同时还为支行党支部草写了基层党支部工作经验的总结，得到地区、自治区的推荐，此材料在北京怀仁堂举办的全国财贸单位基层党支部工作会上进行了经验交流，当时县支行行长于魁同志赴京参加会议。从此也培养了我写业务工作日记和收集各种材料的兴趣，到"文革"前，我前后共写工作日记及有关的资料收集达14本之多，可惜在"社教"中流失了。

1958年搞"大跃进"，银行工作也被卷入了这一洪流。一时间银行拆除柜台，走出柜台，上门服务，业务工作不受时间、地点的限制，随到随办，实行四员合一办公，即信贷员、会计员、储蓄员、出纳员由一人担任。我身背一只背包，手提一把算盘，上门到企业单位收取款项，办理信贷业务，票据转账业务，在门市部收款，既多又杂，都是一个人去完成。当时也没有复核，刚参加工作不久的我，计划、信贷、货流工作还可以承担，但出纳收款、记账结算真有点害怕，但自己鼓足勇气不怕困难，经过几次试验，也就熟练起来了，虽也出现过短款、错账的现象，当时短款要自己赔偿的。但我完成了任务，更重要的是我在这个时期学会了会计、出纳业务的具体操作规程，学会了几套联行的操作、密押的编制，对托收凭证的传递手续、拒付理由的审核，掌握得清清楚楚、明明白白，基本上对银行的全盘业务工作做到了心中有数，能单独操作完成。

"文革"中，我先后在鄯善火车站办事处任出纳管库工作，部队机场银行服务所任会计工作。调回县支行后又干过一段出纳、管金库工作，由于领导的重视，同志们的帮助，自己的刻苦努力，在几年的出纳会计工作中基本上完成了任务，做到正确无误，没有差错事故发生。

1976年，鄯善县支行建造了一座当时鄯善县城机关、企事业单位中的第一座办公大楼，我有幸参加了建设工作，由于当时条件艰苦，我带领工人、司机到巴里坤天山里拉运木材，到电厂拉运水泥。没有汽车就雇佣老乡的毛驴车拉运，建筑用的几十万砖、数十吨的沙石均是用老乡的毛驴车拉回工地的。经过一年多的努力，终于在旧银行的位置上建成了一座全新的，装有暖气的营业大楼。县支行迁入大楼以后，我被安排在计划信贷股搞业务工作。后来在企业整顿中，由于县领导的推荐，广大职工投票，我当选了副行长，整顿结束后地区分行正式任命我为县支行副行长。我入党的夙愿也在这个时间实现了，很快被吸收为中共后备党员，一年后在地区分行工作时被按时转正。

1984年，中国人民银行行使中央银行职能，为了加强地区二级分行的工作，我被调到中国人民银行吐鲁番地区分行工作，任调查研究室主任。银行专门建立调查研究室的工作，是有史以来的第一次，是一项新的工作，大家都没有做过，也没现存的经验和历史经验可以借鉴，只有在实践中去找，从打仗中学习打仗。在全疆分行长会议上部署的工作任务，使我们明确了中央银行的职责任务，根据这些任务来安排当前的调研工作，从实践中进行探讨。首先我们抓金融行政管理。1985年1月新疆生产建设兵团驻吐鲁番221团场决定对团场职工预支生活费用发放资金券，原计划发放资金券20万元，实际发放8万元，资金券可在全场范围内流通，这实际上是发行了变相货币，是违法行为。我接到农行221团场营业所的报告之后，冒着大雪到团场调查，经查情况确凿无误，经请示自治区分行并根据总行的有关规定，于1月31日发出通报予以制止，通知单位立即停止使用，并将此事上报了区分行和兵团后勤部，由自治区分行和兵团后勤部分别向其所属进行通报。对该团场在备耕生产中的资金困难，建议农行地区分行给予贷款支持其备耕春耕生产的资金需要。这是调研室成立后的第一件工作，这项工作打响了。恢复出版《吐鲁番金融》，目的为沟通地区间乃至全疆银行间的情况，为各级领导了解、指导工作有一定的意义。该资料真正起到了反映地区银行工作动态，交流工作经验，传播信息，为做好金融工作起到了参谋作用，受到了当地党政和上级行的好评。为更好地宣传银行、保险业务，讲解各银行的分工情况，地区分行调研室于1985年6月会同地区广播电视局、电视台以及各专业银行、保险公司和有关部门，摄制了半小时的电视专题片《开拓中的火洲金融》，我担任编辑，缩写说明词和镜头脚本，并亲自参加拍摄，到哈密三道岭电视台进行后期制作。这是吐鲁番地区自己摄制的第一部电视专题片，曾在吐鲁番电视台多次播出，也在新疆电视台播出，在电视机还未进入千家万户的1985年，用电视这个现代化的宣传工具来宣传金融，讲解银行业务，在自治区甚至全国还属首创。在调研室建立以后的1987年6月，经过积极筹备，成立了吐鲁番地区金融学会，调研室是挂靠单位，也是承办具体业务的机构。当时领导外出学习不在，我积极主动担当起筹备金融学会的主角，及时召开了成立大会，成功地举办了地区首次金融理论研讨会。会上，研究确定了学会章程，选举产生了学会领导机构和工作人员，安排了今后的工作任务，并将调研室编的《吐鲁番金融》作为金融学会的刊物，我任秘书长，负责日常工作的开展，编辑出版会刊，参加兄弟行的学会活动。

  我在人行工作之后，很喜欢写作投稿。当我还在县支行工作时，有一年支行院内举办了一期银行支援春耕生产的展览会，我将会上的情况写了稿件照了相，被当时的《中国金融报》刊登。当年的《新疆银行旬报》上经常有我写的县支行业务活动的报道和工作经验介绍。我的投稿范围很广，有电台、报刊、电视，有地区的、自治区到全国的，只要有内容、有情况我就及时写，不吃饭不睡觉都写，从写新闻稿件开始逐步学写调研报告、工作报告和论文，我写的有关现金统计办法的探讨文章，曾被《甘肃金融》和《新疆金融研究资料》上同时刊出。全国十二城市金管工作联谊会在吐鲁番召开年会期间，其会议纪要我仅用了一个晚上的时间就写了数千字，第二天会上获得掌声通过。我出席各种学术讨论会，都自己亲自撰写文章。我还参加了吐鲁番市《中国国情丛书——百县市经济社会调查吐鲁番卷》的编撰工作，是特约编委和拟稿人。我亲自为吐鲁番市和托克逊县撰写了金融志。独自一人用两年的时间退休在家顺利完成了吐鲁番地区金融志（1950—1995）的撰写工作。更值得一提的是完成了自治区的社会科研课题《吐鲁番市310户维吾尔农民家庭1987—1994年8月来的收支情况的调查及农村奔小康的对策研究》，该课题的论文近2万字，发表在《新疆社会科学》杂志上，1995年12月14日通过了自治区社科规划办公室的鉴定，这不仅是吐鲁番地区第一次申请自治区级的科研课题，也是自治区社会科研课题里第一次研究维吾尔农民的科研课题。该课题对吐鲁番市8个乡的310户维吾尔族农民家庭8年来的经济收入来源，种植作物的结构、生产、生活方式、资金使用情况等进行了分析研究，并对今后农村奔小康提出了9条措施建议。自治区有关专家学者在课题鉴定会上对该课题研究所取得的成果表示好评，都认为该课题率先在自治区范围内第一个研究新时期维吾尔农民的问题，它对于促进吐鲁番地区农村经济的发展和稳定，维护民族团结，具有重大的现实指导意义。吐鲁番是远近闻名的旅游地区，历史古迹多，瓜果香甜众人皆知。我在地区分行工作期间，先后接待了近万名的客人，给他们讲解吐鲁番的过去、现在和未来，讲解历史故城的兴盛衰亡变迁的历史故事，宣传吐鲁番，使每个人听了我的讲解以后，对新疆、对吐鲁番有较深刻的印象，虽然火洲吐鲁番有40多度的高温，但我的心是凉爽的，情绪是满怀的，不觉得困和累，这是我给全国人民银行的领导和职工做贡献服务的良好机会，这么多的银行职工在我的导游下浏览吐鲁番葡萄城，我的心是甜的。当总行的领导离开吐鲁番时，与我们摄影留念时，我们感到特别亲切，我们没有白干，总行和祖国人民时刻关心我们边疆的金融职工，我们只有做好工作，安心边疆，做好本职工作来报答领导，报答祖国人民的关怀。

如今，我已退休在老家安度晚年生活，但人行的领导和职工们还是十分关心照顾我的，当我完成了金融志的撰写任务后，地区人行的行长、副行长、科长们都热情招待我，为我搬家创造了良好的条件，解决了很多的困难，使我顺利地到达老家。回家后我的身体健康，生活安定，现在我除锻炼身体外，还在爬格子，将自己一生的经历来一个回忆总结。

1998年1月，吐鲁番分行行长党委书记、行长段永相同志携人事科负责人慰问退休职工徐金宝同志

▶▶▶ 足迹

地窝子里的人民银行

——原人民银行大河沿办事处主任、离休干部 郑书彬

人民银行吐鲁番市中心支行 周存胜根据口述整理

地窝子是新中国成立初期新疆地区普遍最简陋的居住方式。它是在地面以下挖约 1—1.5 米深的长方形或正方形的坑，坑的地面以上部分用土坯垒起约半米高的矮墙（留通风、采光窗），再用木头、椽子、草和泥巴盖顶。

1955 年，兰新铁路已修至红柳河（今敦煌站），预计 1960 年修到吐鲁番大河沿。为了做好支援铁路建设工作，1958 年吐鲁番县人民委员会（以下简称县人委）决定在大河沿设"人民银行大河沿火车站办事处"。当

郑书彬

时由于国民经济尚处在恢复、调整时期，物资短缺，县人委拿不出钱来修建人民银行办事处办公营业用房，只能挖地窝子，用作工作人员居住和办公。大河沿人民银行前后共挖过两个地窝子。

第一个地窝子

第一个地窝子比较小，是 1960 年 6 月筹建人民银行大河沿火车站办事

地窝子里的人民银行

处时挖地修建的。当时，地窝子选址就在吐鲁番县人委大河沿办事处附近大约20米左右（今大河沿镇人民政府办公楼处）。地窝子的坑是个长方形的，长约6米，宽约3米，面积大约在17—18平方米，深约1.2米。用原木盖顶（平顶），顶露出地面40—50厘米。安装有4个小窗户（用于采光）。地窝子里的西南角约6平米的地方是我们办事处3人工作的住处和做饭的伙房。由于地窝子面积较小，只能摆放5张办公桌。那时候没有条件单独设金库，也没有保险柜，只有一个钱箱子。办事处工作人员的住处就是金库，办事处主任负责保管钱箱子，上班办业务的时候把钱箱子从住处拿出来，下班后放到主任木板床枕头边上。在铁路没有修到大河沿的一年多时间内，许多机构只是搭建了架子，人员也没有配备到位，所以大河沿办事处设立之初业务量比较小，第一个地窝子也不显得特别拥挤。

第二个地窝子

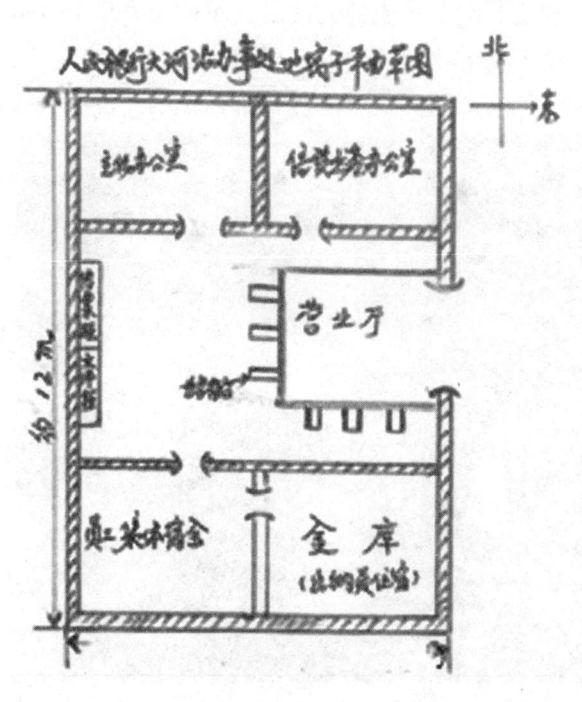

此图根据郑书彬描述绘制

第二个地窝子比第一个地窝子大一些。是1961年挖地新建的。1960年11月大河沿火车站建成通车后，大河沿货物运输和人口迅速增加。储蓄存款、对公存款、贷款和结算等业务迅速飙升。人民银行大河沿办事处原有的第一个地窝子显得太小，完全不适应业务快速发展的需要。为此，1961年上半年，县人委决定新挖一个大一点的地窝子。新挖建的第二个地窝子在第一个地窝子东边约

291

10米处。第二个地窝子的长约12米、宽约5米，深约1.5米。约60平方米，比第一个地窝子大一倍。属于砖木结构的、条件比较好的地窝子。挖出的地窝子四周用青砖水泥筑墙，顶部用木材搭建。由于第二个地窝子面积较大，办公和职工住宿的条件相对要好许多。一是设置了金库，将职工宿舍与金库分离。由出纳人员住在金库里。二是单设了主任办公室和信贷业务办公室。三是有了较体面的营业柜台，地窝子正门朝东，正门中央修筑了业务柜台，把外来人员与办事处人员隔离开来，有效保障了办公秩序和安全。四是配备了传票柜和文件柜。第二个地窝子总体分为中、南、北三个功能区。正中是办公区，南侧是金库和职工宿舍兼伙房，北侧是主任办公室和信贷业务办公室。

艰苦的条件

1961至1965年，是大河沿人民银行办事处工作中生活最差的时期。一是没电，二是缺水，三是缺吃。刚刚建成的大河沿火车站没有供电发电设备，也没有自来水，人民银行办事处工作条件十分简陋。没有发电机，电灯也没有，只能用蜡烛和煤油灯照明。员工的鼻孔都是黑的。没有自来

20世纪80年代初吐鲁番分行营业室场景

地窝子里的人民银行

水,没钱挖井,吃水、用水十分困难。夏天的大河沿镇40℃以上天气经常出现,一年中40℃以上天气有约40多天。由于缺水,职工做饭、洗衣服用的水要用桶到"综合商店"或"军供站"去挑,根本解决不了职工洗澡的问题。粮食、副食品供应短缺,每月28市斤的定量,实际只供应26斤,必须节约2斤支援国家建设。吃不饱,不少职工到街上买农民采的草籽充饥。供应的粮食70%是高粱、玉米面等杂粮,小麦面粉只有3%,高粱炒着吃,玉米面蒸发糕吃。1962年,办事处领导从大阪城买了一点土豆,由于没有食用油,买回来的土豆只能是煮熟了用酱油沾着吃。

与大风抗争

1960—1965年,是大河沿人民银行员工与大风抗争的5年。大河沿的风不但多而且大得出奇,从春天断断续续刮到秋天。8级以下的风一年要刮40多次,9—12级以上大风一年能刮10多次。因此,与大风抗争是大河沿人民银行常有的事。当年的地窝子为了采光,地面以上要装窗户。由于当时没有玻璃,窗户是用白纸糊的。稍微大一些的风就会把窗户纸刮破,窗户纸一刮破沙子就往地窝子里灌。1962年2、3月刮了一场12级的大风,大风持续刮了五六个小时,地窝子几乎被沙子填满了。风停了后用了整整3天时间才把沙子清理干净。

20世纪80年代吐鲁番分行销毁回笼残损人民币场景

在激情岁月中燃烧青春

——人民银行克州中心支行党委委员、纪委书记 展志芳

人民银行克州中心支行 郑泉、蒋广业整理

美好的回忆总是令人回味,掐指一算,我进入人民银行已经整整35年了。时光的流逝无情地夺走了我的青春岁月,但回顾过往,想起色彩单一的那个年代,里面倾注了我对央行太多的感情,感觉每一天、每一年都写满了奋斗、艰辛、激情和难忘!

1990年,原人民银行克州分行行长李生诚来克州调研(左一为展志芳)

服从分配　艰苦创业

1981年初，年仅19岁的我调入了人民银行阿图什县支行工作。当时的人民银行在阿图什天山路与松它克路的交叉口处，一排土木结构的平房，而发行库就在平房的最里面，库房有两间，一间是现金库，另一间是金银库，约有20多平方米，全单位只有20多个职工。当时的办公室既没空调、也没有暖气，夏天热得满身大汗，冬天冻得手上长疮，出门办事全凭步行或自行车代步，但大家就认准一个理，无论自己吃多少苦、受多少累，都不能影响工作。那时候收入也低，当时实行的是物质凭票证定量供应，刚入行时我的工资34.5元，但我仍然感觉很温暖，生活得有滋有味。

忆当年，我时常想起那用炭火烧得红红的铁炉子。每天早上来上班的第一件事就是劈柴禾、砸煤、生火，尽管弄得满屋烟雾缭绕，一脸眼泪鼻涕，黑乎乎两手，但看到烧的红通通的炉子和屋外冒出的袅袅黑烟，心里有说不出的高兴，把一杯冲好的滚烫的浓茶递到刚进门的师傅手中，那心里简直比喝了蜂蜜水还有成就感，当时的我们很满足，始终保持艰苦奋斗的精神，踏踏实实坚守在各自的工作岗位上。

经过3个多月的短期业务培训，我被分配到了会计科工作。我最佩服的是我们会计科长和带我的师父，他们对待工作的那份细致认真和查账时的"老道（新疆话，厉害的意思）"令我折服。或许精湛手艺是要靠岁月熬制出来，我们这些新兵蛋子在他们面前绝对望尘莫及。决算前的账款是不能有一丝一毫偏差的，有时出现了差错，年轻的我们往往不知从何查起。但我

1990年展志芳参加喀什《丝路杯》珠算技术邀请赛（第二排左三）

们科长却可以用最快的速度、最简单捷径的方法把躲在数字堆里的错误寻找出来。所谓"名师出高徒",只要跟着一位经验丰富的师父,徒弟一定不会差。就这样,我在会计科一干就是3年,期间进行了2次人员调整。为做好对新同志的"传、帮、带"工作,科长经常鼓励科室的年轻同志刻苦钻研业务知识,每遇到一笔具体业务,他都耐心地给大家仔细讲解工作原理、方法技巧和心得,在科长的严格要求和热情帮助下,一批批新同志迅速适应了会计科的各个岗位。直到现在我还一直庆幸自己能有这样一位好师父为我传授业务知识,而我那时还曾因师父管束严格受到批评而在心里埋怨过师父,而今已成长为行级领导的我,却时常怀念教我业务技能的师父们。

勤学苦练　精益求精

1984年实行人、工两行分设,成立了人民银行克孜勒苏柯尔克孜自治州分行,那时候没有电脑,一切都是手工,一支笔,一把算盘,几大叠厚厚的账本,要求做到"铁账、铁款、铁算盘"。做好工作必须要有丰富的业务知识和熟练的操作技能,而当时参加工作的干部职工文化程度和业务技能水平普遍不太高,与工作要求很不适应。根据工作需要,各单位大力组织业务培训,开展技术练兵,极大地调动了员工学习业务技术的积极性。同志们抓紧一切时间练习写数码字、打算盘、点钞票,大家把算盘和点钞纸随身携带,有空就练,几乎到了废寝忘食的程度。工夫不负有心人,一时间全行涌现出一大批业务技术能手,有的人在全疆比赛中名列前茅,获得"记账能手"、"点钞能手"、"珠算尖兵"。我的科长和师父都是开朗人,平时喜欢开玩笑,决算那几天只要有他们在,那呆板的数字似乎就不再那么冷漠,办公室也总是充满欢声笑语。22岁的我每天重复着记账、做报表,所有的报表都要手工抄录,特别是月季表,纸张较大,并且要垫三张复写纸,每张报表上还不能有超过3个错误数据。每天一上班科长就手把手教我打算盘、三行加减、空盘乘、空盘除、在账页上练数码字。刚开始错误率很高,自己就下决心每天最少练两小时,早上练、晚上练。在1983、1985、1989年克州人行系统业务技术珠算比赛中我分别荣获一、二、三名。

今天，我视为宝贝的算盘已被先进的电脑所取代，自己曾经拿手的绝活已无用武之地，我还曾有过一点点小小的失落感。但理智让我回归现实，在惊叹于科技发展之神速的同时，也为银行核算电子化、办公自动化而感到由衷地高兴。

爱岗敬业　乐于奉献

年终决算是行里一年当中最重要的事，它是对一年来辖内金融运行情况的全面盘点。也不知道是什么时候就有的规矩，就像是候鸟随季节迁徙一样准确，每年一进入12月年终决算工作早早就开始准备了，没有谁指示、谁安排、谁布置，更不用像现在层层开会、层层发文、层层动员，科长早早就为年终决算的事操心了。业务全部是手工操作，任务重时间紧，从账到款再到库存再到该要归档的资料，一切都要仔细盘查清点的清清楚楚，用科长和师父的话说"收拾干净好过年"。

1992年展志芳（第二排左三）率队前往所辖乌恰县支行调研

最令人温馨和最让人高兴的是在决算期间基层各县支行的同志来决算，那年我24岁，因为单位没有食堂，县上来了出差的同志，行里就安排在民族同志家里一起买菜做饭吃。我现在还清楚地记得，每到年底的那几天，单位的民、汉同志聚在一起包饺子的情景，大家像一家人，还恶作剧地在饺子里放上硬币、放辣椒、放盐，看看谁能吃到硬币谁就特别高兴，谁要吃到辣子和盐那痛苦的表情，让我们大家笑得眼泪都出来了。到了年底最后一天，大家自觉进入了最紧张忙碌时刻，清脆的算盘声啪啪做响，为查找数字，桌子上铺满了传票，两人一堆三人一组进行着报表分析，营业室里一片繁忙的景象。如遇深夜突然断电，准备好的蜡烛迅速点亮，大家都会自觉地做着自己该做的事，直到账款相符、账账相符、账实相符。大家在忙碌中不知不觉已到了凌晨，各种账目准确无误后，由科长按专用密码发送完成密码电报后，一年的工作才算是真正结束了。

1996年，展志芳（第一排右一）参加人民银行新疆区分行举办的东疆及南疆片区会计培训班

不辱使命　勇挑重担

1987年5月克州筹建恢复人民银行阿图什市支行，年仅25岁的我被任命为阿图什市支行副行长，主持全盘工作。面对没有助手，大多数同志都是步入金融战线的新兵，整个业务素质水平较低，各项业务工作难以顺利开展的情况下，我坚持从实际出发，因地制宜，按照工作要求，认真学

习文件精神，掌握基本方法和原则，健全了会计、出纳柜台各项制度和登记薄，使大家职责分明，分工协作，密切配合，减少差错的发生，保证了工作的顺利开展。按照规定认真办理每一笔业务，做好"两库一账"工作，及时召开各专业银行联席会，确定票交时间使之规范化，并对阿图什地区票据交换的进帐率进行摸底调查，结合实际提出了由州、市两级交换，改为全市一级大交换，这样减少了票据传递环节多，周转慢、资金使用效率低的状况，保证了资金及时清算，提高了票据抵用率。在1988年、1989年统计竞赛中，阿图什市支行获得克州辖区统计竞赛第一名，会计和国库业务也分别取得了第二名的好成绩。

光荣完成了组织交办的市支行筹建工作任务后，1990年我28岁，根据工作需要调整到人民银行克州分行稽核科任职，在总稽核的指导下，认真贯彻执行《稽核工作实施细则》和《稽核查处罚规定》，带领全科同志坚持依法稽核查处，3年来对各专业银行查出少缴财政性存款51.2万元，一般性存款135.8万元，违纪违规金额619.4万元，转移财政性存款25.2万元，对稽核查出的问题，做到了定性准确，处理及时。3年来向被稽核单位提出合理化建议35条，其中：30条被采纳，帮助各金融机构改进了工作，提高了管理水平。当时的人民银行的稽核工作对专业银行有很强的威慑力，同时对稽核人员的工作责任心、工作精细度也相应有很高的要求。1991年中支稽核科被克州审计局评为审计工作先进集体。

1999年我37岁，任克州分行国库科科长。根据科室人员变动及业务发展情况，在坚持过去已有的规章制度的基础上，以《国库会计操作规程》为内容，完善和修订了科室的国库业务工作规范，设立了国库业务基础建设的各项制度和十多种登记薄，使国库基础工作得到加强，并且得到了上级部门的高度评价。在国库工作中委托中国银行在吐尔尕特口岸建立国库代理库，解决了克州口岸各征收机关收缴各项税款划拨环节多，传递时间长，在途资金多等问题，使国库资金划拨渠道畅通无阻。为加强财、税、库之间的配合，建立了财、税、库联席会议制度，使各部门能及时沟通情况、相互支持、协商办事，推动了国库工作的开展。为确保代理财政统一发放工资业务在克州顺利进行，注意各环节应准备的工作事项，制定了较为具体的工作进度计划，使克州首批代理财政统一发放工资任务圆满完成，克州的国库工作连续6年荣获"新疆国库业务评比一等奖"的好成绩。

奉献央行谱华章

时代在飞速发展，过去泥土盖的平房早已被高楼大厦所替代，木质柜台也已换成了大理石、防弹玻璃，过去的算盘已被电脑取代，过去的自行车已换成轿车。新老更替，单位的人越来越多，但熟悉面孔却越来越少。2008年2月，45岁的我被提拔为人民银行克州中支党委委员、纪委书记，职务提升了，责任更大了，以前我是站在科室的角度考虑问题，现在我要站在全行的角度去通盘考虑，这也让我深深地感受到工作的复杂与艰辛。35年的时光对一个国家来说并不漫长，但对于一个人来说，那是一生中的黄金时光。我常想，现在的工作、生活条件比起过去来好了几千倍，但总感觉少了些什么。到底是少了些什么呢……

今年我54岁了，到了这个年龄才终于体会到，珍惜现在，不忘过去，这就是生活，这才是生活，也是人生的乐趣所在。让我们记住逝去的岁月，在未来的日子里，继续与同事们共同奋斗、努力工作，站在人民银行这艘巨轮之上，与她同舟共济，一同搏击风浪，为实现我们伟大的中国梦而奋勇前行。

35年，生如夏花般的美好时光，在央行这片沃土上，我、我们在各自的岗位上成长、绽放，我们学会了承担责任、勇于担当、我们学会了永不懈息、永不停步。年轻的梦想蜕变成了对事业的坚守，这份坚守，是滴水穿石的坚毅、是鹰击长空般的勇往、是蜜蜂酿蜜的积累、是禾苗拔节的希望。这份坚守是我们心中巨大的力量，让我们不论面对什么都能荣辱不惊、坚如磐石。

风正潮平，自当扬帆破浪；任重道远，更须策马加鞭。稳健货币政策的落实需要我们，辖区金融稳定的维护需要我们，西部经济发展、社会和谐建设需要我们。让我们在人生最美好的阶段，用智慧、汗水和青春去诠释生命的价值，去演绎美丽的人生，去为央行事业的明天谱写绚丽多彩的诗篇。

忆激情岁月 踏央行足迹

——原人民银行克州分行工会办公室主任 王德业

人民银行克州中心支行 郑泉、蒋广业、张蓉整理

位于帕米尔高原之上的克孜勒苏柯尔克孜自治州成立于1954年，面积为7.25万平方公里，边境线长1170公里，是新疆反恐维稳的最前沿阵地，是我国唯一的以柯尔克孜族命名的自治州。

王德业（第三排右五）与单位"庆七一"演出人员合影

前进路上纳贤才

人民银行阿图什县支行就诞生在自治州首府驻地阿图什县城的天山路与松他克路的交汇点上,当初只有几间土木结构的平房,支行有20多名员工(从不同地区、单位抽调来的),民、汉几乎各占一半,没设科室,服务机构只有出纳、会计两个部门及部份公社营业网点。阿图什县支行党组十分注重人才的引进工作,为适应业务的开展,不具一格的广纳人才,分别从外地区及州市、县各系统、学校、机关、部队招进了一大批人才。比如当时支行的业务能手马德荣同志就是从粮食系统引进的,她曾在全国粮食系统珠算业务大赛区的比赛

王德业同志和维吾尔族同事在一起

中取得过第二名的好成绩。无论从哪个部门引进的员工,都要进行严格业务培训,合格后才能上岗。这为新入行的同志提供了系统学习业务的平台,培训结束后都能较好的适应各自的岗位。不久又从自治区及外省各大专院校分配了一批学生,他们后来都成为人民银行各科室的业务骨干。

随着十一届三中全会的召开,改革开放的步伐加快,到1984年实行人、工两行分设,成立人民银行克孜勒苏柯尔克孜自治州分行。再到1999年大区分行成立,人民银行克孜勒苏柯尔克孜自治州分行改为人民银行克孜勒苏柯尔克孜自治州中心支行。

危难之时显真情

自治州分行这个大家庭除平时注重员工思想、业务的培训、教育外,

非常尊重少数民族的风俗习惯，非常关心民族干部的思想、生活。及时了解和掌握民族干部的工作生活情况，密切关注伴随央行各项职能的转换职工的思想状态。领导班子成员经常在他们中间开展交心谈心活动，准确把握他们的思想动态，解开他们的心理疙瘩，缓解矛盾。平时由于开展业务需要，要求大家相互学习语言，教育大家要牢固树立"三个离不开"思想，即汉族离不开少数民族，少数民族离不开汉族，各少数民族之间相互离不开。教育大家遇事冷静，要互相尊重，互相体谅，互相学习，互相团结，要心往一处想，劲往一处使，要齐心协力，共同把事情都办好。

阿图什市以前有个很出名的"香港巴扎"（巴扎即市场的意思），那里聚集了来自喀什、阿克苏、和田以及克州的几乎所有的做而匹生意的维吾尔商人，是一个长约5公里，宽约500米的大市场。记得1988年秋天的一个深夜，位于阿图什市"香港巴扎"突发大火，当时没有专业消防人员和设备车辆，只有靠人自行灭火。大火地点离人民银行只有500米的距离，火情就是命令，住在人行家属院的员工听到呼喊声后纷纷从睡梦中惊醒，有人拿盆子、有人拿

王德业（前左二）退休前与同事们合影留念

水桶，急忙奔向火灾地点，"香港巴扎"旁有一条小水渠，大家就用盆装、用桶提，一次次将水洒向大火。时任克州分行的高级会计师成湘滨和会计科慕顺学、营业室沙明锐等十几位小伙子冒着被熊熊大火烧身，浓烟熏呛、烧焦的化纤毒气味和随时有可能被烧塌的屋棚砸伤的危险，纷纷爬上顶棚奋力灭火，扑打声、呼喊声响彻了整个阿图什市的上空，整整4个小时，人民银行员工忘记了时间、忘记了疲惫，这一刻，心中只有一个念

头,就是"尽快把大火扑灭"!就这样,火龙终于被降服!这一夜的激战,为商户挽回经济损失达 500 万元。直到东方发白,大家才感到几近虚脱,一阵冷风吹过,每个人的衣服已被汗水和泥水浸透,紧紧地粘在身上。

第二天,阿图什许多市民知道了昨晚发生的一切,大家对人行员工救火行为交口称赞,"香港巴扎"的近 30 名维吾尔族商户都拿着锦旗来到人民银行大门口见到人就喊:"邦克,亚克西!热合买提!(银行,好!谢谢!)"当时的救火事件反响十分强烈,自治州政府还专门下文对人行克州分行进行了通报表彰,新疆自治区分行还专门派工会主任前来慰问参与救火的职工们。

不畏凶险完成使命

更令人刻骨铭心的是 1990 年 4 月 5 日震惊全国的阿克陶县巴仁乡反革命武装暴乱。当日清晨,阿图什市内人们如往常一样忙碌着。时任克州分行党委书记、行长李生诚同志带领发行、保卫部门的十多名同志按发行调拨计划,到阿克陶县支行执行押运送款任务。就在运钞车出发不久,分行办公室突然接到自治州党委的紧急通知,告知阿克陶县巴仁乡昨夜发生反革命武装暴乱,已造成 6 名武警及公安干警牺牲。接到通知后,副行长张宗贵同志立即用对讲机将这一情况报告给李行长,为确保资金安全入库,李行长马上与阿克陶县支行取得联系,要求全体干部职工岗位待命,特别是保卫及发行人员立即到岗,下晚班休息人员中止休息,一律坚守待命,支行全面进入备战状态。由于安排得当及时,运钞车一到支行一分钟也没有耽误,发行基金安全入库,没受到任何损失。正当运钞车辆准备返回时,县支行又接到前线指挥部的命令,说前线的部队和武警战士一天多都没能喝上水、吃上饭,急需一名有驾驶经验的司机前去巴仁乡前线给武警战士送给养。听到这个消息,我分行执行运钞任务的司机维吾尔族青年阿不都克里木·卡地尔和汉族青年卢光芒,主动请缨担负起给前线战士送水送食物的任务。接受任务后 2 人开着装满水和食物的面包车,冒着随时都有可能被反革命暴徒拦截、打砸、火烧、砍杀的危险,置个人生死于不顾,连夜开车摸黑上路(根据当时的情况,为了做好隐蔽,汽车不能开大小灯、车速要放慢，汽车声还要特别小），行驶近30公里，两人将水和食物安全送到了前线指挥所指定地点之后又连夜返回县支行。事后，分行党委组织全辖干部职工对他们的事迹进行认真学习，全行人员对这两名同志的出色表现赞不绝口。阿不都克里木、卢光芒两同志当年被自治州党委给予通报表彰，之后又被新疆自治区分行评选为民族团结先进个人、劳动模范，并每人奖励一级工资。

在人行克州中支这个温暖的大家庭里，有着像长辈一样以身作则和蔼可亲的领导，还有着一群怀揣着青春梦想和无限活力的年轻的同志们。回想当年，每当接受"远、苦、差、重"的工作任务时，总是有人争着承担，每当有人遇到困难的时候，大家都会立刻伸出援助之手，工作上相互帮助，生活上排忧解难，在充满生机和希望的征程上，大家携手同行。平凡的岗位只有辛勤方可增添无限的色彩，朴实的工作只有用心才能结出累累硕果，这些点点滴滴，无不记载了老一辈央行工作者开拓的足迹，无不凝聚了老一辈央行人的血汗结晶，无不表达了基层央行各族干部职工为推进央行事业乘风破浪的美好心愿。

面对新的起点，新的挑战，人行克州中支的干部职工们在各级领导一如既往的关心和帮助下，用辛勤的汗水和不懈的努力，在金融服务地方经济发展的征程中奋勇前进，永不停息！就如同人民群众齐声赞誉的一样，"邦克，亚克西！"（银行真棒！）克州中支干部工身上那种敢于拼搏、勇于奉献的精神就像帕米尔高原上一轮升起的红日，为当地的经济建设，繁荣稳定，放射着永不熄灭的光芒！